KB205397

자연, 문화, 영성의 숨이 있는

쌍샘자연교회이야기

자연 문화 영성의 숨이 있는 쌍샘자연교회 이야기
—

초판 1쇄 발행 2022년 7월 10일

지은이 백영기
펴낸이 한종호
디자인 임현주
제 작 영프린팅

펴낸곳 꽃자리
출판등록 2012년 12월 13일
주소 경기도 의왕시 백운중앙로 45, 207동 503호(학의동, 효성해링턴플레이스)
전자우편 amabi@hanmail.net
블로그 http://fzari.tistory.com

ISBN 979-11-86910-40-5 03230
값 18,000원

자연
문화
영성의
숲이 있는
쌍샘자연교회 이야기

백영기

꽃자리

목차

들어가는 말 · 말이 아닌 삶을 변화시키는 신앙/백영기   — 7

축사 · 어느 땅, 어느 연대에도 없는 뜨거운 생명이었지…/곽은득   — 9

발간사 · 새롭고, 이롭게/이혜정   — 13

1. 들어라, 보아라 너희가 할 일을(1992~2001)

1) 두 개의 샘이 있는 쌍샘골이야기   — 18

2) 이 세대를 본받지 말고 더 낮은 곳으로   — 20

3) 주의 길을 따라 '백영기의 삶과 신앙'   — 23

4) 가난한 이들과 함께하는 기쁨으로   — 27

2. 새롭게 하시는 하나님과 만나기 위해(1999~2002)

1) 산 위의 동네가 숨겨지지 못하리라   — 62

2) 어두움 후에 빛이 오며   — 64

3. 놀랍고 크신 팔 일으켜(2001~2002)

1) 내가 네게 보여줄 땅으로 가라   — 72

2) 여기, 버려진 언덕에 서서 기도드리니   —83

4. 주님, 이곳에 우리와 함께(2003~2012)

1) 쌍샘에 자연을 더하여 '쌍샘자연교회'로   —94
2) 하나님이 일하시니 우리도 일합니다   —97
3) 자연, 문화, 영성의 공동체   —103
4) 1전(傳), 1소(素), 1감(感)으로 그의 나라를 일구며   —120

5. 생명의 열매, 함께 나누는 기쁨(2012~2021)

1) 한 웃음, 한 울음 가진 벗이라   —128
2) 삶의 축제성, 공동체를 꿈꾸며   —133
3) 주님께서 손수 만드신 것이 어찌 이리도 많습니까?   —135
4) '코로나 19' 너 없이는 불가능한 삶   —173
5) 우리가 고백하는 하나님 나라, 들꽃 같은 사람들/ 이혜정   —184

6. 몸과 영혼이 뿌리 깊은 나무처럼(어린이, 청소년, 청년)

1) 아기학교, 놀이학교, 자연학교, 여름신앙공동체, 신앙사경회,
   라오스 비전트립   —202
2) 쌍샘에서 자라 쌍샘으로 살자/전세영, 백권진   —205
3) 살림 공부방에서 단비 대안교육으로/김순희   —227

7. 다가올 미래를 노래하다(2022~)

1) 그린 엑소더스(Green Exodus)를 꿈꾸며   — 250

2) 생태 문명으로의 전환과 삶의 변화   — 251

3) 세월이라는 은총에 물들기 위하여   — 252

8. 쌍샘을 말하다

1) 곁에서 함께 걷다/홍승표   — 258

2) 다바오살이와 쌍샘에서의 아름다웠던 기억들/이영일   — 267

3) 신학자의 눈으로 본 쌍샘자연교회/한국일   — 271

부록

1) 쌍샘의 발자취   — 304

2) 외부에 소개된 쌍샘자연교회   — 316

자연, 문화, 영성의 숨이 있는
쌍샘자연교회이야기

말이 아닌 삶을 변화시키는 신앙

쌍샘의 30년은 어떤 날들이고 세월이었을까? 돌이켜보면, 꿈만 같은 시간이었다. 따스한 봄날도 생각나고 혹한의 눈보라 치던 겨울의 기억도 새롭다. 자연스레 묻히고 잊혀져 사라지는 게 있는가 하면, 더욱 또렷이 살아나는 게 있다. 무익한 시간이 없었으니 쌍샘의 30년은 그 자체로 소중했고 아름다웠으리라. 기억을 더듬으며 하나님과 교회 앞에 나누는 글이기에, 꾸밈없이 진솔하게 쓰고자 했다.

대단한 역사도, 내용도 아니기에 굳이 써야 한다면 교회 이야기가 일방적 목사의 이야기로만 쓰이지 않고, 목회 철학이나 교회 정신은 없고 활동사진과 소소한 내용만 있는 문집처럼도 아닌, 목회자와 교우, 안과 밖에서 함께 만들어 보면 좋겠다고 생각했다.

혹여 누군가가 교회를 놓고 고민한다면 이런 교회도 있다며 어깨를 나누고 싶었고, 쌍샘이 시작부터 여기까지, 첫 마음과 정신을 어떻게 지키며 키워왔는지 담담하게 적었다. 은총을 덧입은 지난 시간을 성찰하며 새로운 시도와 본질을 향한 자기부정, 작은 것에 대한 신뢰와 존중을 소중히 했다.

무엇보다도 부족한 우리를 불러주시고 여기까지 함께하시는 하나님의 은혜임을 고백한다. 그분은 진정 그렇다. 무에서 유를, 죽은 자를 살리고, 작고 보잘것없는 우리를 챙기신다. 하나님은 우리를 진보로 만드셨다. 진보는 말이 아닌 삶을 변화시키는 신앙이었다.

내용은 하루의 시작과 한 해가 바뀌는 시간의 흐름을 따랐고, 처음부터 지금까지 시도하고 없어지며 함께한 교회의 활동을 담아 어떻게 시작하고 이동하며, 변화에 순응했는지, 어떤 교회와 신앙공동체가 되려고 했는지 등을 담았다.

쌍샘은 초기 '사랑과 선교의 비전을 품은 교회'로 모충동 쌍샘 지역을 찾아 사회선교에 매진했다. 그 후 개발과 변화가 오면서 지금의 낭성으로 들어와 녹색교회가 되고, '자연, 문화, 영성의 숨을 품고자 하는 교회'가 되면서 그 실천 표로 1소(素/자연), 1감(感/문화), 1전(傳/영성)의 사역과 삶을 지향하고 있다.

호정골에서, 백영기 목사

어느 땅, 어느 연대에도 없는
뜨거운 생명이었지…

"너, 누구인가?", "너, 어디서 왔지?" 쌍샘, 이름이 특이하구나. 두 개의 샘이라면서…. 샘이라면 이삭의 우물파기가 있고 사마리아 동네 우물에서 물 먹으려고 하신(drink가 아니라 eat다) 예수님이 생각나고, 그 예수님이 영원히 목마르지 않는 샘물이 되셨지. 이 쌍샘이 한반도 중원 충청 쌍샘 고을에서 쌍샘 이름을 걸고 세상에 나왔지. 그리고 호정리 시골 마을에 들어오면서 자연을 붙여 쌍샘자연이 되었구나.

그게 세월이 어언 서른이 되었다니! 쌍샘, 이제 너는 서른을 맞았고 나는 어느덧 일흔을 훌쩍 넘겼다. 이렇게 오래 살아 서른이 된 쌍샘을 축하할 수 있어 정말 기쁘고 감격스럽다. 30년을 채웠다니 놀람이고 완성이고 은혜고 축복이다. 그 내력을 낸들 어떻게 다 알겠나? 하나님의 일하심이 독특했다. 쌍샘의 역사, 텍스트, 커리큘럼, 콘텐츠가 남다르지. 이건 당신들의 눈물어린 기도와 사랑의 수고와 헌신이었다.

여기서 나와 백 목사님과의 만남 얘기를 먼저 꺼내 본다. 1992년인가, 내가 목회하던 작은교회가 대구의 서구 가난한 동네인 평리동에 낡은 한옥 스무여 평 집을 겨우 구해 교회를 옮겨와서 지역주민 선교를 위해 시작한 주민도서실이 많이 알려지고 있던 때라 찾았을 것이다. 그는 화려한 궁전이나 아카데미를 찾지 않았다. 갈릴리 나사렛을 찾았다. 어떤 성공, 굉장, 위대함의 목회를 보러 온 것이 아니었다. 그날 무슨 대화를 나누었는지 기억은 가물하지만 주민도서실 운영과 프로그램들 얘기는 했지 싶다.

그보다는 다른 대안을 찾아 나선 발걸음이었고 탐색이었고 나름 문제 의식과 물음을 갖고 왔다. 그 물음에는 개념적 신학을 한 게 아니라 실천을 찾았다. 개인 구원을 넘어선 사회 전체를 아우르는 사회선교뿐만 아니라, 세상이 전부 구원받는 목회를 꿈꾸고 있었다. 꽤 오랜 시간 이야기를 나누면서 단순한 정보 나눔이 아니라 직관과 천성의 교감이 오갔다. 물리적 만남을 넘어 서로의 경지를 주고받는 교감의 시간이었다. 그는 느낌을 알고 그 느낌을 움터내었다. 새로운 비전, 도약, 확신이 움텄을 것이다. 새로운 길로 들어선 나를 보았고 그의 목회 방향을 강고하게 만들어주는 계기가 되었을 것이다.

그 뒤 2002년 호정리 시골 마을로 들어온 것도 이런 맥락으로 보여진다. 이건 한반도 중원에서 웅장한 생명 목회를 피어 올린 작은 불씨였다. 그는 나를 넘어선 인격성의 깊이와 소명의 보편적 울림을 만들어 내고 있다. 이제는 생명 목회 구심체로 상징성을 지니게 되었다.

주변의 안일한 교회에 새로운 사유와 창조적 긴장도 만들어주었지. 자연, 문화, 영성을 내걸면서 땅의 교회, 땅의 언어를 갖게 된 것도 이건 놀랍고도 새로운 발견이다. 쌍샘은 땅적인 교회가 되었다. 그는 이제 땅지기 목사다. 이렇게 그와 벗이 되어 30여 년을 지내보니 한결 인간적인 따스함이 있다. 충청의 멋이 있고 기쁨이 무엇인지 순결한 인품 속에 '예(禮)'가 있고 포용적인 인성의 소유자다. 조용하면서도 기백이 있다. '문(文)'과 예술하는 목사이다.

사회 여러 모순도 알지만 예술, 심미적 상상력의 리얼리즘(realism)도 갖고 있다. 백 목사님과의 만남 이야기를 먼저 꺼낸 것은 그의 처연한 삶의 궤적을 전제하지 않고서는 설명이 되지 않아 보여 그의 내면에 담겨 흐르고 있는 한 부분을 나누었다.

이제 차근차근 풀어낸 목회현장을 보자. 우선 교회가 성장했다. 이건 부흥, 무슨 기도회, 전도 폭발 등 행사들로 교인들이 늘어난 게 아니다. 거의 자발적으로 찾아온 자연적 성장으로 성숙의 열매, 생명의 열매를 맺고 있다. 내가 보기에는 앞으로 조금 더 성장하여 새로운 교회사, 목회보고서를 쓰게 될 것 같다.

앞으로 탈도시화 흐름으로 러스틱 라이프(rustic life) 스타일을 찾아나서는 사람들이 러스틱 라이프 처치(rustic life church)도 찾을 것이기에 이들을 맞을 준비가 잘 되어 있기 때문이다.

여러 사회적 의제를 놓고 교회가 고민하고 실천해 가고 있다. 교회의 본질인 영적인 행보를 바탕으로 우리 삶과 사회의 여러 현실 문제들을 적극적인 인문 학습과 토론, 소통을 실천하고 있다. 이 모든 실천에는 텍스트가 바탕이 되어 있다는 것이다.

우선, 상당히 학습된 교인들의 힘이다. 나도 한두 번 가서 강의를 해보았지만, 상당히 앞선 주제를 얘기해도 그런 말을 받아들일 토양이 되어 있었다. 이건 개인적인 노력도 있겠지만, 교회 전체가 학습구조, 독특한 커리큘럼이 있기 때문일 것이다. 인문학당에 오시는 강사 수준이나 평소에 닦아놓은 독서수준 등으로 인문 소양의 바탕도 잘 갖추어져 있다.

특히 빼어난 도서관 건물 공간은 사람들을 끄는 독특한 매력이 있다. 미래 유산으로 남을 도서관은 쌍샘의 가장 큰 영적 자산이다. 도서관은 쌍샘 교인들의 인문과 영성의 보고이다. 출판과 시, 문학, 예술 등으로 학습되고 경험이 축적되어 새로운 이야기로 재구성되어지면서 하나님의 창조세계를 열어가고 있다.

이에 더하여 좋은 마리아, 좋은 마르다 교인들이 많이 보인다. 마리아, 마르다 다 각기 한몫을 한다. 말씀과 봉사, 때로 마리아가 되기도 하고 마르다 같은 실천가도 필요하다. 이 둘의 결합, 탄탄한 생명의 그물망이 된다. 이 둘의 활동 속에 전문성이 갖춰지고 그 토대 위에 사유가 깊어져 하나의 사상이 생성되어 나온다. 이제 숫자로 승부하는 시대는 지났다. 역량 있는 지식인 교인들을 키워가야 할 때이다.

여기에 예배당을 중심으로 수준 있는 콘텐츠가 있다. 공방, 갤러리, 게스트하우스, 책방, 카페, 단비 대안 교육, 도서관, 로컬 푸드, 자연학교, 마을 만들기, 출판 등 웬만한 큰 도시교회도 갖추지 못한 콘텐츠로 둘러싸여 영성, 자연, 인문, 예술이 살아 있다. 그 가운데 예배당 앞 너른 마당과 공방, 생태도서관이 단연 끌린다. 이 콘텐츠가 던져주는 메시지는 앞으로 상당한 반향이 될 것이다.

지금까지는 나의 깨작깨작 이야기일 뿐, 그가 내게 본 무엇이 있을 것이다. 백 목사님의 가슴에 있을 얘기를, 다시 만나 얘기해 볼 때가 있겠지. 그건 개인의 꿈을 넘어 쌍샘의 꿈이 되겠지.

이제 쌍샘 30년, 의미 있는 존재가 되었다. 이건 한국교회 축복이요 위안이며 우리 모두에게는 아름다운 추억이며 눈부신 희망이다. 30년을 지켜오면서 이번 코로나 때문에 얼마나 고생했나. 오늘 축제의 날! 이제 함께 웃고 함께 서로를 힘껏 안아주자. 예배당 앞 너른 마당에서 한바탕 걸죽한 풍악이라도 울리어라. 하나님께 감사와 은혜의 찬양을 노래하자. 생명 목회도 새로운 길을 찾아 나서자. 우리 역사에 내재된 시원을 찾아 좀 더 사상적이며 민족적이며 동시에 우주적으로 넓게 해석되어야 할 것이다.

세계는 지금 제정신을 못 찾고 있다. 이상이 없는 시대가 되었다. 쌍샘, 철학자 데리다의 말대로 새로운 배치다. 하나님의 마지막 인류 구속 사역을 위한, 하나님 나라 완성을 위해 남겨둔 거점 공간이다. 쌍샘, 여기는 어떤 소멸에도 끄떡없다. 마지막 하나님 나라의 이상향, 새로운 플랫폼이다. 쌍샘, 결코 마르지 않는 깊은 샘이 되어라!(이사야 58:11)

"쌍샘 여러분, 수고했습니다. 사랑합니다. 감사합니다. 마음을 다하여 30주년을 진심으로 축하드립니다."

"네가 여호와 안에서 즐거움을 얻을 것이다. 내가 너를 땅의 높은 곳에 올리고…"(이사야 58:14)

2022년 5월
경북 군위 효령 매곡리에서 곽은득 목사

새롭고, 이롭게

건축가 승효상은 '지문(地文)' 즉 땅에 새겨진 흔적(역사)을 '터무늬'라 했습니다. 땅의 특성과 거기 새겨진 삶의 흔적이 얼마나 소중한지를 말함입니다. 따라서 터무니없다는 말은 근거 없고 실체가 없는 허상과 같다는 뜻이겠지요.

쌍샘자연교회가 30년을 맞아 작은 책을 하나 만듭니다. 지나온 시간을 돌이켜보니 모든 순간이 한 편의 영화 같고 꿈만 같습니다. 쌍샘 30년의 이 모든 것은 '터무늬' 있습니다. 30년이라는 시간과 쌍샘, 그리고 전하울이라는 공간에서 살아계신 하나님과 살아내는 쌍샘의 지체들이 함께 새기고 다듬어 온 소박하지만 아름다운 역사(흔적)입니다.

이제 우리는 종이에 그간의 일부를 담고 남기려 합니다. 이것 역시 지문(誌文)이 되겠지요. 새기고 남기는 것이 무조건 좋은 것이 아님을 압니다. 그럴 만큼 좋고 가치가 있는 것인지도 의문이고 요즘처럼 기후와 환경의 문제가 심각한 지금 더욱 망설여지는 이유입니다.

하지만 억지가 아니고 우리 교회의 이름처럼 소박하고 자연스럽게만 할 수 있다면 괜찮지 않을까, 스스로 살피며 용기를 내어봅니다. 우리를 이 땅에 허락하신 분이 하나님이시고, 주어진 시간을 살게 하신 분 또한 하나님이십니다. 시작도 끝도 우리의 것이 아닌 하나님의 것임을 고백하며, 다만 우리가 마음을 모으고 고민할 게 있다면 그것은 '새롭게, 이롭게'입니다.

모든 게 새롭고 하루하루가 새로움의 연속입니다. 특별한 무엇을 찾거나 원해서가 아니라 하나님의 창조 세상이 그렇다는 말입니다. 우리는 지루하지도 않고 식상하지도 않고 무료하지도 않습니다. 그럴 틈이 없습니다. 30년의 세월이 그랬고 앞으로도 분명 그럴 것입니다.

더불어 우리는 이롭게 살고자 합니다. 하나님이 지으신 모든 것은 우리가 다 알지 못하지만 분명 서로를 이롭게 하며 살도록 지어졌습니다. 누군가를 힘들고 아프게 하거나 해악을 끼치는 것이 아니라 존재만으로도 이로울 수 있습니다. 쌍샘의 30년 이야기를 펴내면서 '새롭고 이롭게'를 생각합니다. 이 작은 책자와 쌍샘의 존재가 그럴 수 있기를 두 손 모아 기도합니다.

꽃들이 각기 자기 무늬가 있어 모두 아름답습니다. 박노해의 글처럼 '내 작은 글씨가 꽃씨였으면 좋겠다. 네 가슴에 심겨지는.' 쌍샘의 교우들은 모두 들꽃 같은 분들입니다. 어떤 분은 이른 봄에, 어떤 분은 초여름이나 가을에 꽃을 피우지요. 어떤 분은 노란 꽃으로, 어떤 분은 빨간 꽃으로 핍니다. 그렇게 세상을 새롭고 이롭게 만들어 가는 공동체의 지체들입니다. 그동안 정말 수고 많으셨고 고맙습니다. 그래서 더욱 사랑하고 축복합니다.

이혜정 장로

들어라, 보아라
너희가 할 일을

1992~2001

1) 두 개의 샘이 있는 쌍샘골이야기

1894년에 일어난 〈동학 농민 전쟁〉은 한국 근대사의 획을 긋는 일대 사건이었다. 일본의 침략정책이 강화되는 시기에 의병 항쟁과 항일 무장투쟁으로 연결되는 민족해방운동의 단초(端初)를 열었다.

1894년 2월 고부 민란을 시작으로 전개됐던 1, 2차 농민 전쟁은 폐정을 개혁하고 사회, 경제적 모순을 타파하고자 일어난 반제, 반봉건 농민 전쟁이었다. 그해 10월 충청병영의 영관 염도희는 70여 명의 병사를 이끌고 대전 방면에 모여 있는 농민군과 싸우다 청원 강외에서 농민군에게 대패하고 모두 전몰했다.

동학농민전쟁 일지에 나오는 이른바 '강외 싸움'이다. 갑오농민전쟁이 일본군의 막강한 화력에 눌려 농민군의 대패로 끝난 뒤인 1918년 '강외 싸움'에서 전사한 70여 관군의 충성을 추모하기 위해 세운 사당이 모충사(慕忠祠)이다.

갑오농민전쟁과 관련, 전승지 전북 황토현에는 기념관과 기념탑이, 고부면에는 동학혁명 모의탑이, 전쟁의 발단이 됐던 만석보에는 만석보 유지비가, 마지막 혈전지 공주 우금치에는 동학혁명군 위령탑이 서 있다.

하지만 1893년 4월 전국의 2단 동학도들이 집결해 '척왜양창의'의 깃발을 올렸던 보은 집회의 집결지인 보은 장내리와 2차 농민 전쟁 때 10만 명의 농민군이 집결하였던 옥천 청산에는 기념탑 하나 없다가 2007년이 되어서야 보은 북실마을(종곡)에 기념탑을 세우고 2015년에 희생된 약 2,600여 명의 동학농민혁명군의 넋을 위로하기 위해 위령탑과 함께 동학농민혁명기념공원이 세워졌다.

모충동은 원래 화흥리였다. 청주군 남주대면이었던 화흥리는 1914년 행정구역 통폐합에 따라 월교리, 화동리, 보십리 일부와 서주내면의 화청리를 병합해 화흥리라 불렸다. 해방 후 1947년 행정구역 명칭을 새로 정할 때 '쌍샘골'이란 본래 지명에 맞추어 쌍천동이란 이름이 유력했지만, 당시 청주지역의 한 친일 인사의 주장으로 모충사의 이름을 딴 모충동으로 개칭된 것이다.

쇠내개울이 금천동, 쌀애들이 미평동, 탑골이 탑동으로 이름 붙여진 것과 전혀 다른 묘한 지명이 태어난 것이다. 일제 잔재인 본정통이 '성안길'로 바뀌고 오정목이 '방아다리'의 새 이름을 찾았지만 모충동은 여전히 그 이름을 굳세게 지켜내고 있다.

당시 쌍샘(모충동)은 청주시에 소재한 단일동으로는 가장 큰 지역을 점하고 있었고, 총인구는 3만 4천여 명으로 66통 반에 2천 8백여 세대가 자리한 곳이다. 쌍샘(모충동)은 청주시의 외곽지역이 아니면서도 도로, 교육, 문화, 복지 등의 많은 것이 낙후된 지역이었다. 이 모든 것은 우리나라의 근현대사와 무관하지 않다. 6.25 전쟁의 피난민들이 수암골과 운천동 그리고 이곳에 자리를 잡았고, 따라서 좁은 골목길과 다세대주택들이 밀집해 있는 소위 저소득층의 도시 빈민 지역이 되었다. 1992년 당시만 해도 판잣집과 비닐하우스에서 생활하는 사람들이 있었다.

이렇게 장황한 설명을 하는 이유는 쌍샘의 이름을 따라 시작한 교회가 있기 때문이다. 교회 이름을 놓고 많은 고민을 했다. 이름이 품고 있는 의미와 이름을 통해서 하고 싶은 일이 있다. 교회는 산속의 기도원이나 수양관이 아니다. 지역과 마을에 자리를 잡고 한 시대를 더불어 살아가기에 철저히 지역과 민족과 시대성을 갖고 가야 한다고 생각했다.

2) 이 세대를 본받지 말고 더 낮은 곳으로

왜 그런지 모르겠지만, 가난하고 작은 교회가 좋다. 하나님의 은혜는 크고 풍성하지만, 삶은 소박하고 단순해야 한다. 왜냐하면 그게 진짜 하나님의 은총을 맛보고 누리며 사는 길일 수 있기 때문이다. 넘치는 부와 명예는 허망하고, 권력은 무례하고 폭력적이며 파괴적이다. 죄악은 대부분 거기에서 나오기 때문이다. 하지만 부족함과 낮은 자리는 늘 소통과 은총이 절실하고 함께 살아야 함을 안다. 성경적이고 신앙적 지향은 그래서 가난한 영성과 교회여야 한다.

우리는 예수 그리스도의 성육신(incarnation)을 주목해 보아야 한다. 그가 왜 인간의 몸을 입으셨고, 가장 낮은 자리에 오셨을까 생각해야 한다. 짧은 생이었지만, 가난과 소박함과 단순함 그 자체이셨다. 하지만 하나님에 대해선 늘 부유하셨고, 당당하셨으며, 평화로우셨다. 당신의 말씀이 복음이셨고, 삶이 사랑이고 자비였고, 죽음조차 구원이요 은총이셨다. 무엇하나 버릴 게 없고 필요 없는 게 없으셨다.

구약과 신약을 관통하는 예언자 정신은 우리에게 사회적 영성을 보여준다. 예언자 정신은 두 가지 상호 관련된 하나님 신앙에 기초해 있는데, 하나는 가난하고 약한 자에 대한 하나님의 우선적 사랑이고, 다른 하나는 불의의 현실에 대한 하나님의 의로운 분노였다. 쌍샘자연교회는 가난의 영성인 사회적 영성을 소중히 여긴다. 중요한 것은 '사회적'이라는 형용사로서 영성은 사회적이어야 한다는 것이고 사회적인 것이 곧 영적이라고 보는 눈이다. 영성은 사회적이어야 한다는 것은 예언자적 영성에 뿌리를 두고 있다.

이사야는 다음과 같은 하나님의 말씀을 전한다. "너희가 아무리 많이 기도를 한다 하여도 나는 듣지 않겠다. 너희의 손에는 피가 가득하다. 너희는 씻어라. 스스로 정결하게 하여라. 내가 보는 앞에서 너희의 악한 행실을 버려라. 악한 일을 그치고, 옳은 일을 하는 것을 배워라. 정의를 찾아라. 억압받는 사람을 도와주어라. 고아의 송사를 변호하여 주고 과부의 송사를 변론하여 주어라."(이사야 1:11b~17) 종교적 의례의 준수보다 정의를 위한 사회적 실천이 하나님의 뜻이라는 말이다.

이러한 사회적 영성은 사회적인 것이 곧 영적인 것이라는 통찰로 이어진다. 예수는 마태복음서 25장의 최후의 심판 비유에서 의인들이 가난하고 약한 자 하나에게 한 것이 곧 자신에게 한 것이라고 말한다. 이때 그 의인들이 종교인인지 아닌지, 그런 것은 중요하지 않다. 구원, 즉 "영원한 생명"으로 들어가는 길은 종교가 아니라 사랑이다. 예수는

자연, 문화, 영성의 숨이 있는
쌍샘자연교회이야기

"나더러 '주님, 주님' 하는 사람이라고 해서, 다 하늘나라에 들어가는 것이 아니다. 하늘에 계신 내 아버지의 뜻을 행하는 사람이라야 들어 간다."(마태복음 7:21)고 하셨다. 하나님의 뜻은 이사야가 전한 것처럼 오직 "악한 행실을 그치고 옳은 일을 하는 것"이다.

3) 주의 길을 따라 '백영기의 삶과 신앙'

충주의 외곽 시골 마을의 사형제 중 셋째로 태어난 나는 외할머니와 어머님의 신앙을 따라 자연스레 모태신앙으로 자라났다. 수많은 잡초처럼 평범하게 자란 그는 초등학교를 마치고 머리를 깎은 채 중학교에 들어갈 준비를 하다가 넉넉하지 않은 생활 형편으로 곧바로 입학하지 못한 채 있다가 1974년 서울로 올라간다.

어리기도 했지만 어려운 시절이라 직장이라기보다는 맡아 돌보아주는 정도였다. 청량리시장에서 완구도매상을 하는 지인의 집에서 일을 하며 5년 정도의 시간을 보낸다. 모든 것이 열악했고 가난했던 시대였다. 완구점의 점원과 자전거 배달의 일을 하면서 얻게 된 발의 동상은 정도가 심해 걸을 수 없을 정도였고, 그대로 방치하면 아예 발을 못쓰게 될 수도 있다는 말에 그곳에서 나오게 된다. 감사한 것은 그렇게 나와서 다니지 못했던 교회를 다니게 되고, 공부할 수 있는 기회를 얻게 되었다.

당시엔 배움의 기회를 잃고 서울로 올라온 아직 어린 사람들이 많았다. 교회에서 운영하는 〈성경 구락부〉는 그런 청소년들에게 신앙의 길로 들어서게 하며 공부할 수 있도록 돕는 곳이었다. 그곳에서 신앙생활을 다시 시작하고 공부를 할 수 있었지만, 여러 가지 상황으로 공부를 이어가지는 못했다.

잠시 방황도 하고 여러 일자리를 찾던 중 구로에 있는 피혁 공장에서 일을 하게 되었고, 야근을 하던 어느 날, 일을 마치고 정리하며 기계를 씻던 중 정말 눈 깜짝할 사이에 오른손이 프레스 기계에 끼는 사고를 당했다. 순간적으로 감지하고 손을 뺐을 땐 이미 손에서 붉은 피가 쏟아지고 있었고, 병원에 가보니 손톱 세 개가 모두 빠져있었다. 손가락 끝마디의 뼈가 물리기 직전이었던 것이다.

당시의 기계는 버튼 하나로 열고 닫는 자동화의 기계가 아닌 손으로 수십 바퀴를 돌려야 겨우 틈이 열리는 수동식 기계였고, 이미 모두들 퇴근하고 잔업을 하는 몇 사람만이 그것도 멀찍이 떨어져 일하는 상황이었다. 다친 손은 오른손이고 기계를 멈추거나 전원을 내리는 위치도 오른쪽이었으니 조금만 늦었어도 대형사고가 날 아찔한 순간이었다.

그렇게 어린 청소년 시절을 서울에서 지내다가 1980년 청주로 이사를 오게 된다. 서울에서 공부하며 다시 신앙의 눈을 뜨게 되었을 때, 어린 나이였지만 하나님의 은혜가 너무나 감사했고 이 땅에 복음을 전해준 선교사들이 정말 고맙다는 생각에 나중에 선교사가 되겠다는 꿈을 꾸며 기도한 적이 있었다. 서울에서 야학을 하며 교회를 다닐 때는 정말 열심히 일도 했고 신앙도 꽤나 뜨거웠다.

목사의 이런 옛이야기를 하는 이유는 쌍샘을 시작한 배경과 굳이 교회를 이곳에 시작한 나름의 이유가 있다는 뜻이다. 청주에 올 때가 1980년, 20살이었고 준비도 자격도 없는 나는 선교사라는 말 한마디 때문에 청주성서신학원에 입학하여 다니게 된다. 하지만 이때 광주민주화운동이 일어났고 군사 정권은 비인가 신학교들을 정리했다. 대부분의 학생들은 대전신학교나 이어 공부할 수 있는 곳을 찾아 옮겨가기도 했다.

하지만 학력을 갖추지 못한 나는 남아 신학원을 졸업하고 무슨 영문인지 1983년 9월 진천의 농다리로 유명한 구곡리에 교회를 개척했다. 당시 상당교회 청년이었던 나는 같은 교회 백용악 집사님이 그곳에 공장을 시작하면서 교회가 없는 것을 보고는 주민들에게 허락을 받아 마을회관에서 교회를 시작했고 나는 초대 전도사가 되었다.

당시 23살 청년이었으니 열정만은 뒤지지 않았다. 주일 예배를 마치면 매일 오토바이를 타고 마을 분들의 논과 밭으로 달려가 함께 일을 하고 어울렸다. 얼마 후 교회를 건축할 수 있도록 교회에 나오기 시작한 원용일 성도의 어머니가 땅을 내주시고, 서울의 영락교회에 출석한 지 얼마 안 되는 성도가 헌금을 해주고, 이웃교회인 오갑교회가 달려와 일을 맡아 주어 건축을 하게 되었고 입당예배까지 드리게 되었다.

하지만 군복무의 문제도 남아 있고 무엇보다도 공부를 계속해야 한다는 생각에 교회를 사임하고 청주로 나왔다. 뒤늦게 검정고시로 간신히 학력을 갖추고 1985년에 대전신학교에서 신학 수업을 하며 목회자의 길로 들어선다. 선교사의 다짐을 갖고 그 준비를 하고자 했으나 신학교에 들어와 보니 해외 선교에 대한 이면도 보게 되었고, 국내의 정치, 사회, 복지 등의 암울한 현장이 더 크게 와닿았다. 또한, 학내의 교회갱신과 사회의 변화를 꿈꾸는 학습동아리를 통해 기존의 신앙을 돌아보게 되었고 여러 경험과 현장을 만나며 생각이 바뀌었다.

그렇게 선교에 대한 비전이랄까 생각은 접고 총회 사회부의 사회선교훈련과 노회 기관인 사회선교협의회의 실무적 일을 하게 되면서 목

교회란 자신을 위한 존재가 아니다. 예수께서 그러셨던 것처럼 기본적
으로 이타적이고 세상의 소금과 빛이 되라는 것이다. 선교는 하나님의
선교로 그런 기조와 본질에 있듯이 교회가 그렇다고 생각했다.

자연, 문화, 영성의 숨이 있는
쌍샘자연교회이야기

회의 방향을 다시 고민하였고, 마침내 쌍샘이란 지역에서 교회를 시작하게 되었다. 아마도 이때 교회와 신앙에 대해 크고 깊은 고민을 하며 기도했던 것 같다.

4) 가난한 이들과 함께하는 기쁨으로

1992년 '다가올 미래를 대비하라'는 극단적 종말론을 신봉하는 다미선교회가 마지막 기승을 부리던 그때, 우리는 쌍샘의 골목에서 작고 허름한 집 한 채를 빌려 쓸고 닦으며 교회의 시작을 준비했다.

맨땅에 헤딩한다는 말이 있듯이 아무것도 가진 것 없는 몇 사람이 무엇을 하겠다고 모였는데, 지금 생각하면 참으로 무모하고 어리석은 일처럼 여겨진다. 하지만 분명했다, 무엇을 이루거나 대단한 일을 하겠다고 시작한 일이 아니었다. 어쩌면 농부와 같은 심정이 아니었을까 생각된다. 봄이 오면 농부는 맨땅인 흙에다 씨앗을 심는다. 그게 싹으로 나올지와 그 싹이 자라 열매를 맺을지는 장담할 수 없지만, 씨앗의 생명과 땅의 힘을 믿고 농부는 씨앗을 뿌린다.

하나님이 은혜를 주시고 당신과 함께할 수 있도록 부르심은 우리로 하여금 당신의 교회가 되게 하심이라 고백한다. 교회란 자신을 위한 존재가 아니다. 예수께서 그러셨던 것처럼 기본적으로 이타적이고 세상의 소금과 빛이 되라는 것이다. 선교는 하나님의 선교로 그런 기조와 본질에 있듯이 교회가 그렇다고 생각했다.

사람인지라 무얼 하든 결과를 예측하며 성공하기를 원한다. 그래서 사람이 많고 살기 좋은 곳, 시작한 일은 좋은 결과를 얻어내려고 위치나 환경을 따지게 된다. 하지만 교회는 조금 달라야 한다고 생각했다.

교회는 가난한 동네에도, 사람이 적은 마을에도 세워져야 한다. 하나의 생명이 천하보다 귀하다고 하신 주님의 말씀을 생각한다면 비교와 경쟁의 위치나 계산이 아닌 생명에 대한 절대적 가치와 믿음을 따를 수 있어야 한다.

어쩌면 기독교 신앙과 교회는 예수 그리스도처럼 세상을 거슬러 오를 수 있어야 하고, 역설적인 가르침을 삶으로 살아내는 산 증거여야 한다. 우리는 성경에서 이를 쉽게 확인하고 그것이 은혜요 복음임을 믿는다. 우리가 쌍샘에서 맨손으로 시작할 수 있었던 것은 예수의 정신과 삶을 믿기 때문이다. 세상이 외면한 곳에 교회는 가야 하고, 승산이 없다고 포기한 그곳에 교회는 시작하고 도전해야 한다.

우리나라의 근현대사가 그렇듯이 1993년 소위 문민정부가 들어서며 외관상으로는 안정과 평화를 이루는 듯했다. 하지만 워낙 오랜 세월 군사독재와 군부정권의 잔재가 많았고, 문민정부 또한 당시 보수당이자 집권당인 민주자유당과의 합당으로 출범한 정부이기에 그 한계가 다르지 않았다.

이러한 시대의 변화와 상황에서 사회선교의 최전선에서 활동했던 민중교회들 역시 그 정체성과 역할이 많이 퇴색했고 새로운 시도와 목회의 고민이 있었다. 아이러니한 것은 사회가 발전하고 경제적 풍요가 클수록 부익부 빈익빈의 격차와 시대의 민중과 사회적 약자는 감춰져 있고 소외와 차별의 양상은 줄어들지 않는다는 것이다.

당시는 아직 교회의 인기와 힘이 탄력을 받고 부흥과 성장의 주가를 올리고 있던 시대였다. 아파트 단지에만 있어도 교회가 부흥되고, 사람들이 교회를 찾아오던 때였다. 쌍샘에서 교회를 시작한다고 하니 아

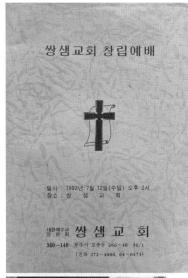

쌍샘교회 창립예배

십

일시 : 1992년 7월 12일(주일) 오후 2시
장소 : 쌍 샘 교 회

대한예수교
장 로 회 **쌍 샘 교 회**

360-140 청주시 모충동 266-40 36/1
(전화 272-4000, 64-0473)

창 립 예 배 순 서

오후 2시		사회 : 윤귀학목사
묵 도		다 같 이
예배의말씀		사 회 자
찬 송	53 장	다 같 이
신 앙 고 백	사도신경	다 같 이
기 도		노영우목사
성 경 봉 독	『학개서 2 : 4』	권석은목사
찬 양		한별교회청년회
설 교	『개척자의 정신』	손영환목사
기 도		설 교 자
찬 송	245 장	다 같 이
봉 헌 기 도		박동기목사
축 사		이익상목사
교역자소개		사 회 자
찬 송	246 장	다 같 이
축 도		박정도목사

'92 12

끼는 선배나 지인들이 '왜 그런 곳에 교회를 하느냐?'며 말리고 조언을 하였다.

교회 개척을 앞두고 신학을 같이한 친구랑(길벗교회 홍승표 목사) 배낭을 메고 대구와 서울 등 교회를 견학했다. 작고 드러나지 않은, 그러나 지역과 마을에서 의미 있게 목회하는 몇 곳을 찾아가 이야기를 나누었다. 뜻을 정하는 데 도움이 된 교회가 대구의 작은교회와 살림교회였다. 작은교회의 곽은득 목사님은 그 후로도 여러 번 찾아뵙고 또 오시기도 하면서 교류를 하고 있다.

우리는 청주 장청과 EYC에서 활동하며 만난 청년 두 명과 고등학생 세 명과 교회를 시작했다. 골목에서도 더 들어가는 안쪽의 허름한 집한 채를 빌려 장판을 깔고 도배를 하며 페인트칠을 했다. 교회는 시작부터 지역의 아이들을 돌보고 섬기자는 마음으로 마을 공부방을 열었다. 준비는 공간과 책상이면 된다. 청소하고 도배하며 중고가구점에서 상을 사다가 칠하며 손을 보니 동네 분들이 무슨 식당이 생기나 하며 궁금해 하고 물어보곤 하였다.

십자가도 없고 번듯한 강단이나 강대상도 없이 교회 간판이라야 서각으로 만든 작은 현판이 전부였다. 우리가 그곳에 있는 동안 찾아온 사람들이나 지켜본 사람들은 모두가 '교회가 뭐 이래!' 하는 반응이었다. 누가 봐도 무슨 사이비 종교단체나 이단 같은 느낌이 드는 게 당연했다. 가진 게 없기도 했지만, 돈을 함부로 사용할 수 없었다.

하지만 곰곰이 생각해 보면 '교회가 뭐 이래?'는 우리가 두고두고 곱씹으며 묻고 또 물어야 할 질문이었다. 교회는 왜 십자가 탑을 높이

자연, 문화, 영성의 숨이 있는
쌍샘자연교회이야기

세우는 것인가, 건물(공간)을 만들고 교회가 존재한다는 것은 무엇을 하자는 것인가, 교회가 어디에 세워지는가? 그리고 어떤 이름을 취하는가? 이 모든 것이 교회를 개척(창립)하고 이제 시작하는 우리에게는 사뭇 진지하고 중요한 화두였다.

그렇게 공부방과 함께 시작한 교회는 사실 교회라기보다는 아이들의 공부방이었다. 매일 몰려드는 아이들로 북적대었고 교사들은 아이들의 부진과목이나 기초학습을 돌봐주며 간식 준비에 놀아주기까지 시간 가는 줄을 몰랐다. 아이들은 방과 후 갈 곳이 있다는 것과 자신들을 따뜻하게 반겨주는 선생님이 있다는 것이 그저 즐겁고 신났다.

공부방이 생기기 전 아이들은 방치 그 자체였다. 딱히 갈 곳도 없었고, 공부와 놀이도 마땅치 않았다. 이 지역의 어린이와 청소년들이 쉽게 일탈에 빠지는 것은 어쩌면 너무나 자연스러운 일이었다.

교사는 김순희 청년이 실무를 맡았고 박영구 청년이 옆에서 도왔다. 그리고 몇 명의 청년과 학생이 함께했다. 무엇보다 필요한 것이 아이들과 함께할 교사였다. 교회 바로 옆에 있는 서원대학교(구 사범대학)와 교육대학, 청주대학과 충북대학 등에서 자원교사로 지원을 받아 함께했다.

그때(1992년 8월 9일 주보) 함께한 아이들은 30~40명은 기본이었고 50명이 넘게 올 때도 많았다. 함께했던 교사들의 이름을 적어보면, 국민학생부에 김인옥(부강 국교), 엄인애(제천 중앙국교), 신현숙(맹동 국교), 김순희(살림 실무), 중학생부에 방홍식(영어), 남진주(수학), 박영구(국어), 박미경(수학), 권순희(수학), 김광자(국어), 진연화(영어), 육동연(영어), 주은희

(국어), 특별활동부에 빈광순(미술), 문현주(놀이), 엄은경(미술), 김광자(글쓰기), 엄인애(음악), 이선자(음악), 김혜경(음악), 권영란(만들기) 등이었다. (현재의 초등학교는 김영삼 정부 시절인 1996년 3월 1일부로 명칭이 변경되었다. 그전에는 1911년에 '보통학교', 1938년부터는 '소학교', 1941년부터는 일왕의 '황국신민'을 의미하는 뜻으로 사용된 국민학교였다. 1945년 해방을 맞고 독립했음에도 1996년까지 50년이 넘도록 국민학교로 사용했다는 것은 얼마나 부끄러운 일인가?)

골목길 안의 아주 작은 집이었으니 옹색하고 불편하기 짝이 없었다. 지금 생각해 보면, 조금 넓은 마당이 있었다면 얼마나 좋았을까, 조금만 큰 방이 있었다면 아이들이 정말 좋아했을 거란 생각이 든다. 지금이야 어림도 없지만, 당시엔 모두 재래식 화장실이었고 주방도 불편하기 짝이 없었다. 그러나 아이들도 교사도 서로가 함께한다는 것만으로 행복한 시절을 지낼 수 있었다.

감사하게도 공부방과 아이들을 위해 후원금과 여러 물품들을 후원해 주시는 분들이 많았다. 사실 공부방에는 없는 게 너무도 많았다. 아이들은 많고 필요한 것은 턱없이 부족했다. 하지만 언제나 감사했고 매일매일의 만나에 부족하지도 남아돌지도 않았다.

아이들에게 대단한 것을 줄 수도 없었고 그러고 싶지 않았다. 지금의 상황에서는 좋은 친구들이 있다는 것과 기쁜 마음으로 함께해 주는 따뜻한 선생님이 있다는 것을 알게 해주고 싶었다. 어렵지만 아이들이 밝고 건강하게 자랄 수 있도록 돕는 것이 최고라고 생각했다.

물론 아이들하고만 만나지는 않았다. 교사들과 어머니들이 함께 만나서 우리 아이들에게 무엇을 하면 좋을지를 물었다. 뻔한 얘기지만 부모의 바람과 심정은 그저 아이들이 공부 잘하는 것이 전부였다. 우리는 공부도 잘할 수 있도록 돕겠지만, 아이들에게 꼭 필요한 다른 것들도 함께할 것이라고 이해하실 수 있도록 우리 동네에 꼭 필요한 것이 무엇이냐는 질문도 드렸다. 어머니들께서는 교양강좌, 도서실, 상담실 등을 말했고, 한글 교실도 있으면 좋겠다고 했다.

1992년 10월 6일에 살림공부방 운영위원회가 꾸려졌다. 첫 운영위원은 백영기(쌍샘교회), 이철원(사업), 이두호(대한화재), 홍승표(회남교회), 김인옥(부강초), 박명희(남궁병원 약사), 박인호(동화어린이집 원장), 김순희(살림공부방), 이근분(산남동 주부) 등이었다. 모두가 애쓰셨지만, 그 중에서도 운영위원장으로 먼 보은 회남의 시골에서 수시로 함께 한 홍승표 목사였다. 이분들과 함께 공부방이 안정되게 자리를 잡아갔고, 필요한 여러 가지 일에 큰 힘이 되었다.

아이들과 함께하면서 의견이 모아진 것이 도서실이었다. 아이들이 책을 가까이하고 언제라도 책을 읽을 수 있도록 작은 도서관이 있으면 좋겠다는 생각이었는데, 그것이 조금 더 구체적이고 빨라질 수 있다는 마음이 들었다. 그래서 교회와 공부방에서는 책을 기증받고 교회의 한쪽 방을 도서실로 만들자고 결정하고 시작했다.

큰 교회에 책을 기증받을 수 있도록 요청을 했고, 교회와 공부방에서는 작은 주민도서실을 열기 위한 일일 찻집을 기획했다. 장소를 물색하여 섭외하고 티켓을 만들어 아는 분들에게 강매(?)하기도 했다.

1993년 5월 15일 청주 시내에 있는 카페 〈사랑 만들기〉에서 공부방 기금 및 도서관 개원을 위한 첫 일일 찻집을 열었다. 공부방의 작은 일들이 사람을 살아가게 하는 힘을 주고, 책 한 권이 인생을 바꿀 수도

살림공부방에서는
함께 할 친구를 찾고 있어요
우리 동네 친구라면 누구라도
환영 합니다.
많이 많이 오세요.
· 전화 문의는 272-4000으로

살림 공부방

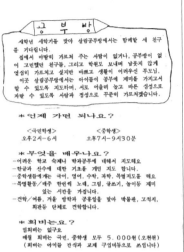

공부방

새학년 새학기를 맞아 살림공부방에서는 함께할 새 친구를 기다립니다.
집에서 바쁨이 가프쳐 주는 사람이 없거나, 공부방이 없어 고민했던 친구들, 그리고 학원도 보내며 남못지 않게 열심히 가르치고 싶지만 바쁘고 생활이 어려우신 부모님, 이곳 살림공부방에서는 아이들이 공부에 재미를 가지고서 할 수 있도록 지도하며, 서로 어울려 놀고 바른 심성으로 자랄 수 있도록 사랑과 정성으로 꾸준히 가르치겠습니다.

※ 언제 가면 되나요?

<국민학생>	<중학생>
오후 2시-6시	오후 7시-9시30분

※ 무엇을 배우나요?
- 어려운 학교 숙제나 학과공부에 대해서 지도해요
- 한글과 산수에 대한 기초를 개별 지도 합니다.
- 중학생들에게는 국어, 영어, 수학, 과학, 특별지도를 해요
- 특별활동/매주 한번씩 노래, 그림, 글쓰기, 놀이등 재미있는 시간을 가집니다.
- 견학/여름, 겨울 방학과 공휴일을 맞아 박물관, 고적지, 회관등 단체로 견학합니다.

※ 회비는요?
입회비는 없구요
매월 회비는 국민, 중학생 모두 5,000원(오천원)
(회비는 아이들 간식과 교재 구입비등으로 쓰입니다)

※ 등록은 어떻게 하나요?
입회원서에 부모님 도장을 찍어 주시거나, 아이와 함께 오셔서 면담후 선정합니다.

※ 살림공부방 교사

실무간사/김순희 선생님
자원교사/오미선 (충북대)   윤재수 (청신대)
　　　　　서강일 (서원대)   방종식 (대전신학)
　　　　　이경현 (서원대)   조향미 (한남대)
　　　　　김선자 (교육대)   김명성 (인천대/베다니학교)
　　　　　이재현 (한남대)   조우현 (고려대)
　　　　　반현희 (서원대)   박영구 (청주대/회사원)
　　　　　강현경 (충북대)   조동숙 (충북대)
　　　　　외 3분

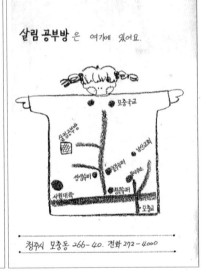

살림공부방은 여기에 있어요

청주시 모충동 266-40. 전화 272-4000

있다고 여기는 사람들이 기꺼이 봉사와 나눔을 함께했다. 따뜻한 차 한 잔에 사랑을 담고 공부방과 도서관을 위해 시간과 물질을 나눠준 분들이 있어 지금의 쌍샘이 있음을 고백한다.

옛날 TBC 방송국에서 음악방송을 하시던 신일태 전도사님이 멀리 구례에서 올라오셔서 작은 음악회를 진행하고 이끌어 주셨다. 다양한 고전음악과 종교음악, 그리고 영상음악까지 오신 분들의 귀와 마음을 사로잡아 주셨다. 그 외에도 바이올린의 주미경, 피아노의 우상희, 클라리넷의 배준봉, 기타합주엔 조광섭 기타 실내 합주단의 악장 최종욱 외 5인이 함께 했다. 김인겸 외 중창으로 노래를 들려주었는데 연주와 노래를 통해 '사랑의 기쁨, 아침이슬, 알함브라 궁전의 추억, TV 드라마 주제곡이었던 아들과 딸'도 있었다.

이런 과정을 거쳐 교회와 공부방이 시작된 지 1년이 되는 1993년 7월 26일 주민도서실 〈느티나무〉를 개원했다. 초대 실무자로는 박영림 전도사가 적은 실비임에도 불구하고 대전에서 출퇴근을 하며 업무를 맡았고, 도서관의 운영위원회는 6월 22일 고영민 전도사(동산교회 전도사), 강은정(동양일보 기자), 김예정(남궁병원 간호사), 김미경(YWCA 간사), 도선봉(충북대 박사과정), 이현숙(괴산군도서관), 전홍배(진천 농협), 이혜정(모충동 주부), 최맹섭(민사랑 서점), 백영기(쌍샘교회) 등이 맡아 수고해 주셨다.

개원과 더불어 도서관에서는 아이들과 주민들에게 책을 빌리거나 와서 읽을 수 있도록 홍보하고 프로그램을 만들었다. 작가와의 만남으로 도종환 시인과 이현주 동화작가를 모시고 이야기도 나누었고, 글쓰기 교실과 나 같은 어머니도 글을 배울 수 없냐는 요청에 따라 오미선

교회와 공부방이 시작된 지 1년이 되는 1993년 7월 26일 주민도서실 〈느티나무〉를 개원했다.

자연, 문화, 영성의 숨이 있는
쌍샘자연교회이야기

선생이 한글 교실을 열어 어머니들의 마음을 감동하게 했다.

그 외에도 서울대 가정의학과를 마치고 청주에 내려온 젊은 의사였던 변재준 선생은 아이들에게 기본적인 건강상식에 대한 이야기를 들려줄 뿐만 아니라 공부방의 운영위원으로, 그리고 청소년들을 위한 비디오 교실을 이끌어 주셨다.

여기에서 두 분의 글을 옮겨 본다.

〈쌍샘 도서실(공부방)은 나의 학교〉

'오늘은 쌍샘 도서실에서 비디오 영화를 보는 날이다. 지금까지 약 10여 편의 영화를 함께 보았다. 나는 쌍샘 도서실에서 비디오를 보는 것이 좋다. 아니 영화를 보는 것이 좋다기보다는 쌍샘 도서실을 찾아가고 거기서 사람들을 만나는 것이 좋다는 표현이 옳을 것이다.

내가 쌍샘 마을을 알게 된 것은 약 2년 전쯤이고 자주는 아니지만, 정기적으로 쌍샘 도서실을 찾게 된 것은 세 달 전쯤부터이다. 바로 비디오 교실 때문인데, 함께 비디오를 보는 사람은 다섯명 내외의 적은 사람들이고 그간 이 비디오 교실이 함께하는 여러 사람들에게 얼마나 유익했는지를 평가해본 적은 없지만, 나에게는 쌍샘 도서실에 들리는 꽤나 만족스러운 일의 하나가 되었다.

쌍샘 도서실은 어떤 의무감에서가 아니라 자연스레 찾아가고 싶은 곳이다. 내가 쌍샘 도서실에 들리고 싶어지는 가장 큰 이유는 여기서 만나는 사람들이 너무 좋은 사람들이기 때문이다. 구김살 없이 세상을 보는 맑은 학생들이며, 그 학생들과 함께하는 착한 선생님들, 그리고 모여 함께할 수 있도록 자리를 꾸려주시는 분들 모두가 좋은 사람들이다.

이곳에는 몰인정, 각박함, 경쟁, 가식, 퇴행 대신에 인정, 여유, 협동, 진실, 전진이 있다. 웃음과 평화가 있다. 인간다움이 있고 사회의식과 역사의식이 있다. 여기서 나는 이들로써 우리 사회가 더욱 아름답고 평화롭고 인간다워지는 그런 사람들을 만난다.

쌍샘 도서실에서 만나는 사람들은 또한 모두 열심히 사는 사람들이다. 자신을 가꾸고 나아가 사회를 가꾸는데 온 힘을 쏟는 사람들이다. 여기서 만나는 사람들의 열심히 사는 모습은 나의 나태함을 깨워주고 나를 더 열심히 살아가게끔 채찍질한다.

내가 쌍샘 도서실에 함께하는 것은 결코 시혜적인 봉사일 수 없다. 쌍샘 도서실은 나를 가르쳐 주는 학교이고 쌍샘 도서실에서 만나는 사람들은 모두 나의 선생님이기 때문이다. 쌍샘 도서실은 우리 사회의 모범학교이고 쌍샘의 선생님은 우리 사회의 모범 선생님들이다. 쌍샘 도서실은 자랑스럽게 내놓을 수 있는 동네 학교이다. 이제 쌍샘 도서실이 주민들에게 좀 더 알려졌으면 좋겠다. 좀 더 많은 주민들과 함께하는 쌍샘 도서실이 되면 좋겠다. 오늘은 역시 무덥다. 오늘은 좀 시원하게 볼 수 있는 비디오를 빌려 가야겠다.'

변재준 가정의학과 의원, 도서실 회원 및 청소년비디오교실 인도자
1994년 7월 27일. 주민도서실 느티나무 4호 회보

자연, 문화, 영성의 숨이 있는
쌍샘자연교회이야기

〈한글 교실〉에 함께하며

"섬기는 사람이면 섬기는 일에 힘써야 합니다. 또 가르치는 사람이라면 가르치는 일에, 권면하는 사람이면 권면하는 일에 힘쓸 것이요, 나누어 주는 사람은 열성으로, 자선을 베푸는 사람은 기쁜 마음으로 일을 해야 합니다."(로마서 12:7-8)

'선상님, 제 눈 좀 뜨게 해주세유.', '부끄럽지 않은 엄마가 되고 싶어요.', '사람답게 살고 싶어서 왔어요.' 그분들이 처음 〈한글교실〉에 찾아와 이제껏 남몰래 가슴속에 쌓아둔 한스러움을 조심스럽게 내 앞에 꺼내놓으시며 하신 말씀이다. 서로 조심스럽고 어색하여 묻지도 않았는데 그분들은 자신들의 사정을 한마디 한마디씩 풀어놓으신다. 전쟁통에 못 배운 얘기, 여자라 기회가 없었다는 얘기, 문맹의 사실을 모르는 가족들에게 미안하다는 얘기, 편지 좀 한 번 쓰고 싶다는 얘기….

50대 후반 아주머니에서 20대 청년까지 사정도 다양한 학생들이 둘러앉아 공부한다. 첫 시간, 그림을 보며 '가마', '기차'를 따라 읽을 때의 너무나 진지한 그분들의 모습은 숙연하기조차 하였다. 자신들이 글을 읽기 시작했다는 사실, 떨리는 손으로 글씨를 써 보고 있다는 사실은 만학의 부끄러움 등은 모두 잊어버리기에 충분한 것이었다. 막내딸 또래의 선생님에게 칭찬 한번 들으시면 흐뭇한 표정이 얼굴 가득, 경험하지 못한 국민학생으로 막 세상을 배우기 시작한 호기심 많은 어린 학생의 순수한 마음으로 거기 앉아 읽고 쓰고 하신다.

소위 그곳에도 개인차가 있어 어떤 때는 당황하게 한다. 내가 요구하는 낱말을 넉넉하게 받아 쓰시는 분이 있는가 하면, 금방 쓰신 '고', '두' 자도 금방 잊어버리기가 일쑤인 분이 많다. 이러한 개인차를 어떻게 수업 중에 좁혀나가야 할지 고민도 있었다. 그러나 그분들의 모습은 먼저 눈뜬 내게도 배워야 할 모습이었다.

먼저 했다고 자만하지 않고 늦다고 하여 조바심치거나 창피해하지 않았다. 먼저 한 분은 옆 사람에게 열심히 설명을 해주고 간신히 쓰는 분에게 격려를 아끼지 않았다. 그분들은 그렇게 공동체가 되어가고 있었다.

〈한글교실〉을 통해 서로 도움이 되는 더불어 사는 삶에의 큰 '눈'을, 문명을 이룩한 언어의 수단을 통해 인식의 '눈'을, 가족, 이웃에게 당당한 여성으로의 역할을 하는 '눈'을 떠가시기 바란다.

고마운 일이다. 보람 있는 일에 내가 기쁘게 할 수 있는 일이 있다는 것이. 먼저 눈뜬 자, 나중 눈 뜬 자가 둥글게 앉은 자리가 기다려진다.

오미선 한글교실 교사/당시 충북대 국어교육과,

1993년 쌍샘교회이야기 71호, 1993년 11월 21일

교회는 주일 낮 공동 예배와 수요일 저녁의 성서 교실을 중심으로 운영이 되었다. 만약 교회의 부흥과 성장이 전부라고 여겼다면 이곳으로 오지 않았으리라. 우리는 교회보다 큰 하나님 나라를 믿었고, 복음의 역사는 언제나 우리의 시선과 한계를 넘는다고 생각했기에 이곳

을 찾아왔고 은혜를 입은 사람으로 그것을 조금이나마 나누고자 했다. 우리의 관심은 크기를 떠나서 교회다운 교회가 되는 것이며, 예수님의 사랑과 복음을 나누는 것이었다.

어떤 배짱인지는 모르겠지만, 이곳으로 오며 평생을 이곳에 있어도 좋겠다고 생각했고 군이 교회의 건물이 없어도 괜찮다고 여겼다. 월세든 전세든 우리가 사용할 공간이 있으면 충분했고 믿음이 식지 않고 변하지 않을 수만 있다면 좋겠다고 마음먹었다. 그래서 우리가 기도하며 품은 지역의 사회선교를 조금이나마 예수님의 마음으로 감당하고 싶었고, 다른 의도나 목적 없이 순수하게 그 사역에 동참하고 싶었다.

그렇게만 될 수 있다면, 교회는 자연스럽게 성장도 할 수 있고 또 성숙해질 수 있다고 믿었다. 그래서 공부방이나 도서관 등 교회에서 하는 모든 일들이 복음의 사역이고 우리 주님의 일이라 여겼다. 교회를 개척한 후 노회나 어떤 모임에 가면 선배나 동역자들이 자주 묻는 질문은 거의 똑같았다. '교회 많이 부흥됐나?', '몇 명이나 모이나?', '올해 예산은 얼마인가?' 이런 거였다. 처음에는 관심이고 애정이 담긴 말이라고 여겼지만 그렇지가 않았다. 점점 불편했고 마음도 언짢았다.

주님의 교회를 평가하고 판단하는 기준이 너무 세속적이고 인간적이다. 대전신학교에 다닐 때 사회학을 가르치셨던 김조년 교수의 말을 잊을 수가 없다. '사회주의에 가면 사회주의 교회가 되고, 자본주의에 가면 자본주의 교회가 된다. 그러나 성경의 교회는 다르다. 교회는 교회만의 논리와 원칙과 정신이 있다.'고 했다. 교회는 하나님의 뜻과 주님의 가르침을 따라 세상과는 분명 달라야 한다.

자본주의나 공산주의를 넘어 하나님 나라의 원리가 교회엔 있어야 한다. 세상의 판단과 평가를 넘어볼 수 있어야 한다. 그렇지 못하면 결국, 교회가 세상을 닮고 쫓아가며 그것으로 우쭐하기도 하고 또 실패한 듯 기죽어 있는 모습을 하게 된다. 적어도 교회는 세상의 기준과 가치와 다르지 않은가. 수와 크기로 묻고 판단할 게 아니라 '요즘, 무슨 일로 교회가 재미있나?', '어떤 사람들을 만나고 무슨 사역을 꿈꾸고 있나?', '힘들겠지만 귀한 일이니 지치지 말고 열심히 하면 좋은 날이 올 거야'라고 말할 수 있는 교회의 이해와 우리 신앙의 풍토가 되면 얼마나 좋을까 싶다.

쌍샘이 이곳에서 공부방과 도서관, 지역사회학교나 건강 교실 등을 운영할 때 몇몇 언론사나 방송국에서 취재요청이 있었지만 가능한 마다했다. 이유는 실제로 하는 일이 그렇게 내놓을 만한 일이 못 되었기 때문이기도 하지만, 드러내거나 자랑을 한다면 그때부터는 순수함이나 본질을 잃을 수 있기 때문이었다. 이제 막 시작한 쌍샘이란 어린나무의 뿌리를 드러내는 일처럼 여겨졌기 때문이다.

주님께서도 "선한 일을 행할 때에는 너희 의가 드러나지 않게 하고, 외식하는 자와 같이 하지 말며 오른손이 하는 것을 왼손이 모르게 하라."(마태복음 6:1-4)고 하셨다. 부족하기 짝이 없는 것도 사실이었고, 어디서 쌍샘의 이야기를 할 기회가 있으면 우리의 소신과 원칙으로 1) 수와 크기를 넘어서는 교회, 2) 무명으로 나를 넘어서는 교회, 3) 생명을 향한 목마름이 있는 교회가 되고자 한다고 했다. 불완전하지만 이런 나름의 정리라고 할까, 기준을 정해놓으니 흔들림이 덜하고 훨씬 편안하고 자유로우며 기쁜 마음으로 목회를 할 수 있었다.

들어라, 보아라 너희가 할 일을
1992~2001

예수님의 말씀과 삶, 그의 죽음과 부활의 신앙으로 고백하니 눈에 보여지거나 남이 뭐라고 하는 것이 그리 중요하지 않았다. 소위 그럴듯한 것들, 이래야만 한다는 어떤 기준, 남들이 뭐라 할까, 이런 시선과 스스로의 올무에서 조금은 자유로울 수 있었다.

그래서 쌍샘에 들어올 수 있었고, 허름한 집이나 번듯한 강단이나 피아노, 십자가 등등의 비품이나 장식에 대해 문제가 되지 않았다. 다만 찾아오는 아이들과 사람에 집중할 수 있었고, 기도와 말씀의 나눔에 마음을 더 담을 수 있었다.

얼마 안 되는 교우들과도 그런 이야기를 자주 나누었다. 다른 교회나 큰 교회를 부러워하거나 흉내 내고 쫓아가기보다는 우리의 교회가 되고, 우리가 할 수 있는 것을 잘해 보자 했다. 모임이나 프로그램, 기도회나 예배도 마찬가지였다. 주일 낮 예배와 수요일 성경공부에 집중하고 새벽기도회 역시 자신과 교회를 위한 기도이니만큼 아침 기도회로 자유롭게 자발적으로 하자고 했다. 그건 지금까지도 그렇게 이어오고 있고 스스로 하는 신앙이 되기 위해 함께 노력하고 있다.

다만 예배나 기도회, 모임 등을 마치 완벽하고 절대적인 것처럼 여기지 말고, 언제라도 돌아보고 배우며 더 나은 예배와 기도, 삶을 만들어 가자고 했다. 주일 오후의 프로그램도 매년 다르게 만들어 함께 했고, 다양한 주제와 영역을 열어가는 교회와 신앙이 되자고 했다.

교회는 공동체이기에 아픔을 함께하고 기쁨도 모두의 것이 되어야 한다고 고백하며, 주일 예배 후의 공동식사와 생활 나눔에 대해 비중을 두고 가능한 모두가 참여할 수 있도록 안내했다. 그다지 먹을 것과 맛난 것도 없으면서 주일 예배 후 밥을 같이 먹지 않으면 쌍샘의 가족이 아니라는 심한 말까지도 한 적이 있다. 그만큼 공동식사와 삶의 나눔에 의미를 두고 비중을 두고자 했다.

시작한 지 1년이 채 안 되었지만, 93년 새해를 맞아 선배이신 김종생 목사님을 모시고 신앙사경회를 가졌다. '성찬의 삶을 사는 교회'와 '축제와 병자 치유'-일을 찾아 나서는 교회-라는 주제로 귀한 말씀의 시간을 가졌다.

또한, 88회기 춘기 충청노회(1993년 3월 23일 옥산교회)에서 백영기 전도사가 목사 안수를 받았다. 돌이켜보니 1983년에 전도사로 첫 목회를 시작했으니 꼭 10년 만에 목사로 임직한 것이다. 그간 공부한다고 쉬기도 했고, 본의 아니게 휴학과 학내 문제로 졸업을 못해 오해를 받기도 했다.

교우들에게 고백한 적이 있지만, 안수를 받고 교회를 담임하는 목사가 되었다는 것이 믿기지 않고 어리둥절하다. 이유는 수도 없이 많다. 성격도 내성적인 데다가 딸이 없고 아들만 있는 집에서 자란 나는 앞에 나서는 것도 어색하고 말주변도 없다. 배움도 많이 부족하고 뭐라도 잘하는 게 없을 뿐만 아니라 지도력이 없다. 도대체 하나님은 뭘 보시고 이런 나를 택하고 부르셨는지 도무지 알 수가 없다.

목사 안수식은 소박했고 조용한 가운데 마쳤다. 교우들과 가족들과 많은 분들이 축하해 주고 기도해 주셨다. 전도사에서 목사가 되면 무슨 엄청난 일이 일어나지 않을까 막연한 기대랄까 바람이 있었던 것 같은데 그런 건 없었다. 나 역시 전도사 때나 목사이거나 달라진 건 없다. 있다면 예배의 마지막에 교우들을 위한 강복기도를 할 수 있다는 것이다.

자연, 문화, 영성의 숨이 있는
쌍샘자연교회이야기

그런데 얼마 지나지 않아 목사가 된 큰 특권이 있음을 알았다. 전에 전도사로 시골의 교회(진천의 구곡과 매산교회)에서 목회할 때는 전도사가 성례식을 할 수 없었다. 시찰 내 이웃교회의 목사가 대리 당회장으로 와서 성례식을 가졌다. 그러나 목사가 되니 우리 교회의 교우들이 잘 양육되고 성장해서 전흥배, 조향미, 이지현을 쌍샘의 첫 세례교인으로 세웠고 (1994년 4월 3일/부활주일) 황현숙을 학습 교인으로 세우며 세례와 성찬식을 가졌다.

그렇게 교회는 천천히, 한 사람 한 사람을 성도와 직분자로 세우며 나갔다. 교우들 가운데 첫 아기(전세영/1993년 5월 13일)가 태어나고 새 가정이 꾸려지는 일이 조금씩 늘어나며, 교회를 찾아오는 학생 청년들과 어른들이 가끔씩 있어 주일이 기다려지고 재미있어졌다.

쌍샘교회는 1994년 3월 22일 90회 충청노회 정기노회에서 설립 청원이 올라갔고 노회로부터 허락을 받고 중앙시찰로 배정을 받았다. 3년 차에 접어든 쌍샘은 지역에서 사회선교를 통한 주님의 몸 된 교회를 세우고자 했다. '사랑과 선교의 비전을 가진 교회'로서 나와 너, 교회와 세상이 다르지 않음을 예수 그리스도의 신앙으로 만들어 가기를 원했다.

교우들이 조금씩 늘어나면서 같은 해 6월 교우 회의에서 공간을 조금 더 넓은 곳으로 옮겨야 한다는 의견이 나왔다. 지금의 자리는 목사 가정의 작은 아파트 전세금을 보증금 삼고 매월 월세를 내고 있는데 그 비용이 아깝고, 또한 필요에 의해 공간을 손보고 싶어도 그럴 수 없으니 적당한 자리와 가격의 공간을 찾아보면 좋겠다는 의견이 모아졌다.

쌍샘을 시작할 수 있었던 이유는 하나님의 부르심이었겠지만, 한편
으로는 청주의 EYC와 장청을 통해 만난 두 청년 김순희와 박영구였
다. 오랜 만남을 가진 사이는 아니었지만, 이런 교회와 사역이라면 기

자연, 문화, 영성의 숨이 있는
쌍샘자연교회이야기

꺼이 함께하겠다는 두 청년의 응원이 컸다. 김순희 청년은 아이들을 대상으로 한 오랜 사회 경험과 특유의 열린 시각과 감각으로 초대 공부방의 실무자로서 아이들은 물론 지역의 주민들에게도 많은 사랑을 받았다.

함께한 청년 박영구는 흔들리지 않는 뚝심과 한결같은 마음, 그러면서도 여리고 선한 마음을 가졌다. 충북 인권위에서 오랫동안 간사로 일을 했는데, 그를 통해 수십 년 된 비전향 장기수를 만나고 또 북으로 송환하는 일에 함께하기도 했다. 돈보다 사람을 소중히 여기는 그의 심성은 많은 아이들과 주민 또 교우들에게 큰 감동을 주었다.

이런 두 사람이 1994년 10월 29일에 결혼을 했다. 아이들과 교사들, 교우들의 축가와 편지 등 축복과 기도 속에 한 가정을 이루었고 두 아이를 낳고 잘 키우며, 30년이 된 지금도 여전한 교회의 일꾼으로 그들의 몫을 감당하고 있으니 참으로 고맙고 감사할 뿐이다.

교회 이전을 놓고 기도하던 우리 교회는 마침내 1995년 6월 4일 교우 회의에서 결정을 했다. 모충동 쌍샘 슈퍼 앞의 작은 집으로 47평의 대지와 17평의 건물이다. 3천만 원의 대출과 전세금, 그리고 몇몇 분들의 도움으로 매입하였다. 그리고 10월 26일에 노회와 시찰의 목사님을 초청하여 이전 감사예배를 드렸다.

예배를 드리기 전 교우들과 직접 핸디코트를 바르고 칠을 하며 최소한의 수리와 내부시설을 손보며 3주년을 준비했다. 조금 더 마을 안쪽으로 내려온 셈이고 무엇보다도 우리의 형편에 맞게 사용할 수 있다는 점과 공부방과 도서실도 별도의 공간에 두니 주민들도 이용하기가 한

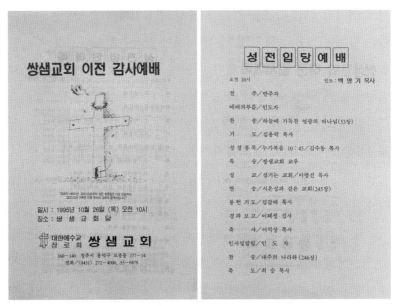

이전하기 전보다 크게 달라진 건 없다. 다만 우리 건물이라 생각하니 구석구석에 애정을 담고 좁은 마당이지만 나무와 잔디도 심었다. 방들이 워낙 좁아서 몇 명 앉지도 못하고 설교도 앉아서 해야 눈높이가 맞았다.

결 좋아졌다.

이전하기 전보다 크게 달라진 건 없다. 다만 우리 건물이라 생각하니 구석구석에 애정을 담고 좁은 마당이지만 나무와 잔디도 심었다. 방들이 워낙 좁아서 몇 명 앉지도 못하고 설교도 앉아서 해야 눈높이가 맞았다. 여자 교우들은 좁고 바닥에 앉아야 하니 치마를 입고 올 수도 없었다. 교우들과 벽체를 헐고 일부를 트니 훨씬 넓어졌고 아쉬운 대로 예배당의 모양이 나오기도 했다. 주중에 사용하는 공부방의 아이들도 좋아했고 실내 활동도 가능해졌다.

2004년 아동복지법이 개정되었고 아동센터가 아동복지시설로 지정되어 아동센터에 대한 지원과 운영의 법적인 근거가 마련되었고 그 한참 후에야 아동센터들이 등장하고 자리를 잡았다. 그전까지는 교회나 단체 등 사설 공부방이 지역의 아이들을 돌보며 친구가 되었다. 쌍샘의 살림 공부방은 지역의 아이들이 언제든 맘 놓고 올 수 있으며, 이곳에 오면 언니와 형같은 선생님들이 따뜻하게 그들을 맞이하고 힘이 된다. 교사들이 바라는 것은 아이들의 삶과 생각이 짓밟히지 않고 밝고 건강하게 사랑을 받으며 자라나는 것이다.

주민도서관 느티나무는 얼마 후 교회 입구이자 도로변에 있는 공간을 따로 빌려 독립된 작은 도서관을 만들었다. 어떻게든 책을 주민들 가까이에 두려고 했고, 교회 안으로 들어오지 않아도 되도록 배려했다. 아이들이 언제라도 책을 읽을 수 있다면 이것보다 더 좋은 선물은 없으리라. 마을 주민들도 살기 바쁘고 여유도 없지만, 그래도 가끔 책을 만나고 접할 수 있다면 조금씩은 다른 세상이 보이지 않을까 했다. '책을 가볍게 생각해선 안 된다. 지금까지의 세계전체가 결국 책으로 지배되었기 때문'이라고 프랑스의 작가이자 사상가인 볼테르는 말했다.

당시 교육도시라는 청주에 달랑 국립중앙도서관 하나만 있었다. 지금이야 구와 지역에 따라 시립도서관이 여러 곳 생겼지만, 당시엔 거의 전무했다. 민중교회나 사회선교를 하던 교회들이 마을에서 이런 공부방과 도서관 등을 운영한 게 전부였다. 옛날 '마을문고'라는 게 있지만 이름만 있을 뿐이고, 있다고 해도 전집이나 쓸만한 책은 거의 없다.

주민도서실 느티나무는 꾸준히 책을 모으고 신간을 갖추어 아이들과 주민들에게 새로운 기대감을 주며 언제든 올 수 있도록 기회를 만들었다. 단순한 도서 대출이 전부가 아니다. 위에서 말한 글쓰기와 한글 교실, 작가와의 만남, 책 읽기 모임, 비디오 교실 등으로 독서문화를 만들어 갔다. 이런 가운데 우리 도서관이 우수 도서관으로 문화체육부 장관상(1997년 9월 11일)을 받았다.

지역의 몇몇 작은 도서관들과 함께 작은도서관충북협의회를 만들고 연합으로 철당간 광장 등에서 헌책을 새 책으로 바꾸어주는 책 시장을 열며 시민들로 하여금 청주시에 시립도서관을 세우게 하자는 서명을 받기도 했다. 이러한 작은 도서관의 존재와 홍보를 통해 곳곳에 도서관이 더 많이 세워지고 책에 대한 시민들의 관심이 커지면 결국 우리의 삶의 자리가 더 비옥해지고 아름다워질 것이다. 많은 세월이 흘렀듯이 지금 청주에는 15개 이상의 시립도서관과 활발하게 활동하는 작은 도서관들이 100여 곳이 넘는다.

자연, 문화, 영성의 숨이 있는
쌍샘자연교회이야기

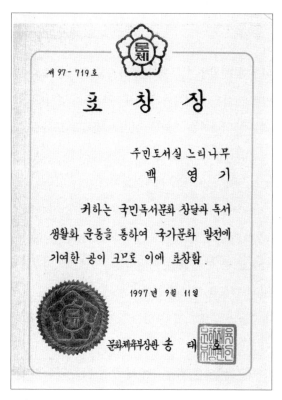

주민도서실 느티나무는 꾸준히 책을 모으고 신간을 갖추어 아이들과 주민들에게 새로운 기대감을 주며 언제든 올 수 있도록 기회를 만들었다. 단순한 도서 대출이 전부가 아니다. 위에서 말한 글쓰기와 한글 교실, 작가와의 만남, 책 읽기 모임, 비디오 교실 등으로 독서문화를 만들어 갔다. 이런 가운데 우리 도서관이 우수 도서관으로 문화체육부장관상(1997년 9월 11일)을 받았다.

당시 두 번째 도서관의 실무를 맡았던 분의 글을 소개한다.

〈쌍샘교회 이전을 꿈꾸며,〉

'느티나무의 개원을 앞두고 분주하게 움직이던 모습이 떠오르는 군요. 주민도서실을 꾸려나가기 위해 책들을 구입하고 기증받던 일, 모아진 책들을 정리하는 작업들, 이러한 일들을 도와주신 고마운 분들의 얼굴, 이러한 수고로움이 모여 주민도서실 느티나무가 나타난 거겠지요. 이렇게 느티나무가 개원을 하고 지금의 모습에 이르기까지에는 크고 작은 여러 일들이 있었습니다. 기금 마련을 위한 두 번에 걸친 일일 찻집, 자신의 이름 석자도 쓰지 못해 가슴앓이 해야만 했던 분들을 위한 한글 교실, 어린이들을 위한 책 읽기와 글쓰기 교실, 회원들의 친목을 도모하기 위해 만든 회원 만남의 날, 작가의 문학세계와 그들의 삶을 느낄 수 있는 작가와의 만남, 도서실 실무자의 교체 등이 있었습니다.

그리고 이 모든 일을 위해 수고해 주신 많은 분들과 뒤에서 말없이 느티나무의 살림을 꾸려나갈 수 있도록 도움을 주시는 후원자님들, 자신들이 아끼던 책을 도서실을 위해 서슴없이 기증해 주신 분들, 늘 느티나무를 위해 기도와 관심을 쏟아주시는 분들, 정말 고맙고 감사한 분들이지요. 또한, 회원으로 가입하여 도서관을 빛나게 하는 수많은 회원분들도 소중한 느티나무의 가족입니다…'

조향미 실무자/제4호 주민도서실 느티나무 소식지

자연, 문화, 영성의 숨이 있는
쌍샘자연교회이야기

초창기 쌍샘은 공부방의 실무였던 김순희 권사/박영구 집사(당시, 20대 중반 청년)의 헌신과 어머니 같았던 김지환 권사(당시, 50대 초반)님의 수고와 잔소리(?)가 큰 몫을 했고, 1년 뒤 쌍샘에 찾아와 주신 남광우 집사/이혜정 장로(당시, 30대 중반)님의 역할이 정말 컸다. 그 외에도 남진주 권사(당시, 20대 초반 청년)와 조향미 권사(당시 여고생)의 몸을 사리지 않은 봉사와 이지현 자매(당시, 여고 3학년) 등의 매주 예배 반주와 동행도 우리에게는 잊을 수 없는 아름다운 추억이요 행복이었다.

교회의 이전과 함께 새로운 마음과 기분으로 조금은 안정되고 활발하게 사역을 펼치며 의욕을 높였다. 우리가 사는 마을이 모든 면에서 조금씩 더 나아지고 아름다워지기를 바라면서 교회는 교회대로, 공부방은 공부방으로서, 또한 도서관은 도서관으로 제 역할을 하며 존재의 가치를 세워가고자 했다.

그런 시간이 얼마나 지났을까, 대학에서는 사회복지학과와 사회복지사가 등장했다. 정부는 도시의 생활보호대상이 되는 분들을 영구임대 아파트라는 작은 주거지로 옮겨갔고 그곳에는 종합사회복지관이 들어섰다. 우리가 살던 마을에 큰 변화가 찾아온 것이다. 삶을 보장하며 주민들이 원하는 방식으로의 더 나은 삶의 지원이 아닌, 개발과 성장이라는 이름으로 얼마나 많은 사람들이 밀려나고 또 아픔과 상처를 끌어안을까 염려되는 일이다.

옆에 있는 대학도 이전을 계획한다는 소문이 들리고, 이미 마을은 판잣집과 다세대 주택이 헐리고 골목길은 사라지고 있다. 함께했던 아이들과 이웃들은 선택의 여지도 없이 이곳을 떠나야 했고 마을은 뒤숭숭했다. 도시의 이런 변화는 그리 긴 시간이 필요하지 않다. 경제적 논

교회의 이전과 함께 새로운 마음과 기분으로 조금은 안정되고
활발하게 사역을 펼치며 의욕을 높였다. 우리가 사는 마을이 모
든 면에서 조금씩 더 나아지고 아름다워지기를 바라면서 교회는
교회대로, 공부방은 공부방으로서, 또한 도서관은 도서관으로 제
역할을 하며 존재의 가치를 세워가고자 했다.

리로 결정하는 세상이니 다른 수가 없었다.

이곳을 찾아온 우리로서는 당혹감을 감출 수 없다. 그렇다고 형편상 다른 곳을 찾아 쉽게 갈 수도 없었지만 그런 생각을 하지 못했다. 지역 사회를 생각한 여러 가지의 일들이 새로운 국면을 맞았다. 어떤 사람들은 이곳이 재개발되면 좋은 일 아니냐고 말하는 이도 있다. 쌍샘교회는 새로운 변화의 상황 앞에서 갈 바를 알지 못하고 있었다.

새롭게 하시는 하나님과
만나기 위해

1999~2002

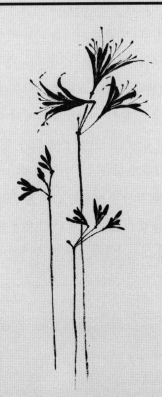

1) 산 위의 동네가 숨겨지지 못하리라

"사람이 마음으로 자기의 길을 계획할지라도 그의 걸음을 인도하시는 이는 여호와시니라."(잠언 16:9) 우리가 흔히 일이 틀어진 후 많이 인용하는 말씀이다. 인간적으로 아무 빽도 없는 사람이, 그것도 목사가 아닌 전도사 시절에 교회를 개척한다는 것이 쉬운 일은 아니겠지만 그렇다고 잘못된 일도 아니었다. 이보다 더 어렵고 힘든 상황에서도 얼마든지 교회를 개척하거나 선교의 사역을 하는 경우는 얼마든지 있다.

남다른 능력이나 후원을 안고 시작할 수 있는 상황은 아니었고 그렇다고 갈 데가 없어 쌍샘에 왔거나 교회를 시작한 건 더더욱 아니었다. 부족하기 짝이 없는 종을 불러 신학을 공부하게 하고 목회자의 길을 가도록 인도하신 분이 하나님이라면 분명 그가 할 수 있고 해야 하는 일이 있으리라 믿고 그렇게 하나님의 인도를 받고 싶었다.

충북사회선교협의회 간사와 서원경교회 전임으로 잠시 일을 하고 사임한 후 교회 개척을 준비했다. 아직 목사 안수를 받지 않은 전도사이기도 했고 충청노회 소속이었다. 하지만 충북과 충청은 한 노회였었

62   자연, 문화, 영성의 숨이 있는
쌍샘자연교회이야기

고 지역도 나뉘긴 했지만 얼마든지 이해가 가능한 일이었다. 아무튼, 노회의 경계지역은 있고 그래서 나는 지역이 속해진 충북노회의 시찰과 경로를 통해 자연스럽고 합법적으로 행정적 절차를 밟았다.

그렇게 창립 예배에 따른 모든 순서와 담당하실 분들을 찾아가 인사하고 역할을 맡아 주실 것을 부탁드렸고 모두 흔쾌히 허락하셨다. 그런데 노회의 어느 어른께서 이를 막으셨다. 겉으로의 이유는 타 노회의 전도사가 맘대로 노회 안에 들어와 개척하는 것을 어떻게 노회장이 가서 설교를 하고 축사를 할 수 있느냐며 안 된다고 했다는 것이다. 순서를 맡은 몇 분이 정말 미안하다며 양해를 구하는 전화를 주셨다.

맘이 많이 상했고 그 정도는 알아서 처리하고 오셔야 하는 것 아닌가 했지만 어쩔 수 없었다. 나야 행정적 절차와 예의를 따라 소위 직함을 가진 분들을 순서에 넣었을 뿐이었으니 차라리 잘 되었다 싶었다. 그렇게 서둘러 빠진 순서를 채우고 창립의 일정을 마무리했다.

아직 전도사 때라 잘 모르긴 했지만, 후에 노회에 들어가서 보니 충분히 이해가 되었다. 개혁교회로서 주체가 되지 못하고 개혁의 대상이 되어버린 오늘날의 교회가 아닌가, 앞서 교회 지도자가 되고 목양의 길을 걸어간 어른이라면 어떻게 해서라도 뒤를 따라오는 후배들에게 힘이 되어주고 바르게 가르치며 안내해야 했을 것이다. 우리의 "의가 서기관과 바리새인보다 더 낫지 못하면 결코 천국에 들어가지 못하리라"(마태복음 5:20) 하신 말씀이 두렵게 다가온다.

내가 좀 더 그럴듯한 모양새를 갖추고 개척을 해도 그랬을까, 든든한 후원자나 함께하는 사람이 힘이 있었으면 어땠을까, 가만 보니 초라하기 짝이 없고 별것도 아닌 자가 멋대로 노회에 들어와 제 마음대로 창립 예배의 순서를 부탁하고, 무엇보다도 자기를 찾아오지 않았다는 것이 가장 큰 문제요 잘못이라고 생각했을 것이다.

나는 분명 아무것도 내놓을 만한 게 없다. 누구랑 비교해도 상대가 되지 않을 만큼 경쟁력이 없다. 하지만 예수님에게 받은 은혜와 사랑이면 족하다. 나는 큰 것을 바라지도 않고 큰일을 해내려고 이 길에 들어선 게 아니다. 나는 반 달란트, 아니 반의반 달란트를 받은 사람에 불과할지도 모른다. 나는 그것을 사용하고 싶고 그 은혜에 응답하고 싶었다.

처음부터 내 뜻대로 되지 않음이 감사했다. 나의 계획과 뜻을 넘어 하나님의 생생한 의지를 엿보는 기회였다. 앞으로도 얼마나 많이 내 뜻이 앞설 것인가, 입으로는 하나님의 뜻을 말하고 하나님의 영광을 부르짖지만, 속에서는 늘 내가 주인 되고 우선하지 않았나 부끄럽다. '하나님, 계속해서 나의 뜻대로가 아닌 주님의 뜻대로 이끄소서' 그리 되기를 간절히 원했다.

2) 어두움 후에 빛이 오며

교만한 마음인지는 모르겠지만, 쌍샘에 들어가 끝까지 그곳에서 주님의 교회를 지키며 목회를 하고 싶다는 마음을 먹었다. 하지만 7년이 지나고 8년 차가 될 즈음에 동네에 변화가 찾아왔다. 함께 살던 아이들과 이웃들이 새로운 자리를 찾아 대거 이동했기 때문이다. 이곳이 재개발되면 좋아지는 거 아니냐 말하는 이도 있었지만, 우리는 뜻한 바가 있었고 하고 싶은 일이 있었다. 하지만 그때는 그냥 남아 있는 것이나 다른 어디로 옮기는 것 모두가 쉽지 않은 진퇴양난의 상황이었다.

돌이켜 생각하니, 우리의 존재 이유를 정당화하자고 모든 것이 그대로 유지되어야 한다는 것도 말이 안 되는 것이었다. 다만 그 상황에서 그곳에 그냥 버티는 것이나 다른 곳으로 옮겨가는 것 역시 우리에게는 만만하지 않은 일이었다는 것으로 당황스러웠고 고민이 깊어졌다는 말이다.

목사로서 마음이 조급해졌다. 지금까지 이런 경우가 없었다. 이건 힘이 드는 문제가 아니었고 가난하다거나 교회가 작다거나 성장이 안 된다는 그런 이유가 아니었다. 왠지 교회의 존재의미랄까 역할이 없어진 것 같은 그런 마음이었다. 많은 생각에 빠진 나는 마음 한쪽에 시골로 교회를 옮기는 생각도 있었지만, 교우들에게 이야기를 꺼낼 상황도 아니고 준비도 안 되어 있었다.

그러던 중, 아는 분이 같은 모충동이지만 꽃다리 옆 남들 지역에 빈 건물이 있고, 교회에 무료로 빌려준다는 것이다. 가서 보니 괜찮은 듯 보였고 주인은 같은 교단의 아는 교회 권사님이라고 했다. 지금의 자리보다는 나아 보였다. 더구나 무료라니 그곳에서 여유롭게 지낼 수 있을 것 같았고, 주차나 한적한 것이 여기보다는 좋게 생각되었다. 1999년 5월, 나는 교회에 얘기를 꺼냈고 교우들에게 그리로 옮겨가자고 제안했다. 옮겨 간 후에는 이곳을 매각하고 천천히 다른 대안을 찾자고 했다. 교우들은 목사의 제안이니 반대하지 않고 따라주었다.

그런데 그때부터 일이 꼬여갔다. 옮겨간 곳에서도 공부방을 운영했지만, 예전 같지 않았고 도서관은 있던 그 자리에 두었으니 두 집 살

자연, 문화, 영성의 숨이 있는
쌍샘자연교회이야기

림이 되었다. 물론 옮겨가면서 특히 교회 일에 열심을 냈다. 좋은 뜻을 품고 열심을 냈다. 혹 주일에 무슨 일이 있는 교우들을 위해 1부 예배도 만들었고 새벽기도회나 기도 모임과 찬양의 시간도 많이 가졌다.

우리는 교회가 크지 않아서이기도 하지만, 지금도 주일 낮 공동 예배는 11시 한 번이다. 교회를 통해 신앙공동체인 가족이라면 서로 얼굴과 사귐이 있어야 한다고 나는 믿는다. 예배를 다른 시간에 드리면 그런 만남과 관계가 만들어질 수 없다. 하지만 그때는 무슨 생각이었는지 1부 예배도 만들고 억지로라도 새벽기도회나 모임을 꾸려가려고 했다.

아직 어리고 젊다 보니 교우들의 이동이 잦은 편이다. 떠나기도 하고 다시 오기도 하고 새로 찾아오는 분들도 많았다. 우리 교회는 운호고등학교 축구부 학생들이 단체로 나와 함께 했다. 경기가 있을 때면 교우들도 달려가 응원을 하고 함께 기도했다. 하지만 그들의 진로는 늘 어렵고 힘들다. 대학으로 진학을 하거나 실업팀에 가야 하는데 그게 쉽지 않다. 졸업 후에 취직을 한 친구도 있고, 다른 공부를 시작한 친구도 있고, 계속해서 운동을 이어가는 친구도 있다. 그때만 해도 운동하는 학생들의 인권이나 생활은 참 열악했다. 그래도 교우들이 많이 아껴주고 챙겨주니 그들도 힘이 되는가 보다.

축구부에 있던 조호운 학생이 대전신학교에 입학했고, 2000년 3월 5일 김의석 전도사가 우리 교회에 교육전도사로 왔다. 예전에 한벌교회 전도사로 있을 때 중학생이었는데 어느새 신학대학교 4학년이란다. 전도사가 와서 학생들과 청년들에게 큰 힘이 되고 좋은 길잡이가 되었다.

우리는 매월 마지막 주일을 자연으로 나가 자연 예배를 드리자고 했고 그렇게 이어갔다. 의도적으로 교우들이 자연과 가까워지고 자연의 숨을 좋아하면 좋겠다는 마음으로 기회를 자주 만들었다. 주보의 맨 뒷면에는 전원교회로의 꿈과 안내를 담았다. 그리고 이를 위해 함께 기도하자고 했다. 하지만 교우들의 반응은 신통치 않았다. 그도 그럴 것이 무언가 눈에 보이지도 않고 손에 잡히는 게 없다. 막연하고 뜬구름을 잡는 이야기일 것이다.

교회로 사용하던 쌍샘의 집을 팔아도 대출받은 3천만 원을 갚으면 2천 3백 정도에 불과하다. 그것으로 무엇을 할 수 있으며, 무엇보다도 가까운 청주에서도 교회에 오는 게 쉽지 않은데 누가 멀리 그것도 시골로 간다는 말인가, 이해할 수 없는 이야기였을 것이다. 성경공부와 기도 모임, 여름신앙공동체와 신앙사경회 등도 전보다 더 비중을 두고 열심히 했다. 아무래도 지금은 쌍샘에서 하던 공부방이나 도서관의 운영, 그리고 지역사회의 활동들이 그전 같지 않았기에 그럴 수 있었다.

그러던 8월의 어느 날, 뜻하지 않은 일이 생겼다. 건물의 주인 되는 권사님이 나를 찾는 것이다. 주인이 건물 위층에 살았으니 올라가 만났다. 전혀 뜻밖의 이야기다. 자기가 나가는 교회에 나보고 같이 가자는 것이다. 아니면 그 목사를 불러다 교회에서 집회를 하라는 것이다. 알고 보니 소위 구원파(박옥수) 교회에 다니고 있었고 정말 좋고 훌륭하니 나에게 그런 기회를 준다는 것이다. 말도 안 되는 이야기에 충격을 받고 그럴 수는 없다고 일언지하(一言之下)에 거절했다.

나에게 생각을 좀 해보라고 권유하더니 교우들에게도 물어보란다. 물론 교우들 몇 분에게 사실을 말했고 모두 깜짝 놀라며 어안이 벙벙

했다. 이런 사실을 확인도 하지 않고 오자고 한 나는 목사로서 큰 자책을 했다. 내가 너무 조급했고 어리석었다. 거절을 한 우리에게 서둘러 공간을 비우라는 것이다. 다시 쌍샘으로 돌아가는 것도 우습고 소위 쪽팔린다고 할까, 이런 상황을 만든 자신이 그렇게 한심할 수가 없었다.

일단 비워주는 것으로 하고 나는 교회에 죄송하다는 말과 함께 시간을 좀 달라고 했다. 8월 마지막 주일부터 3주간 방황 아닌 방황을 했다. 머리가 복잡하고 마음이 아파 설교를 할 수가 없었다. 전도사님에게 맡기고 잠시 시간을 가졌다. 불쌍하게도 기도하며 하나님 앞에 바로 서지 못했다. 주어진 문제를 직시하지 못하고 인간적인 생각에 빠져있었다.

마침 기관에서 사역하며 교회도 운영했던 선배 목사가 양쪽을 하려니 어려웠고 힘에 부쳤던 것 같았다. 잠시 그곳에서 전도사로 도왔던 적도 있었다. 그곳을 찾아가 교회를 통합하여 함께하면 어떻겠냐는 제안을 했는데 좋다고 하셨다. 이미 사용하는 교회 공간이 있으니 그리로 들어가면 되고, 통합하면 훨씬 더 좋지 않겠는가, 부담을 갖지 않고 지금의 상황을 해결하는 좋은 방법이 아닌가 하며 나는 교회에서 교우들을 모아 회의에 부쳤다.

역시 교우들은 목사의 말인지라 약간 흔들렸다. 그래서 같이 가서 보기도 했고 목사의 생각이라면 그럴 수도 있다고 했다. 하지만 교우들은 목사보다 현명했고 믿음도 좋았다. 그리고 훨씬 용감했고 지혜로웠다. 김의석 전도사님이 바람을 넣고 김선례 장로님 댁에서 모여 많은 이야기를 했다고 한다. 어렵게 시작한 교회를 이렇게 의미 없이 없애서는 안 되고, 특히 좋은 목사님을 담임목회를 할 수 없는 상황이 되게 해서는 안 된다고 뜻을 모은 것이다. 그러면서 명분도 이유도 없는 교회 통합을 반대했다. 우리 교회를 지켜가고 더 잘 세워가자고 했다. 충분히 할 수 있고 목사님의 생각과 목회를 기꺼이 함께하겠노라고 말해주었다.

정말 부끄러웠고 눈물이 복받쳤다. 그러면서 마음속 깊은 곳에서 알 수 없는 용기와 힘이 솟아올랐다. 2000년 10월 8일(둘째 주일), 교우 회의에서 교회 통합에 관한 이 모든 일은 없었던 것으로 마무리 지었고 새로운 교회부지를 알아보고 찾는 일에 온 힘을 모으기로 했다. 교우들이 목사의 생각을 모른다고 생각하며 혼자서 끙끙 앓던 나는 그렇게 지치고 가슴앓이를 했던 것이다. 나도 어쩔 수 없는 사람이고 지극히 인간적인 존재임을 깊이 실감했다. 하지만 하나님은 우리가 신앙공동체요 믿음의 형제임을 확인시켜 주었다. 교우들에게 진심으로 감사하고 가슴 뿌듯했던 신앙 간증이다.

교회는 11월에 이전 장소인 쌍샘으로 일단 옮겨가기로 하고, 속히 땅을 구하여 내년 봄에는 나갈 수 있도록 하자고 결의하고, 공부방과 도서실도 교회로 옮기고 이곳을 떠날 때까지 최선을 다해 감당하자고 했다. 11월 12일(둘째 주일) 우리는 다시 첫 쌍샘의 자리에서 예배했고, 그때부터 적은 금액이라도 건축헌금을 하자는 안을 결의했다(2000년 쌍샘자연교회이야기). 교회주보 뒷면에 매주 조금씩 모여지는 건축헌금을 올려 쌍샘의 새로운 비전을 같이 나누며 기도했고 정성을 쌓아가기 시작했다.

놀랍고 크신 팔 일으켜

2001~2002

1) 내가 네게 보여줄 땅으로 가라

물론 이건 우리의 합리화일 수도 있다. 하지만 우리가 더 나은 곳을 찾아갔다면, 핑계라고 볼 수 있지만 우리는 전혀 예측이 안 되고 지금보다도 더 어려운 상황을 맞을 수도 있는 곳을 택한 것이다. 위에서 말했지만, 적지 않게 고민하며 기도했다. 우리를 이곳으로 불러주신 하나님께서 이런 상황과 더불어 왜 이런 고민을 하게 하시는지, 우리가 또 다른 선택을 해야 하는지 주님께 묻고 또 묻지 않을 수 없었다.

우리는 시작하던 해부터 지금까지 특별한 경우를 제외하고는 매년 여름신앙공동체를 가졌다. 대부분은 자연에 있는 시골교회나, 수련원 등을 이용했다. 공부방과 연합으로 갖기도 했고, 시골교회의 여름성경학교를 봉사하고 남은 시간을 수련회로 갖기도 했다. 작은 인원이지만 신앙의 가족으로 함께 말씀을 공부하고 기도하며 신앙공동체를 키워왔다.

2001년 여름은 우리에게 아주 의미가 있는 해였다. 괴산 연풍의 입석교회에서 여름신앙공동체를 갖고 거기에서 네 개의 조별 토의를 했다. 만약 우리에게 땅이 생긴다면, 그곳에서 무엇을 하고 싶은지 교우들끼리 이야기 나누고 발표하는 시간을 가졌다.

그때 아주 다양한 이야기들이 나왔고 지금의 쌍샘은 그때 그곳에서 이야기되고 함께 나누었던 내용들이다. 특히 우리는 그동안 매월 마지막 주일을 자연과 함께하는 예배로 드렸다. 자연의 은총과 그 소중함을 몸으로 느끼고 배우자는 것이다. 그리고 교우들과 함께 경기도 포천의 사랑방교회, 남양주의 두레교회, 대구의 작은교회, 김포 전원교회와 고잔교회 등도 다녀왔다. 이런 시간을 통해 교우들과 우리는 생각이 많이 바뀌었고 정리가 됐다.

모충동 쌍샘으로 들어갈 때도 주위의 사람들이 이해하지 못했는데, 이제는 시골로 들어간다니 더 이상한 듯 바라본다. 성도들이 20여 분 함께 예배를 드리는 이런 상황에서 도대체 어쩌자는 것인지 이해가 되지 않았을 것이다. 하지만 결코, 작지 않다고 생각했다. 시골로 교회를 옮기면 차량을 이용하여 교회에 오는데 어렵지 않도록 최대한 신경을 쓰고 대책을 마련하겠지만, 그래도 혹 거리가 멀고 거기까지 가서 예배를 드릴 자신이 없다고 하면 기꺼이 안심하고 다닐 수 있는 좋은 교회를 소개해 드리겠다고도 말했다.

그 정도는 교회가 배려하고 또 스스로 선택할 수 있도록 해야 한다고 생각했다. 참으로 감사한 것은 그때의 교우들 모두가 다 함께 나오고 지금까지도 그 신앙과 마음을 간직하고 있다는 것이다. 다만 송수복 성도께서 남편의 간병과 점심 준비 등으로 한 달 정도 오시고는 그곳으로 들어온 초대교회로 다니게 되셨다.(2002년 쌍샘자연교회이야기)

때로는 나 혼자, 또는 교우들과 함께 우리가 갈 곳이 어딘지 찾기 위해 틈나는 대로 땅을 알아보러 다녔다. 청주 근교로 100여 곳이 넘는 곳을 계속 찾아다녔다. 좋은 땅을 얻기 위해서라기보다는 우리 형편에 맞는 크기와 적합한 땅을 만나기 위해서였다. 고작 2,300여만 원을 가지고 땅을 사러 다닌다고 하니 20년 전이지만 턱없이 부족하고 적은 돈이다. 생각으로는 평당 10만 원 정도 하는 땅이면 약 250평, 6~7만 원 하는 땅이면 300평 정도 살 수 있다고 여겼다.

250평이든 300평이든 작지 않다고 여겼다. 청주에서 45평 땅에 있었으니 그에 비하면 대궐이 아닌가. 하지만 아무리 다녀도 땅을 구하기가 쉽지 않았다. 땅은 대개 마음에 드는데, 땅이 너무 크거나 길이 없는 맹지, 또는 전기나 물 같은 것을 이용하기에는 비용이 커서 선택하기가 쉽지 않았다.

문을 두드리면 열린다고 했던가, 그렇게 땅을 찾아다니던 우리에게 2001년 10월 한곳이 눈에 들어왔다. 지금의 자리인 청원군 낭성면 호정리 575번지다. 양지바르고 산으로 둘러싸인 어머니의 아늑한 품처럼 위치와 모양이 정말 좋은 배추밭이었다. 모두 935평이고 평당 67,000원이니 모두 6,300만 원이다. 우리에게는 너무 크고 과분한 땅이었다. 하지만 마음에 감동이 오고 이 땅이라는 생각이 들어 결정하고 계약했다. 교우들도 모두 좋아했고 맘에 들어 했다.

우리는 그곳에 천막을 치고 사용하고자 했다. 옛날 히브리 민족이 출애굽 후 40년간 광야에서 천막공동체를 하지 않았던가. 그렇게 봄부터 가을까지 자연에서 모여 예배하고 일하고, 신앙공동체로 살다가 겨울에는 교우들 집에서 모이자. 그러다가 여력이 생기면 직접 벽돌도 굽고 나무도 모아 교회를 짓자고 했다. 서두를 것도 없고 그 시간과 과정을 잘 즐기면서 은혜를 나눌 수 있다면 이 또한 얼마나 감사하고 운치가 있는 일인가 생각했다.

그러던 어느 날, 마음속에 이런 생각이 찾아왔다. "네가 왜 예배당을 놓고 고민하느냐, 혼자서 하지 말고 같이 하면 어떻겠냐?"는 마음의 소리였다. 장기적으로야 교회를 건축해야 하지만, 지금은 전혀 그럴 생각이 없었는데 그런 마음이 나에게 왔다. 생각해 보니 맞는 말이고 좋은 생각이었다.

이 교회는 주님의 교회이고 우리 모두의 교회가 아닌가, 할 수만 있다면 그렇게 하는 것이 맞았다. 기도하는 마음으로 쌍샘자연교회 건축 계획서를 만들었다. 크지 않은 정사각형의 종이 5장에 생각과 계획을 담았다. 쌍샘이 시골에 땅을 마련한 것과 모충동 쌍샘을 떠나야 하는 이유와 상황을 담고, 지금 쌍샘교회의 현황 그리고 시골에 들어가 어떤 사역과 목회 비전을 만들어 갈 것인지를 적었다. 마지막 장에는 건축에 대한 계획서였다.

"쌍샘교회는 창립 10주년을 맞이하여 935평의 땅에 주님의 교회를 세웁니다. 쌍샘교회는 일백만 원씩 100개 교회(구좌)의 도움으로 자연 예배당을 짓고자 합니다. 교회당의 설계와 건축은 자연과 조화를 이루고 주님의 교회요 우리 모두의 교회로 세우고자 합니다. 저희 교회를 위해 1구좌를 헌금해 주시면 소중하게 교회를 세울 것이고, 기념판에 교회의 이름과 그 뜻을 새겨 함께 기억하며 나눌 것입니다."

먼저는 우리 교회의 교우들 가정에서 1구좌씩 참여하기로 하였다. 그리고 충청과 충북노회의 선배와 교회를 찾아가 취지를 말씀드리고

'전원교회' 건축계획서

① 개요

쌍샘교회는 창립 10주년을 맞이하여 다음과 같은 전원형 교회를 꿈꾸어 왔습니다.
저희 교회는 우리만의 교회가 아닌 주님의 교회로 모두가 함께 세우고
사용할교회를 짓고자 합니다.
이와같은 취지는 저희 교회의 경제적 여건이 부족한 것과 아울러
사랑있는 여러 교회의 힘으로 세우고자 하는 것입니다.

② 위치

청원군 낭성면 호정리 575번지 936평(대지300평,전635평)

③ 교회당의 건축

자연예배당은 일백만원씩 100개교회의 도움으로 전원형 교회를 세울 계획입니다.
교회당의 설계와 건축은 자연과 조화를 이루고
전원교회를 닮게 건축한 곳으로지문을 구하여 밀밀 계획이며
아울러 이렇게 시작한 여러 교회를 현장 방문하여 도움을 얻을 것입니다.
지어진 교회의 기념판에는
지원하고 헌금하신 모든 교회의 이름과 그 뜻을 새겨
쌍샘교회가 존재하는 날까지 그 의미와 뜻을 남길 것입니다.

1

쌍샘교회이야기

'전원교회' 헌금약정서

_____ 는 쌍샘교회 건축을 위하여
일금 일백만원(1,000,000원)을 건축헌금으로 드릴 것을 약속합니다.

제목 : 쌍샘교회 '전원교회' 건축헌금
금액 : 일백만원 (1,000,000원)
기간 : 2001년   월 ~ 2002년   월까지
방법 : 일시불 또는 1년 (100,000*10)
구좌 : 632-03-000920(조흥은행/쌍샘교회)

2001년   월   일
㊞

헌금에 참여한 교회는 쌍샘 머릿돌에 (기념판) 새겨
쌍샘교회가 존재하는 한 영원히 그 의미와 뜻을 남길것입이다.

대한예수교장로회 쌍샘교회 운영위원회

3

자연, 문화, 영성의 숨이 있는
쌍샘자연교회이야기

도움을 요청하였다. 감사하게도 몇 곳을 빼고는 모든 분들이 흔쾌히 받아주셨다. 1구좌(백만 원) 정도는 우리 교회에서도 도울 수 있지 하면서 약속해 주셨다. 좀 작은 교회나 형편이 넉넉지 않은 교회에서는 돕고 싶다면서 1년 또는 2년의 분납 형태로도 지원해 주셨다(2001년 10월 21일 쌍샘자연교회이야기). 그렇게 동참의 약속을 받으면서 교회건축의 설계와 인허가 과정을 함께 추진했다.

설계는 가나건축의 심원석 집사가 맡아서 해주셨다. 교회당은 바닥 면적 40평의 정사각형인데 이를 그대로 2층으로 올리지 않고 2층은 45° 정도 틀어진 상태로 앉혀졌다. 건축 업자들은 그 당시 왜 건물을 이렇게 설계해서 힘들게 하는지 모르겠다고 했지만, 우리에게는 나름의 의미가 있다. 하늘에서 보면 건물의 지붕이 별 모양이기도 하지만, 우물 정(井)을 엇갈려 올린 것이다. 그래서 쌍샘의 의미를 담았다.

계획상으로는 교회와 사택을 합해서 모두 100평으로 잡았고, 건축비도 평당 100만 원으로 잡아 1억으로 마무리를 한다는 계획이었다. 하지만 교회와 사택의 총 면적이 100평을 넘어 120평이 되었고, 건축비도 최저로 잡았지만 120만 원이어서 결국은 또 약간의 빚을 안게 되었다.

교회는 2002년 첫 주일 예배 후 공동의회를 통해 우리 교회의 첫 항존직분자인 안수 집사 두 분(남광우, 차규명)과 권사 세 분(이혜정, 김선례, 김지환)을 피택했다. 다섯 분은 교육과 함께 건축을 마치고 10주년 감사, 및 입당예배의 자리에서 임직식을 갖고 하나님께 감사와 영광을 돌리기로 했다.

드디어 우리나라에서 월드컵이 열리던 해인 2002년 4월 28일 교우

자연, 문화, 영성의 숨이 있는
쌍샘자연교회이야기

들과 송석홍 목사님, 김태종 목사님, 심원석 집사님 등 여러분들이 함께하여 쌍샘자연교회의 기공식을 하였다. 이때 우리를 위해 기도해 주신 삶터교회 김태종 목사님의 기도는 지금도 종종 읽으며 묵상하게 된다.

기공예배는 드렸지만, 건축의 첫 삽은 6월이 되어서야 시작되었다. 가나 설계의 소개로 대전에 있는 '대로 건설'(임영수 대표)에서 맡았다. 월드컵의 열기는 온 나라를 달구었고, 건축 중인 우리는 새벽과 금요기도회를 통해 하나님이 온전히 진행하시고 마무리 지어주시기를 간구했다. 8월로 들어서자 엄청난 폭우가 쏟아져 많은 사람들이 죽고 재산을 잃은 안타까운 일들이 일어났다. 교회건축 역시 멈추고 미루어지는 등 차질이 불가피했다. 계획했던 일정대로 진행은 안 되었지만, 교우들은 틈이 날 때마다 이곳 낭성 교회건축현장에 와서 기도하며 일하는 분들은 격려했다.

감사하게도 노회 안의 그리고 쌍샘을 알고 사랑하는 많은 목사님들이 일부러 또는 지나가는 길에 들러 기도해 주시고 응원해주셔서 얼마나 감사했고 큰 힘이 됐는지 모른다. 우리 교단의 신문인 기독공보(김보현 목사/전 영국 선교사, 현 총회 사무총장)에서 교회와 건축 중인 사진을 찍어 기사로 실어주셔서 이를 보고 또 찾아와 헌금해 주시고 기도해 주신 분들이 계셨다.

10월 14일 충북노회를 통해 쌍샘교회는 쌍샘자연교회로 이름 변경 청원을 하였고, 주소와 전화 등의 변경과 함께 상당시찰로 소속이 되었다. 처음에는 전원(田園)교회라는 말을 사용했다. 하지만 전원이란 말이 농촌의 정서와는 맞지 않았고, 자칫 시골 사람들에게 이질감을 줄 수도 있다고 여겼다. 고민하던 우리는 자연(自然)으로 결정했다. 하나님이 주신 지혜요 은혜였다.

공사가 늦어져 임직식과 입당예배는 내년 봄으로 미루어야 했고, 사택도 집을 비워줘야 하는 상황이라 공사가 마무리 안 되었지만 10월 25일 먼저 사택이 이사했다. 보일러가 안 된 이곳, 춥기로 소문난 낭성에서 4가족이 부들부들 떨며 잠을 잔 일과 수도가 안 되어 냇가의 얼음을 깨다가 물을 녹여 밥을 해 먹었던 기억은 젊은 날의 추억이 되었다.

10월의 마지막 주일 예배를 낭성의 새 예배당에서 드렸는데, 그날 하얀 함박눈이 쏟아져 온 교우들이 소리를 지르며 감동했고, 새 예배당에서의 예배가 은혜로 충만했던 날로 기억하고 있다.

그리고 11월 마지막 주일(24일) 추수감사절과 입당예배를 교우들과 가까운 이웃의 목사님을 초대하여 드렸다. 다만 내년(2003년) 새봄에는 안수집사와 권사의 임직 예식과 더불어 쌍샘자연교회의 헌당 예배로 드리면 좋겠다고 의견을 모았다. 교회는 청원군청으로부터 12월 20일 사용승인을 받았다.

낭성의 새 예배당으로 들어온 우리는 마치 출애굽의 역사를 맞은 듯이 들뜨고 기뻐서 어쩔줄 몰랐다. 쓸고 닦고 만지면서 우리에게 이런 은총이 주어짐을 실감하고 싶었다. 우리에게는 정말 과분한 공간이었다. 모두가 한자리에서 얼굴을 맞대고 예배할 수 있다는 것도 감사하고, 새로운 꿈을 꿀 수 있으니 더욱 감사했다. 2층은 예배실이고 1층은 사무실과 화장실, 주방과 식당을 겸한 교육공간이었다.

우리는 낭성으로 들어오면서 매월 마지막 토요일 저녁을 〈공동체의 밤〉으로 함께 했다. 모여서 회의와 공동식사도 하고, 또 재미있는 공동체 놀이나 이런저런 이야기를 밤새 나누었다. 당시는 길도 이렇지 않았고, 가로등이 하나 없던 때였으니 밤하늘의 별은 우리에게로 쏟아졌고 마치 몽골의 밤처럼 빛나고 아름다웠다.

그렇게 단잠을 자고 자연 속에서 맞는 아침은 신선했고 정말 새로웠다. 말로는 표현할 수 없는 아침의 감동과 자연의 기운을 느낄 수 있었다. 교우들에게 돈이 생기면 공동의 통장에 돈을 입금하자, 그러면 그 돈으로 땅을 사서 나누어주겠다고 했는데, 공동체의 밤과 아침을 통해 다른 설명이 필요가 없었다. 그렇게 조금씩 돈을 통장에 넣고 마음을 모으더니 3년쯤 지났을까, 2천여 평을 공동으로 매입하고 제비뽑기를 하여 10가정이 분배를 하여 그 땅에 집을 짓고 살고 있다.

계절의 여왕이라 불리는 5월의 첫 토요일(3일), 쌍샘자연교회는 첫 안수 집사와 권사 임직 예식과 예배당 봉헌의 시간을 가졌다. 우리 교회에 첫 직분자가 세워지는 날이었고, 부채는 좀 있지만 감당할 수 있다고 여겨 바로 하나님의 것임을 나타내는 헌당 예배로 드렸다. 꿈만 같았던 시간이 순식간에 머리를 스쳐 지났다. 땅을 알아보던 시간과 매입을 하고, 건축을 위한 계획서를 만들어 교회들을 찾아다녔던 시간들, 그리고 설계도면을 만들고 기공식과 건축 그리고 완공하여 하나님 앞에 헌당의 예배를 드리는 이 모든 과정이 온전히 하나님의 일이었다. 건축 중에 현장 소장의 잘못된 판단으로 공사가 멈추고 어려운 일도 있었지만, 이내 모든 것이 계획한 대로 진행되고 쌍샘은 준공과 임

예배당 헌당 및 임직 예식

📅 일시:2003년 5월 3일(토) 오후2시

📍 장소:쌍샘자연교회당

쌍샘 🌱 교회

충북 청원군 낭성면 호정리 575 TEL:225-8004,225-9004

예배위원 소개
김갑태 목사 : 충북교회 담임, 현 증평노회장
김경환 목사 : 용곡교회 담임, 현 상당서회장
정삼수 목사 : 상당교회 담임, 전 충청노회장,
이한홍 목사 : 청남교회 담임, 전 충북노회장
노영우 목사 : 청주남교회 담임, KNCC 대표위원
김영태 목사 : 청북교회 담임, 현 충청노회장
김원영 목사 : 서남교회 담임, 전 충북노회장,
송혜욱 목사 : 증부빛셀교회 담임, 현 충북노회부노회장,
박정도 목사 : 회인증앙교회 담임, 현 충북노회장.

인사 및 광고
○ 바쁘신 가운데에도 본 교회 예배당 헌당 및 임직식에 참석하셔서 하나님께 영광 돌려주심을 감사드립니다.
○ 새 예배당 건축을 위해 기도와 정성어린 헌금으로 동참해 주신 성도 및 교회에 진심으로 감사드립니다.
○ 헌당예배와 임직식의 순서를 맡아주신 모든 분들께 감사드립니다.
○ 예배가 끝나면 1층에 준비 된 소찬에 함께 해 주시기 바랍니다.
○ 돌아가실 때 본 교회에서 준비한 기념품을 드리오니 가져가시기 바랍니다.

임직자 소개

자연, 문화, 영성의 숨이 있는
쌍샘자연교회이야기

직, 헌당의 은혜를 입었다.

2) 여기 버려진 언덕에 서서 기도드리니

앞에서도 말했지만, 농촌에서는 모두가 도시로 나가는 시대요 상황인데 도시에 있던 교회가 시골로 들어온다는 것이 가능한 것인가? 혹 도시에서 성공해서 많은 부와 힘을 가지고 금의환향하듯이 온다면 그럴 수도 있을 것이다. 하지만 제 몸도 제대로 추스르지 못하는 미자립 교회가 청주에서 청원의 시골로 온다는 것은 무엇일까.

이를 가장 먼저 확인시켜 준 곳이 바로 시골의 마을이었다. 이곳에 땅을 살 때만 해도 이렇게 '건축을 금방 하리라'고는 전혀 생각 못 했다. 우리는 하나님의 소중한 은총으로 교회당을 건축하게 되었는데, 공사 중에 마을의 반대가 있었다. 이장님의 집에서 마을 분들이 모였고 가서 이야기를 듣게 되었는데, 들으면서 충분히 이해가 되고 공감이 갔다.

'우리 마을 사람들도 그렇고 모두가 시골을 떠나 도시로 가는 마당에, 어쩌자고 사람도 몇 안 되는 이런 시골 마을에 2층씩이나 되는 교회가 이곳에 들어오는가, 이해가 안 된다.'는 것이다. '교회는 사람들 많고 주택이나 아파트 단지 같은 곳에 세워서 전도하고 부흥하는 그런 곳이 아니냐'는 것이다. 그런데 이런 곳에 '건물을 짓고 들어오는 걸 보니 이것은 이상한 기도원이나 사이비 종파가 틀림없다.'는 것이다.

그렇지 않고 청주에 있던 교회라고 설명했지만, 마을 분들을 이해시키기에는 어림없고 부족했다. '그러면 제가 어떻게 해야 하겠습니까?' 하고 물었는데, 마을 분들도 일단은 막았지만 다른 대안은 없었다. 불

법적 건축물도 아니고, 종교의 자유가 없는 나라도 아니니 마을 분들도 대답을 못 하고 있었다. '무엇을 걱정하시는지 잘 모르겠지만, 제가 각서를 쓰겠습니다. 종이와 연필을 주십시오.' 저를 쳐다보면서 종이와 펜을 주었다.

내용은 '쌍샘자연교회는 마을에 해가 되는 일은 하지 않을 것이고, 마을 분들이 원치 않으면 이곳을 떠나겠습니다.' 쓰고 도장을 찍어드렸다. 물론 공사는 진행되었고, 완공하여 입당했다. 우리는 공사를 마무리하기 위해 우선 '각서'를 쓴 것은 아니었다. 모충동 쌍샘에서 교회를 시작할 때도 그랬고, 지금도 그 마음은 달라지지 않았다.

교만한 마음인지는 모르겠으나 나는 한 번도 교회가 세상의 짐이 되거나 걸림돌이 된다고 생각한 적이 없다. 우리가 시간과 물질과 온갖 삶을 드려 예수님의 복음을 전하고 선교한다고 한다. 심지어는 목숨까지도 주님과 선교를 위해 드릴 수 있다고 한다. 그렇다면, 교회는 세상의 힘이 되고 디딤돌이 되는 게 맞다. 마을 분들이 교회에 무엇을 요구하거나 환경이나 복지, 교육이나 문화 등 무엇을 말하든지 우리는 같이 할 마음이 있고, 오히려 앞장서서 나갈 것이다. 혹 교회가 들어오더니 시끄럽거나 차량 때문에 불편하다고 말하면 그건 우리가 들어줘야 한다고 생각했다.

도시에서든 농촌에서든 교회와 지역(마을)이 대립하거나 갈등하는 경우를 본다. 특히 건축 문제를 놓고 그런 경우가 많다. 솔직히 말하면, 교회로 인해 지역의 분들은 불편할 수 있다. 특히 종교가 다르면 더더욱 그렇다. 우리는 이걸 인정하고 들어가야 한다. 그렇다면 주일은 어

자연, 문화, 영성의 숨이 있는
쌍샘자연교회이야기

쌍샘교회가 드리는 각서

저희 쌍샘교회는 이곳 남성면 호정리 575번지에 기도원이 아닌 교회를 지을 것이며

아울러 환경이나 소음, 공해 등 지역 주민에게 피해를 주는 일은 하지 않을 것을 약속합니

다. 지역과 관계된 일은 주민과 합의하고 원하는 처리할 것을 약속합니다.

2001년 12월 8일

백영기 목사

위치 : 충북 청원군 남성면 호정리 575번지
교단 : 대한예수교장로회(통합)
교회 : 대한예수교장로회 쌍샘교회
목사 : 백영기 목사

대 한 예 수 교 장 로 회 쌍 샘 교회

'쌍샘자연교회는 마을에 해가 되는 일은 하지 않을 것이고, 마을 분들이 원치 않으면 이곳을 떠나겠습니다.' 쓰고 도장을 찍어드렸다. 물론 공사는 진행되었고, 완공하여 입당했다. 우리는 공사를 마무리하기 위해 우선 '각서'를 쓴 것은 아니었다. 모충동 쌍샘에서 교회를 시작할 때도 그랬고, 지금도 그 마음은 달라지지 않았다.

쩔 수 없으니 평일에 교회는 더더욱 지역과 마을에 온갖 정성과 최선을 다해 관심을 갖고 배려하며 섬겨야 한다. 환경의 문제나 지역 아이들의 교육, 문화, 복지 등 우리 교회가 마을을 사랑하고 관심이 있다, 무엇이든 함께할 용의가 있다는 걸 보여주어야 한다. 그렇게만 된다면 교회가 하는 일을 무조건 막지 않을 것이다. 교회가 그 지역을 떠나려 한다면 가지 말라고 잡을 것이다.

그렇게 교회를 완공하고 우리는 청주에서 하던 공부방을 마을에서도 했다. 몇 안 되는 아이들이 너무나 좋아했고, 놀라운 것은 마을 어르신들이 아이들 소리가 들린다고 그렇게 행복해하셨다. '그래 이게 사람이 사는 마을 소리지' 하셨다. 우리는 초보지만 열심히 농사를 지었다. 처음이니 재미도 있었고, 우리 먹을 채소나 간식거리는 우리가 준비하자는 생각이었다. 만약 주일 예배 후에 운동이나 하고 고기만 구워 먹으며 놀다가 나갔다면, 마을 분들과 이질감이 생기고 친해지기가 쉽지 않았을 거다. 하지만 열심히 땀 흘려 농사를 짓는 걸 보고는 옆에서 알려도 주시고, 또 모종이나 농기계도 빌려주셔서 쉽게 친해질 수 있었다.

교회는 깨끗했고 마을은 조용했다. 마당은 넓고 평화로웠으며 적당히 높은 종탑은 사람들의 마음에 고향 교회가 떠올랐을 것이다. 현대적이면서도 단순 소박한 종탑과 곳곳의 자연교회로서의 디자인과 심볼은 허규영/허진옥(삼일광고, 공고디자인 이즘) 권사의 손길이다. 사면이 산으로 둘러싸인 마을과 교회는 적당한 거리를 두고 있어서 답답하지도 않으면서 아늑했다. 이곳에 오시는 분마다 한결같이 그렇게 말씀하

신다. 이곳에 오면 푸근하고 안정감이 든다고 했다.

　많은 교회들의 지원을 받아 세워진 만큼, 기념판에 '이 교회는 주님의 교회요 우리 모두의 교회'라고 했다. 언제든 누구든 이곳을 이용할 수 있고 함께 기도하며 주님을 노래할 수 있다고 했다. 청주와 대전 등 많은 교회들이 이곳에 와서 성경학교, 수련회, 기도회, 부흥회 등 여름 방학과 겨울방학, 단 하루도 빈 날이 없을 만큼 이곳을 찾아와 은혜로운 시간을 가졌다. 우리는 은혜에 보답하는 심정으로 기쁘게 맞았고 최대한 배려했다.

　그렇게 3~4년을 계속했으니 마을 분들의 불편은 아마도 컸을 것이다. 하루는 집회 중인 저녁나절에 이장께서 약주 한 잔을 하고 찾아오셨다. 목사를 찾아 '왜 낮에는 조용히 있다가 밤만 되면, 그것도 잠잘 시간이면 소리를 지르고 노래를 부르며 그러는지 모르겠다. 언제까지 이럴 것이냐'고 했다. 순간 아찔했다. 나는 모태신앙이었고 목회자이니 이런 것이 전혀 거슬리지 않았고 아무렇지도 않았다. 하지만 마을 사람들은 그렇지 않았을 것이다.

　교회가 자연교회라고 에어컨도 없었으니 여름엔 모든 창문이 활짝 열렸다. 기도와 찬양은 언제나 힘껏 소리를 높였고, 앰프와 악기 등은 성능이 너무나 좋다. 마을로 나가 소리를 들었더니 그 고요한 마을의 한밤중에 모든 게 다 들렸다. 한 사람 한 사람의 소리까지 정확하게 들려왔다. 특히 시골 마을은 집들이 허술하다. 창과 문들이 완벽하지 않고 여름이니 문을 열어놓고 자는 경우가 많다. 심지어는 수련회 마지막 날 캠프파이어를 하는데 마당 가운데서 폭죽을 터트렸다. 워낙 성

능이 좋으니 얼마나 소리가 크고 하늘을 번쩍였겠는가, 지금은 돌아가신 한 어르신이 자다가 맨발로 뛰쳐나오셨단다. 전쟁이 난 줄 알았다고 했다.

이것은 우리가 크게 잘못했다고 생각했고 마을 분들에게 사과했다. 그 이후 시간 약속을 받고 주의를 주고 했지만, 통제도 안 되고 지켜지지 않았다. 교회를 찾아온 분들에게도, 마을 분들에게도 모두 미안하고 죄송한 일이었다. 결국은 집회나 수련회 등은 지금까지 이용할 수 없었다. 고요히 기도하거나 성경공부, 책 모임 같은 경우만 사용하고 있다.

처음엔 우리도 전원(田園)교회라는 말을 썼다고 했다. 하지만 전원이란 말이 도시인들에게는 낭만적이고 목가적인 느낌일지 몰라도 시골 사람들 속에 이런 말을 쓰면 이질감과 거부감을 줄 수 있어서 고민하다가 자연교회로 바꿨다. '쌍샘'은 청주의 모충동이니 이곳 '낭성'하고는 안 맞아 이름 자체를 바꾸려고도 했지만, 교회가 없어지거나 새로 생긴 게 아니니 그 이름은 그냥 사용하고 다만 가운데 무얼 넣자고 한 것이 쌍샘자연교회가 되었다.

한때는 도시를 부러워하고 동경하며 이상적인 곳으로 생각한 적이 있다. 하지만 살아갈수록 도시는 사람이 살만한 곳이 못 된다는 걸 실감한다. 도시는 사람 중심이 아니다. 생명이 존중되는 곳이 아니다. 회색 콘크리트 숲에서 사람들은 숨 막혀 살고 외로움과 고독 속에 좌절하며 방황한다. 사람이 무서운 곳이 도시이고 온갖 범죄가 일상이 되는 곳이다. 사람은 많지만 언제나 혼자인 곳이 도시이다. 자본주의의 병폐가 심각하다고 목소리를 높이는 세상에 도시는 그 모든 것이 집중

자연, 문화, 영성의 숨이 있는
쌍샘자연교회이야기

되는 곳이다.

쌍샘교회가 시골과 자연으로 교회를 옮긴 것은 단순한 공간의 이동이 아니다. 인간은 시멘트가 아닌 땅을 딛고 살아야 하고, 기계가 아닌 자연의 소리를 들으며 살아야 한다. 생태적 삶의 자리를 박차고 도시를 건설한 인간의 문명은 겉으로 보기엔 화려하고 대단한 듯하지만, 속내는 곪다 못해 파멸 직전이다. 인간의 존재 의미와 가치를 느끼지 못하고 사는 건 사는 게 아니며, 삶의 행복을 맛보지 못하고 사는 삶은 불행할 수밖에 없다.

쌍샘이 자연으로 들어간 것은 창조의 은총으로 나아감이며, 히브리 민족의 출애굽을 통한 가나안으로의 복귀라고 말할 수 있다. 물론 청주에서도 우린 하나님의 은총 안에서 값지고 소중한 삶을 살고자 했다. 하지만 늘 분주하고 아쉽고 공허한 일상을 느껴야 했다.

'농촌이 도시를 구원할 거야'란 말을 나는 신뢰 한다. 도시 없는 농촌은 가능하지만, 농촌이 없는 도시는 불가능하다. '농자지천하지대본(農者之天下之大本)'은 허튼 말이 아니다. 창조의 은총은 모든 은총의 기반이며 모든 생명과 존재의 근본이다. 우리가 시골로 들어감은 그 은총 앞에 바로 서고 그렇게 살고자 함이다.

주님,
이곳에 우리와 함께

2003~2012

1) 쌍샘에 자연을 더하여 '쌍샘자연교회'로

교회를 시골과 자연으로 옮긴 쌍샘은 단순히 교회의 공간이동을 원한 것이 아니라고 했다. 교회를 통해 삶의 변화를 얻고자 함이요, 그 삶의 변화가 복음에 기반을 두고 창조의 은총 앞에 서자는 것이다. 앞에서 '공동체의 밤'을 통해 자연의 맛을 깨닫게 한다고 했다. 교우들이 스스로 도시보다는 자연 속으로 들어와 살기를 바랬다. 최소한 초등학교 자녀를 둔 부모들에게 이때만이라도 시골로 들어와 살아야 한다고 강조했다. 교회가 들어온 후 3년 정도 지나면서 두 가정이 집을 짓고 들어왔다. 한 가정의 아이는 아토피가 있었는데 들어오면서 아이가 좋아졌고 지금은 건강한 청년이 되었다.

그리고 교회 위쪽 도토실이라는 곳에 2천여 평의 땅을 열 집이 공동으로 매입하여 분할 한 후 집을 짓기 시작하여 여섯 가정이 또 이사해 왔다(2005년 쌍샘자연교회이야기). 교회가 들어올 당시 이곳은 아홉 가구였고 그나마도 홀로 계신 어르신들도 몇 가정이나 있었다. 시간이 지나면 자연스럽게 마을이 사라질 수 있는 상황이었다. 하지만 교회가 들

자연, 문화, 영성의 숨이 있는
쌍샘자연교회이야기

어오고 사택과 교우들 가정들이 들어오면서 마을은 활기를 띠고 생기가 돌기 시작했다. 그후에도 또 집을 짓고 들어온 가정들이 있어 모두 18호 정도의 교우 가정이 들어와 살고 있고, 앞으로 더 들어와 살 계획을 갖고 있다.

낭성은 다른 곳과 비교할 때 주거지역으로는 최상이다. 우선 공장이나 무슨 창고 등 상업시설이 거의 없다. 축사도 상대적으로 아주 적은 편이고 지대는 높아 고랭지로 채소나 배추 같은 것이 강원도처럼 아주 맛있고 신선하다. 이곳은 소위 뜨는 마을로 소문이 나서 청주에서도 인기가 좋은 곳이다. 이렇게 지금은 60여 호가 될 만큼 마을이 좋아졌다. 개인적인 생각으로는 적어도 100가구는 되어야 마을에서 무슨 행사나 일을 하려고 해도 할 수 있지 않나 생각한다. 그래도 도시로 보면 아파트 한 동도 안 되는 경우이다.

떠나는 마을이 아닌 살고 싶은 마을과 사람들이 돌아오는 마을이 되면 좋겠다고 생각했다. 자립하는 마을, 지속가능한 마을, 더불어 함께 사는 마을로 나아가기를 꿈꾸며, 그곳에 교회가 역할을 할 수 있으면 좋겠다고 생각했다. 사람이 살아가는 자리에 최소한의 문화, 복지, 교육, 환경 등과 같은 기반시설이 반드시 필요하다고 본다. 쌍샘은 그 일을 위해 하나하나 마을에 필요한 것을 준비하며 만들어 왔다.

이제는 사람들의 수준이 높아지고 달라졌다. 단지 먹고 사는 것만으로 만족할 수 없는 시대다. 쌍샘이 자연으로 들어올 때 소위 놀토(격주 토요일 휴무)가 시작되었지만, 지금은 주 5일제, 더 나가 주 4일제란 말이 나오고 있다. 과거처럼 의무적으로 교회를 다니고 자주 나가던 시대는 지났고, 교회보다 사회와 일반 사람들의 수준과 생각이 많이 높아졌다. 따라서 교회가 앞서가고 다양한 분야에서 지도력을 발휘하지 않으면 선교 자체가 어려울 수 있다. 요즘처럼 기독교와 교회의 위상이 바닥을 칠 때는 더하다. 말이 아닌 행동과 실천으로 세상에 영향력을 주어야 하고, 본이 되어야 한다.

교회가 낭성으로 들어와서 가장 먼저 한 일은 교회만이 아닌 교우들 가정이 들어오도록 하는 일이었다. 그것은 시간을 가지고 차근차근 진행되었고 지금도 진행중이다.

2) 하나님이 일하시니 우리도 일한다

이곳에 들어온 이듬해부터 지금까지 20여 년의 시간 동안 운영하는 쌍샘자연학교가 있다. 자연학교는 토요일을 중심으로 초등학교 아이들에게 자연을 배우고 느끼며 놀게 하는 프로그램이다. 눈에 보이는 모든 것이 아이들에게는 배움의 내용이고 놀이의 대상이다. 아이들이 얼마나 신기해하고 재미있어하는지 시간 가는 줄 모른다.

자연학교는 봄부터 가을까지 진행되는 프로그램이고 겨울엔 자연이 휴지기로서 아이들의 겨울놀이학교가 열린다. 놀이학교는 1박 2일간 아이들이 신나게 놀 수 있도록 돕는 프로그램이다. 잘 노는 아이들이 공부도 잘하고 몸과 마음도 건강하다는 것을 믿고 그것을 심어준다. 놀이는 대개 옛날의 공동체 놀이이다. 혼자서 컴퓨터나 오락 등에 빠진 아이들에게 새 친구를 만나게 하고 친구가 얼마나 소중하고 놀이가 재미있는지를 알게 한다. 부모들도 흔쾌히 보내주고 아주 만족해

자연, 문화, 영성의 숨이 있는
쌍샘자연교회이야기

한다.

이곳에서 시작한 일 가운데 또 하나는 가을 잔치이다. 청주에서 기금 마련을 위해서 했던 '정 나누고 힘 거드는 날'을 가을 잔치로 했고, 이제껏 받았으니 이젠 나누는 잔치로 바꾸었다. 처음엔 '봄을 나누는 사랑의 잔치'라고 해서 꽃 화분과 나무 등을 나누는 봄 잔치도 했으나 너무 버거워서 봄 잔치는 자연스레 하지 않게 되고 가을 잔치로 집중하게 됐다.

가을 햇살이 내리쬐고 산과 들은 울긋불긋 단풍이 드는 토요일에 교회는 잔치 분위기를 내는 파전과 떡볶이를 비롯한 추억의 먹거리 코너를 만든다. 또 한편에서는 들꽃을 찍은 사진전과 시화전, 생태 도서전 등으로 볼거리를 준비한다. 그 외에 간단한 생태체험과 놀이의 장을 만들고 작은 음악회와 저녁에는 가을 영화를 상영하기도 한다. 이런 가을 잔치를 통해 이웃을 섬길 뿐만 아니라 이런 교회가 있다는 간접적 선교를 한다. 이런 시간들이 쌓이면서 소문이 나고 찾아오는 사람들이 늘어나고 결국에는 교회가 든든히 세워진다.

청주에서도 6월 첫 주일을 환경 주일로 지켰지만, 낭성에 들어오면서 환경 주일의 자연과 함께 드리는 예배는 더욱 구체적이고 실감이 났다. 환경 주일은 교회당 밖의 나무와 숲이 만들어진 곳에서 예배를 드린다. 오감으로 자연을 느끼며 바로 옆 자연과 함께 하나님을 예배하는 마음을 가진다. 맑은 물을 천천히 마시며 바람과 햇살을 온몸으로 느끼는 시간도 가진다. 기독교환경운동연대가 정한 주제를 생각하며 말씀을 나누기도 하고 함께 기도한다.

이곳에 터를 잡고 건축이 끝났을 즈음에 청주에 있는 친구 목사님이신 이대신, 윤호필 목사님 등이 전에 조경 쪽에서 일했던 경험을 바탕으로 교회 주변에 나무를 심어주셨다. 그렇게 쌍샘자연교회는 여러 사람들의 손길을 통해 나무도 같이 살고 더불어 숲이 되어가고 있다. 2004년 여름부터 매주 수요일 저녁은 교우들과 더불어 환경통신강좌를 시작했다. 모두 세 권으로 된 이 교재는 성서의 말씀과 환경의 문제를 짜임새 있게 다루고 있고, 어떻게 실천하며 살아야 하는지를 알게 한다. 기독교환경운동연대에서 만들고 총회사회부가 지원한 이 공부를 마치면 환경선교사 증을 받기도 했다.

낭성으로 들어온 쌍샘자연교회는 완전히 다른 환경과 상황을 맞이했다. 사회선교를 펼쳤던 모충동 쌍샘하고는 모든 게 달라졌다. 기도하며 말씀을 묵상하던 중, 쌍샘은 '영성, 자연, 문화의 교회'가 되어야 하겠다고 생각했다.

교회이니 신앙과 영성만 있으면 되나? 사회선교를 펼쳐왔듯이 교회는 말씀과 신앙에 따른 행동과 실천이 따라야 한다. 그게 산 믿음이고 진짜 신앙이라 믿는다. 그렇다면 새로운 곳에 온 쌍샘의 구체적인 실천과 행동은 무엇이어야 할까? 이제는 사람만이 아닌 자연과 모든 피조물에게로 가야 한다고 믿는다. 그래서 생각한 것이 생태와 자연이다.

하지만 신앙공동체 안에서 성도의 교제와 사귐은 매우 중요하다. 교회를 교회답게 하고, 신앙을 설레게 하는 것은 무엇일까? 물론 하나님의 말씀과 은혜지만 그렇게만 단정할 수 없었다. 그런 상투적인 말보다는 조금 더 구체적이고 실제적인 접근이 필요했다. 그것을 우리는 문화와 사회, 공동체라고 정했다. 교회는 크든 작든 공동체이며, 교회

자연, 문화, 영성의 숨이 있는
쌍샘자연교회이야기

는 대개 지역과 마을 안에 존재한다. 사람들이 모이면 자연스레 공동체적인 문화가 만들어지고 그것은 안팎으로 영향을 미친다.

그렇다면 우리는 교회 안에서 건강하고 아름다우며 재미난 문화적 교회가 되어야 한다고 생각했다. 우리가 먼저 그런 문화적 신앙공동체가 되고 그것을 마을과 지역으로 흘러가게 한다면 이보다 더 좋은 선교는 없다고 생각했다. 밖에서 교회를 보며 부러워할 만한 교회, 교회에 있는 생명력과 밝고 좋은 문화적 기운과 삶을 이웃과 나누고자 했다.

교회에서는 매월 사랑방 학교를 열었다. 주변에 만나고 싶은 분들과 그의 이야기와 삶을 배우고 싶어서였다. 농부, 교사, 목사, 예술인 등 분야와 신분, 종교를 가리지 않고 자기의 삶을 소신 있게 살아가며 더불어 아름다운 세상을 이루어 가는 분들을 만났다. 요청하면 기꺼이 와주셨고, 시간이 가는 줄 모르게 이야기꽃을 피웠다. 이것이 후에 책도 함께 보면 좋겠다고 해서 사랑방인문학당이 되었다.

아마도 쌍샘이 이렇게 올 수 있었던 것은 교우들의 끊임없는 배움과 열정에 있다고 본다. 주일예배만으로서는 수많은 도전과 변화 앞에 능동적으로 다가설 수 없다. 기도하고 성경 보고 하나님을 예배하면서도 문학, 역사, 철학(문사철)이라고 하는 인문학적 소양을 키워내지 않으면 바른 안목과 균형이 있는 삶을 유지하기가 쉽지 않기 때문이다.

이 뿐만 아니라 낭성으로 들어간 이후 쌍샘의 여름신앙공동체는 매년 교회에서 했다. 겨울엔 신앙사경회로 말씀을 조금 깊이 있게 공부하고 기도하는 시간으로 가졌다면, 여름엔 8월 15일을 전후해서 여름

자연, 문화, 영성의 숨이 있는
쌍샘자연교회이야기

신앙공동체를 가졌다. 이때는 '영성, 자연, 문화'라는 세 개의 주제를 놓고 아주 다양한 교육과 체험과 활동 등의 시간을 가졌다. 쌍샘이 하면 다를 수도 있다는 마음으로 영성과 자연과 문화의 폭과 깊이를 넓혀가고자 했다.

3) 자연, 문화, 영성의 삶을 일구어가는 신앙공동체

쌍샘이 '자연, 문화, 영성'의 주제를 정한 것은 그만큼 이 주제가 중요하다고 여기기 때문이다. 이 중 하나만 갖고 평생 씨름하고 매달려도 쉽지 않은 주제지만, 이 세 주제 만큼은 함께 붙잡고 살아야 한다고 우리는 선택했다.

'교회'는 신앙과 영성이 중요하다. 우리가 양보할 수 없고 대체할 수 없는 것이 곧 신앙과 영성이다. '자연'은 우리 교회의 색깔이며 터전이요 삶의 자리이다. 이것을 피하여 살 수 없고 부정할 수 없는 현실이다. 또한, 쌍샘은 '문화'와 '사회'이다. 신앙과 삶의 자리에서 풀어내고 함께 꿈꾸는 구체적 삶의 내용이 문화와 사회이다. 건강하고 아름다운 다양한 문화와 삶은 결국, 하나님 나라를 향한다고 믿는다.

이렇게 교회의 주제를 정함은 하나님을 향한 신앙과 소망만이 아니라 잠시 주신 이 땅에서의 삶 또한 더욱 빛나고 소중하며 건강하고 충만한 삶을 살자는 것이다. 생명(生命)은 살라는 명령이라 했다. 그 살게 하신 하나님의 명은 마지못한 삶이 아니고 천박하거나 천덕꾸러기의 삶이 아니다. 천하보다 귀한 존재이며 예수 그리스도의 목숨과 바꿀 만큼의 귀중한 생인 것을 알아차려 살자는 것이다.

오늘날 교회와 신앙을 보며 참으로 아이러니한 것은 앞뒤가 안 맞는 이율배반적 삶을 보기 때문이다. 우리의 소망이 하나님께 있으며, 영생하는 구원을 받았다고 믿고 말하면서도 실제 삶은 그렇지 않은 경우가 많다. 비그리스도인들보다 더 세속적이고 세상적 욕망과 성공을 추구한다. 곳곳에 그리스도인이 얼마나 많은지 모른다. 세속적이며 인간적인 욕망 말고 주님의 복음과 약속을 앞세운다면 세상은 달라지지 않겠는가? 정말 하나님의 나라에 대한 믿음이 있다면, 인간의 땅에 대한 많은 것들을 기꺼이 내려놓고 살 수 있지 않을까 싶다.

우리가 육신을 입고 세상을 사는 존재라는 것은 하나님의 은총이고 매우 귀한 의미가 있다. 이것을 터부시하고 안 그런 척하기보다는 오히려 균형과 바람직한 모습으로 건강하게 살아야 함이 맞을 것이다. 하늘과 땅, 영과 육, 교회와 세상을 사는 그런 의미에서도 쌍샘의 '영성, 자연, 문화'는 현재와 미래를 잇대어 살게 하는 하나님의 은총이라고백한다.

(1) 신앙과 영성

성서에 자주 등장하는 빈들과 광야가 어떤 곳인지 모르는 사람은 없을 것이다. 하나님을 찾고 만나는 상징적인 곳, 그런가 하면 가난한 민중의 삶의 자리가 그런 곳이었다. 우리의 신앙이 빈들과 광야를 피해 갈 수 없는 이유이다.

신영복 선생은 그의 책《변방을 찾아서》에서 중심이 아닌 변방의 창조성을 말했다. 중심은 다른 생각을 못한다, 하지만 변방은 끊임없이 창조적이다. 변방이 중심부에 대한 콤플렉스를 없애고, 광야에서 즐길 수만 있다면 그곳은 언제나 창조적이라 했다. 중심부가 쇠락하는 가장 큰 이유는 변화하지 못하기 때문이라 했다. 하지만 변방이 중심이 되는 것은, 그곳이 변화의 공간이고 창조의 공간이며 생명의 공간이 될 수 있기 때문이라 했다.

오리엔트의 변방이었던 그리스와 로마, 그리스와 로마의 변방이었던 참스부르크와 비잔틴,

근대사의 시작이었던 네덜란드와 영국, 그리고 영국의 식민지였던 미국에 이르기까지 인류 문명은 그 중심부가 부단한 변방의 역사라고 말한다.

또한, 이정용 교수도 《마지널리티》란 책에서 역시 주변성의 중요함을 말했다. 오늘날 왜 교회의 본질이 변질되고, 교회에 예수님이 안 계신 것 같다고 말하는가? 교회 안의 사람들이 중심성을 추구하기 때문이라고 했다. 중심성, 중심주의 경향, 중심부적 가치란 권력과 부, 명예와 지배의 추구라 했다. 반면에 주변부의 가치는 예수님이 친히 보여주신 사랑과 겸손과 섬김이라 했다.

예수의 탄생과 삶이 중심부가 아니었다는 사실과 하나님의 거룩하고 위대한 역사가 전부 중심부가 아닌 주변, 변두리에서 시작되었다는 사실은 성경의 핵심 메시지이다. 하나님의 말씀이 주어지고 하나님이 오늘 우리에게 나타나신다면, 그곳은 인간의 물질과 권력의 탐욕이 가득한 욕망의 도시가 아니라 창조주의 기운이 머물고, 창조의 섭리와 숨이 살아있는 빈들과 광야일 것이다.

기독교 신앙과 영성은 리차드 로어가 소개한 프란치스코와 클라라의 '내부의 가장자리에서 살기'라고 말하고 싶다. 그들은 교회와 사회 내부의 가장자리에서 살아감으로써 자신들의 내적인 자유와 새롭고

창조적인 삶을 살았는데 이것을 거룩한 바보들(holy fools)이라 했다.

하나님은 히브리민족을 불러내어 광야 40년간 끊임없이 묻고 확인했다. 하나님은 이스라엘 자손을 '내 백성'이라고 불렀다. 과연 이스라엘 백성들에게 그런 정체성이 있었을까? 성경엔 그걸 알려주고 되찾아 주려는 하나님의 의도가 담겨 있다. 히브리민족이 애굽에서 그런 정체성을 갖는 게 가능했을까? 언제부터 그들은 자기들의 존재와 삶, 자기들의 정체에 대해 고민했을까? 요셉으로 인해 태평성대를 누릴 땐 전혀 몰랐을 것이다.

하나님의 일에는 분명하고 정확한 증거가 있다. 다만 그것이 뒤에 나타난다는 것이다. "백성을 인도하여 낸 후에 너희가 이 산에서 하나님을 섬기리니 이것이 내가 너를 보낸 증거니라."(출애굽기 3:12) 하나님의 선하신 인도와 약속을 믿고 나가면 알게 된다는 뜻이다.

예수 그리스도의 존재적 삶과 하나님 나라의 복음을 빼고는 세상에 완전한 교회나 목회가 가능할 수 없음을 솔직한 마음으로 인식하면서도, 그의 사랑에 빠지면 우리는 주체할 수 없는 열정과 헌신에 사로잡히게 된다. 교회나 목회에 대해 큰 문제의식은 없었지만, 나름 고민하며 생각하는 기회는 있었다. 당시에는 민중교회, 또는 사회선교가 시대 속에서 치열하게 신앙의 본질과 교회의 존재에 대해 큰 역할을 했다고 본다.

크리스텐덤(기독교 국가)이라는 막강했던 서구교회와 비기독교 세계 안에 있는 신생교회의 긍정적인 측면을 넘어 한계를 말하고 변화하는 시대의 대안으로 선교적 교회를 논한 장로회신학대학의 한국일 교수의 글에 크게 공감한다.

또한, 이런 고민은 깁스와 볼저가 교회를 사회의 주변부로 밀려나게 했던 포스트 모던의 상황에서 교회가 변화하지 못한다면 더 고립되고 어려워질 것이다. 따라서 포스트 모던 문화를 진지하게 고려하면서도 새롭게 출현하고자 했던 이머징 교회(Emerging church)의 특징과도 맥을 같이 한다. 깁스와 볼저는 이머징 교회의 특징을 첫째는 예수를 따라 사는 것이고, 둘째는 세속 영역을 변화시키는 것이고, 셋째는 공동체로 살아가는 것이라 했다.

쌍샘의 신앙적 고민이 그리 깊지 않았지만, 이러한 본질적이고 시대적인 질문과 문제 앞에 서고자 했다. 하나님의 교회는 수와 크기에 있지 않다는 입장을 분명히 하고, 할 수만 있다면 유명이 아닌 무명의 삶으로 살아가는 것이 신앙이며, 생명을 향한 목마름을 간직하고 실천하는 것이야말로 참된 기독교 영성이라 생각했다.

우리가 가진 것이나 인간의 조건과 상황은 대단한 듯 보이지만 실은 아무것도 아닐 수 있다. 중요한 건 하나님의 뜻과 예수 그리스도이다. 부족하지만 시작부터 지금까지 시종일관 그 중심과 초심을 잃지 않으려 했다.

우리는 '신앙이 삶을 해석하는 힘'이라 믿는다. 고난과 알 수 없는 일에 대해서도 무조건 원망과 불평으로 거부하기보다 하나님의 깊은 뜻과 섭리를 믿고 다가서고자 했다. 이것은 맹목적인 신앙을 말하는 게 아니다. 늘 우리의 판단과 선택이 문제였고 걸림돌이지 않았는가. '고난이 유익이라' 했던 고백처럼 하나님을 믿는 신앙이란 나를 넘어서는 것이라 생각한다.

그래서 성경은 눈으로가 아닌 삶으로 읽으려 했다. 기형도 시인의

'성경에 밑줄을 긋기보다 삶에 밑줄을 그라'는 의미이다. 하나님의 말씀을 머리가 아닌 가슴과 삶으로 읽을 때 나에게 영향을 주고 내 삶을 변화시킬 수 있기 때문이다. 성경을 얼마나 많이 읽고 아는가가 중요한 게 아니라 말씀을 얼마만큼 따라 사느냐가 더 옳기 때문이다.

신앙은 철저하게 나를 무너지게 하지만, 그것이 본심은 아니다. 인간의 교만과 무지, 고집과 못된 자아로부터 벗어나지 못하면 결코 하나님 앞으로 나올 수가 없다. 그 무너짐이 크고 깊을수록 다시 일어섬은 확고하고 견고하다. 하나님의 의도는 우리를 다시 일으켜 세우심이다. 나를 일어서게 하고 당당하고 자유롭게 하며, 당신의 거룩한 뜻과 나라로 살기를 무엇보다 중하게 여기신다.

그런 신앙은 삶의 공유가 편협하거나 옹졸하지 않다. 오히려 극대화되고 확장된다. 예수님을 만나고 복음을 알게 되면서 얻는 가장 큰 은총은 사랑받는 존재임을 깨닫는 것이다. 자신의 존재가 얼마나 가치 있고 대단한 것인지 비로소 알게 된다. 사랑받는 인생에 영생의 신앙이라면 두려울 게 없다. 그런 사람에겐 삶의 경계가 아무것도 아닌 게 된다. 세상의 잣대와 제도, 전통과 성공이라 여기는 수많은 것들이 대수롭지 않다. 거기에서 나오는 비인간적인 차별과 경쟁과 모순, 상처와 아픔과 한계가 순식간에 무너지는 역사가 일어난다.

도대체 교회(신앙)의 상상력은 어디까지일까? 우리는 예수 그리스도에게서 그 깊이와 끝을 헤아릴 수 없다. 가장 작지만 가장 크고 위대하다고 말씀하시는 하나님, 몸 둘 바를 모르며 숨을 곳을 찾는 소자에게 착하고 충성된 종이라 말씀하시는 분이시다. 경남 거창고등학교의 졸업생들에게 주는 훈화 십계명이 있다. 나는 그것이 기독교적 사상에서 나왔다고 본다.

주님은 언제나 '케이스 바이 케이스(Case by Case)'였다. 한 번도 사람이나 문제를 도매금으로 처리하신 적이 없다. 자본주의 사회에서 사람은 상품으로 전락했고, 생명의 가치가 돈으로 평가되는 세상이다. 가난한 사람의 존재감은 바닥을 치고 능력이 없는 사람은 쓸모가 없다. 하지만 주님은 늘 정반대다. 우리는 예수 그리스도에게서 객관적인 신앙을 넘어 주관적인 신앙을 배운다. 주관적 신앙이란 획일적인 공장식 신앙이 아니라 핸드 메이드와 같은 세상에 하나밖에 없고 마치 주문제작한 특별하고 유일한 것이다. 작은 쌍샘의 공동체이지만 모든 교우들이 그런 신앙으로 세워지기를 기도한다.

그런 사람들로 시작된 교회는 세상에서 환대와 공감의 공동체로 존재한다. "수고하고 무거운 짐 진 자들아 다 내게로 오라 내가 너희를 쉬게 하리라."(마태복음 11:28) 하신 말씀처럼, 교회는 예수의 마음과 사랑으로 세상을 끌어안고 품어주는 공동체다. 쌍샘은 그런 교회요 공동체가 되기를 원했다. 이곳으로 온다면, 우리를 찾아온다면 기꺼이 그리하고자 했다.

쌍샘은 복음에 눈뜨고 복음의 빚진 자임을 안다. 그런 은혜를 주신 하나님께 감사하며, 어떻게 살아야 할지 삶의 이유를 주신 것도 감사하다. 30여 년의 시간이 흘렀지만, 여전히 첫 마음으로 오늘을 돌아본다. 코로나가 한창인 2020년 여름, 쌍샘의 가족들은 모여 이야기 나눴다. 쌍샘의 공동체는 무엇이고 어떻게 공동체 지수를 높여갈 수 있을지에 대한 공동체성과 시대와 역사를 사는 공공성에 대해, 그리고 쌍샘의 미래와 지속가능한 세대와 가치의 관계를 어떻게 연계해 갈 수 있는지 등에 대해 이야기 하는 시간을 가졌다(2020년 쌍샘자연교회이야기).

쌍샘의 신앙과 영성은 깊은 사색과 기도에 바탕을 두지만, 관념적이지 않고 추상적이지 않고자 했다. 신앙과 영성의 삶은 지극히 인간적이고 세속적이지만, 탐욕적이지 않고 매일의 은총과 구원을 경험하는 하나님 나라의 삶이길 원했다. 신앙공동체라는 작고 한정된 시공간에 있지만, 항상 성령의 교통과 일치와 연대라는 마음으로 하나님의 큰 세계를 살고자 한다.

(2) 생태와 자연

우리는 영적이지만 육적(창세기 2:7)인 존재이다. 사람의 보이는 존재가 흙이요 온통 자연의 것이다. 기독교 신앙은 하나님의 창조신앙이요, 모든 피조물은 그분의 것이다. 하나님의 온갖 은총과 삶의 섭리가 자연에 깃들어 있다. 인간은 결단코 자연의 주인이 아니며 한 발자국도 앞서지 못한다. 그런 인류가 지금 지구와 생태계를 심각하게 망가트렸고 위기를 코앞에 초래했다.

하나님을 떠난 인간은 모든 게 눈에 들어오지 않는다. 모든 걸 손에 넣으려 하고, 나보다 더 가진 인간과 힘이 더 세다고 여겨지는 상대를 이기고 제쳐 독차지하기 위한 싸움의 연속이다. 불행의 역사는 멈추지 않고 삶과 죽음의 희비가 매일 눈앞에서 펼쳐진다. 아프고 힘이 빠져야만 생태와 자연의 소중함을 알고 찾아오지만 때는 늦고 할 수 있는 게 아무것도 없다.

에콰도르는 2008년 9월 자연과 조화하면서 자연의 권리를 보장하는 방식으로 '안녕'을 추구할 것을 명하는 헌법을 인류역사상 처음으로 채택했다. 헌법 제72조는 '생명이 재창조되고 존재하는 곳인 자연 또는 '파차마마(Pachamama)'는 존재할 권리, 지속할 권리, 순환과 재생할 권리가 있음'을 못박았다. 이 신헌법은 국가에 생태계 파괴나 생물 멸종을 일으킬 수 있는 행위들을 예방하고 제한하는 의무를 공식적으로 부여했을 뿐 아니라, 국가가 이런 일을 제대로 하지 않으면 일반 시민이 자연을 대신해 법적인 소송을 제기할 수 있도록 실천에 무게를 더했다.

볼리비아도 2011년 어머니 지구법을 만들었다. 어머니 지구는 성스럽고 풍요로우며 모든 생명체들을 돌보고 먹이는 삶의 근원이라 했다. 인간과 자연 사이의 관계를 생태주의 관점에서 재구성한 내용으로 유명한데 11개의 항목으로 자연의 권리를 정하고 있다.

그 내용은 존재하고 생존할 권리, 인간의 변형으로부터 자유로운 상태에서 진화하고 생명 순환을 지속할 권리, 깨끗한 물과 청정한 공기의 권리, 평형을 유지할 권리, 오염되지 않을 권리, 유전자나 세포가 조작되지 않을 권리, 지역 공동체와 생태계의 균형에 영향을 주는 개발 계획이나 거대 인프라 건설에 영향을 받지 않을 권리 등이다.

이밖에도 스위스는 1992년 동물의 존엄성을 헌법에 명시했고, 독일은 2002년 동물보호에 대한 국가의 책임을 적었고, 2017년 뉴질랜드는 세계최초로 강이 법적으로 인간과 동일한 위상을 갖게 되었다.

18세기 말 산업혁명 이후 인간의 개발과 자연에 대한 착취는 가속도가 붙어 끔찍한 결과를 만들어 내고 있다. 인간의 손이 미치지 않는 곳이 없고, 사람의 발이 닿으면 여지없이 자연은 망가지고 생명은 설 자리를 잃는다. 기후위기를 비롯한 심각한 생태적 문제만이 아니라 이제는 자연과 모든 생명이 하나고 더불어 살아야 한다는 인식을 모르지 않는다.

창조신앙을 고백하는 기독교 신앙과 교회가 이 생태와 자연의 문제를 위해 기도하지 않고 행동하지 않음이 이상했다. 하나님이 만드시고 우리에게 허락한 아름다운 지구와 삶을 '녹색 은총'이라 부른다. 이것은 주님의 십자가 은혜를 말하는 적색 은총(보혈)에 훨씬 우선하는 것이다. 하지만 이상할 것이 없음은 기독교가 "생육하고 번성하라"(창세기 1:28)는 말씀을 심히 왜곡하고 '아전인수(我田引水)'로 해석한 장본인이라는 것이다.

쌍샘이 처음 시작한 모충동에서 사회선교를 할 때도 환경의 문제를 고민하며 다루었지만, 극히 부분적이고 피상적이었다. 하지만 교회가 지금의 낭성으로 옮겨오고 교회의 이름에 '자연'을 넣으면서 우리는 성경을 다시 읽고 묵상했다. 성경은 온통 생명과 자연의 세상이며 그 모든 것의 주인은 인간이 아닌 하나님이시다.

이것은 교회의 본질이며 궁극의 목적이자 사명이다. 모든 교회는 예수 그리스도의 몸이요 각 지체로서 온전히 하나님의 뜻을 지향해야 한다. 단순히 사람을 부르고 세우는 것만이 아닌 창조의 존재와 질서를 회복하며 하나가 되게 하는 것이다.

쌍샘은 생태와 자연을 신앙의 중요한 내용으로 고백한다. 신앙의 중요한 내용이란 성경의 기록대로 이 모든 것이 하나님의 말씀과 능력으로 창조되고 그분의 신성과 섭리와 약속이 그 안에 담겨 있음을 믿는다는 말이다. 이것은 범신론(汎神論)을 말함이 아니다. 다만 하나님이 지으신 것이고, 함께 존재하며 살아가도록 만들어주신 것이기에 특별하며 소중하다는 것이다.

쌍샘자연교회는 낭성에 들어와 아이들과 함께 놀며 배우는 자연학교를 시작해서 지금까지 운영하고 있으며, 겨울 놀이학교, 노아 공방, 착한 살림, 사랑방 황토 카페, 생태자연도서관, 북스테이, 제로 웨이스트, 생명 밥상, 주말농장, 환경 주일 예배와 같은 생명 자연의 프로그램과 사역을 하고 있다.

이런 교회의 사역은 교우들의 일상과 삶의 변화에도 지속적인 도전을 준다. 우리의 삶을 위협하는 다양한 생태와 환경의 문제들을 영상이나 책, 모임 등을 통하여 인식하게 하고 마주하도록 한다. 앨 고어는 "실천하는 개인만이 위태로운 지구를 살리고, 인간적 가치를 되살릴 수 있다."고 했다. 지속 가능한 미래를 갈망하는 생활 혁명가들의 실천운동이 세계 곳곳에 존재할 때 세상은 달라질 수 있다.

교회가 생태적 영성을 말할 뿐만 아니라 생태와 자연을 신앙과 신학적으로 이해하고 다가설 수 있도록 예배와 말씀, 성경공부 등에서 꾸준하게 반복적으로 다루고 있다. 하지만 사실 이것은 신앙적 사명이나 환경운동의 차원보다 나의 생명과 삶의 자리를 위한 것이다. 누구를 위한 희생이나 기여가 아닌 자신 스스로를 위한 일이라는 말이다. 스웨덴의 소녀 크레타 툰베리의 '당신들은 나의 미래를 망가트렸다.'는 일침이 귀에 생생하다.

쌍샘자연교회는 이런 활동을 중심으로 2009년에 '녹색교회'로 선정되었다. 녹색교회란 교회가 사람만이 아닌 모든 피조물과 세상을 위한 기도와 참여가 있는지, 자연이나 환경위원회가 조직이 되고 그런 예산 편성이 되었는지, 교회마다 다르겠지만 생태와 자연을 위한 프로그램이나 사역들이 있는지를 확인하고 기준에 맞으면 매년 5월에 한국기독교환경운동연대와 한국기독교교회협의회가 공동으로 명패를 준다.

쌍샘의 생태와 자연은 하나님의 창조성을 고백하며, 인간과 함께 모든 피조 세계가 소중함을 인정한다. 개발과 탐욕의 문화를 거부하고 소박하고 단순한 삶을 지향한다. 이반 일리히는 공생의 도구 세 가지로 '도서관과 시와 자전거'를 말했다. 우리는 무한 개발과 성장을 반대하며 적정기술에 동의한다.

코로나 19로 지구는 새로운 상황에 직면했다. 무엇이 중요하고 어떤 문제인지 솔직하게 돌아보며 반성해야 하지만, 아직도 먼 것 같다. 전세계가 2030년까지 탄소배출을 50% 감축하고 2050년에는 탄소 제로가 되어야 한다고 전문가들과 IPCC(기후변화 전부간 위원회)가 경고했다. 그리해도 이미 배출된 탄소로 인해 지구는 엄청난 몸살과 위기를 맞게 될 수 있다고 하지만 여전히 세상은 경제성장과 부에 여념이 없고, 한국의 새 정부는 이와 정반대의 정책을 논하고 있는 현실 앞에 마음이 착잡하다.

(3) 문화와 사회

문화 또는 사회라는 말은 매우 폭넓게 쓰이고 있으며 그 정의 또한 다양하다. 사람에게 저마다 독특한 개성이 있듯이, 어느 사회나 공동체든 그 나름의 특성과 색깔이 있다. 사회나 조직의 구성원들이 공유하고 있는 가치관과 신념, 이념, 습관 같은 것을 문화(culture)라고 한다.

교회는 크든 작든 공동체로서 사회이며 문화적 존재를 이루고 있다. 어느 한 공간과 시간의 축적을 통해 의도하든 하지 않든 형성되는 문화와 사회가 있다. 신앙공동체인 교회는 이미 기독교적 가치와 사상이 오랜 시간 수많은 시도와 경험을 통해 이어져 왔다. 하지만 이미 검증되고 전수된 것이 항상 성공하거나 좋은 결과를 가져오는 것은 아니다.

공동체가 얼마만큼 그 가치와 신념을 제대로 이해했고 또 열정이 있는가에 따라 과정과 결과 또한 크게 다름을 알 수 있다. 기독교적 사상과 가치를 어떻게 이해하고 또 삶에 녹여내느냐가 중요하다. 그런 의미에서 쌍샘은 문화, 사회적인 마인드를 가지고 가치와 의미는 우리도 만들 수 있다고 생각했다.

쌍샘의 공동체는 우리이다. 우리의 시간과 일과 미래를 우리가 열어가고 세워갈 수 있다고 여겼다. 어떤 일이든 그 일을 값지고 의미 있게 만드는 것은 남이 아닌 우리라는 생각, 남이 인정하고 평가받는 것도 중요하지만, 우리가 먼저 스스로에게 그럴 수 있어야 한다는 말이다. 적어도 교회를 공동체로 우리에게 주신 뜻이 거기에 있다고 믿었다.

과거엔 전통과 이념 등이 중요하게 자리했고 안정과 목적을 추구하는 면에서 크게 변화나 새로운 것에 대한 열망이나 욕구가 없었다. 하지만 시대는 빠르게 변화의 변화를 겪으며 다양한 가치와 상상도 하지 못했던 일들이 생겨났고 그것을 받아들이지 않으면 적응할 수 없을 뿐만 아니라 살아남을 수 없다는 위기감이 고조되어 있음도 사실이다.

교회를 신앙공동체로만 보지 않고 문화와 사회의 장으로 보는 관점은 매우 중요한 시선일 수 있다. 교회는 물론 하나님을 예배하는 자리이고 성도의 신앙적 집회가 열리는 곳이다. 하지만 이것만을 이야기하면 교회를 마치 성전처럼 여겨 거룩한 신전처럼 대하게 된다. 주님은 예루살렘 성전이 무너질 것을 예고했다. 이스라엘 사람들은 도저히 받아들일 수 없는 일로, 전능하고 최고이신 하나님의 임재와 성소인 성전이 무너지거나 파괴된다는 것은 있을 수 없는 일이라고 여겼기 때문이다.

그러나 성전은 초토화되었고, 이스라엘은 산산이 부서졌다. 우리가 알고 있는 거룩함과 성전의 이해는 하나님의 판단과 큰 차이가 있다. 지금도 여전히 교회를 성전처럼 받들며 정한 것 외에는 아무것도 할 수 없는 금기의 장소로 여기는 사람들이 많다. 물론 교회를 기존의 모든 건물이나 그곳에서 무엇을 하든 상관이 없다는 것을 말하는 것이 아니다.

주님의 "안식일 이해와 성전보다 큰 이가 여기 있다."(마태복음 12:6-8) 하신 말씀을 깊이 곱씹으며, 성경에 대한 "새로운 해석과 폐하려 함이 아니라 완전하게 하려 함이라"(마 5:17)는 뜻을 교회와 신앙적 삶에 적용하고자 했다.

교회는 언제나 지역과 마을 속에 존재했고, 시대와 시간 속에서 함께 살아왔다. 교회는 예수님의 말씀과 삶이 세상의 소금과 빛으로서 희망과 구원이 될 수 있음을 믿기에 온갖 박해와 시련 속에서도 꿋꿋하게 그 소임을 다해왔다. 제국주의의 핍박과 군사 정권의 억압 속에서도 교회는 인권과 자유와 평등을 외쳐왔다. 가난한 시대엔 그들의 이웃이 되고 정을 나누고 힘을 거들며 힘든 시간을 견디어내도록 곁에 살았다.

세월이 흐르고 시대가 변하면서 세상은 많이 달라졌다. 거대담론보다는 평범하고 사소한 일상의 삶이 더 소중하고 필요한 시대가 되기도 했다. 삶의 여유와 질을 생각하는 세상이다. 소유보다는 사용가치가 우선되고 평생 직장이 아닌 얼마든지 옮길 수 있고 그것이 능력으로 평가되는 현실이다. 어떻게든 돈을 벌기 위해 잔업과 특근과 성과를 따졌던 과거와는 달리 근무여건과 복지, 노동환경이 우선순위로 꼽히는 상황이다.

세상이 이렇게 달라지고 변화하는데 '교회는 다를 수 있는가', '신앙이면 모든 게 다 가능하고 순종할 수 있는가', 그렇지 않고 달라져도 많이 달라졌다. 이런 상황에 많은 목회자와 종교 지도자들은 충격과 우려를 나타낸다. '이렇게 달라질 수 있는가'와 '신앙이 이리 무력하고 존재감이 없는 거였나' 같은 것이다.

그러기에 열린 마음과 시각으로 교회를 문화적이고 사회적 공동체로 이해해야 했다. 신앙공동체를 '안으로 어떻게 세워가며 그 정체성과 본질을 잃지 않을 수 있을지'와 '선교적 교회로 존재하며 사회와 세상에 선한 영향력을 주는 교회가 될 수 있는지'에 대한 고민과 결단이다. 이를 독일의 신학자 위르겐 몰트만은 '정체성'과 '상관성'이라고 말했고 이것을 위기로 맞을 수도 있고 기회로 만들 수 있다고 했다.

쌍샘이 세 번째 화두로 잡은 것이 '문화와 사회'이다. 문화란 삶(인생)의 꽃과도 같다. 의식주에 대한 본능 이상의 그 무엇이 있고 또한, 의식주라 할지라도 그 의(衣)와 식(食)과 주(住)가 어떤 것이냐는 인간에게 매우 중요한 의미이고 가치이다.

교회는 사람들이 모이는 공동체이고 사회이다. 자연스럽게 문화가 만들어지고 그것은 바람처럼 머물러 있지 않다. 굳이 교회를 소개하거나 전하려 하지 않아도 밖에선 교회가 보이고 알려진다. 어떤 교회인지, 무슨 일을 하고 교인들은 어떤 사람인지 드러난다. 그렇다면, 교회는 안에서 건강하고 아름다운 문화적 존재와 삶을 만들어야 한다. 어쩌면 이게 선교이고 "와 보라!"(요한복음 1:46)고 빌립이 나다나엘에게 한 말과 같다.

또한 교회는 사회와 시대 속에서 벌어지는 잊어서는 안 될 중요한 일들에 대해 관심을 갖고 알아야 한다. 바른 이해와 판단을 위해 하나님의 말씀과 예수님의 마음이라면 어떤 것인지 말할 수 있어야 한다. 교회가 사회와 지역과 일상의 삶에 관심과 애정이 있음은 물론 세상과 사건을 보는 눈이 있어야 한다. 이는 인문학 모임이나 특별 강좌, 예배, 기도회, 신앙공동체와 같은 수련회 등을 통해서 함께 할 수 있다. 정치, 경제, 사회, 문화, 교육, 환경 등 어느 것 하나 소홀히 할 수 있는 게 없고, 이 모든 것은 교우들은 물론 교회와도 직접적인 관계가 있다.

우리의 문화는 기독교적이며 공동체 문화로 꽃피워야 한다. 생명을 살리고 삶을 아름답게 하는 문화이며, 모든 생명과 존재가 평화롭고 사랑스러운 문화로 정착해야 한다. 따라서 지나친 개인주의와 이기적인 문화가 아닌 다양성이 가능하며 존재로 인정과 신뢰를 받는 그런 세상을 꿈꾸는 것이다.

백범 김구 선생은 일찍이 '우리나라가 높은 문화의 힘을 가진 가장 아름다운 나라가 되기를 소원한다.'고 했다. '무력이나 경제력, 또는 자연과학도 물론 좋지만 가장 중요한 것은 문화적으로 부강한 나라가 되는 것'이라 했다.

쌍샘은 여름밤의 영화제나 작은 음악회, 가을 잔치 등 일회성 프로그램이나 신앙적인 행사만이 아니라 할 수 있다면, 상시적으로 운영되고 이용할 수 있는 문화, 사회적인 시설이나 공간을 만들고자 했다. 시작부터 함께한 아이들 공부방과 주민도서실이 그랬다. 교회는 기본적으로 사람이 있고, 열린 생각이 있기에 가능하다고 생각했고 영리를 목적으로 하지 않기에 충분히 시도하고 도전할 수 있었다.

사회학자 밀스(Wright Mills)가 말한 '사회적 상상력'을 신앙과 교회에 적용하고자 했다. 사람이 사는 마을에 최소한 이런 거는 있으면 좋겠다는 생각이었고 이 일에 교우들도 마음을 열어주었다. 감사하게도 돈이 생기고 사람이 나오고 일이 추진되었다. 〈사랑방 카페〉가 그리 시작되었고, 〈착한 살림〉이 만들어졌고, 생태자연도서관 〈봄눈〉과 갤러리 〈마을〉, 〈돌베개〉 책방과 〈북스테이〉, 〈노아 공방〉, 〈꽃잠〉 출판과 〈단비〉 교육공동체 등이 모두 그랬다.

사실 하나하나 따져보면 별것도 아니고 도시에 비하면 초라하고 궁색하기 짝이 없다. 하지만 시골이기에 가능하고 또 괜찮다. 감사하게도 이미 마을로 이사 온 사람들도 좋아했고, 마을을 선호하고 큰 고민 없이 이곳을 찾는 사람들이 많아졌다. 이곳에 들어오던 해인 2002년에 아홉 가구였던 마을이 지금은 육십여 가구가 되었고, 지금도 이곳을 원하고 들어오고자 하는 사람이 많다. 여러 이유가 있겠지만, 달랑집만 짓고 살아야 한다거나 마을에 편의 시설, 문화나 사회적 공간과 내용이 없다면 쉽지 않았을 것이다.

문화의 기본 자리는 공동체이자 마을이다. 마을이 시들해지고 죽어가는데 교회만 잘 될 수 없다. 마을 안에서, 마을과 함께 존재하는 교회라면 마을이 활기차고 지속 가능한 공동체로 세워지는 일에 교회가 예외일 수 없다. 사람이 모여 사는 공동체와 마을에 다양한 문화가 꽃

피고 사회적 유대가 깊어지는 것은 모두의 바람일 것이다.

이것을 쌍샘의 목회로 말한다면, '생명 영성 목회'요, '생태 자연 목회'요, '관계의 목회'라고 할 수 있겠다.

4) 1전(傳/영성), 1소(素/자연), 1감(感/문화)으로 그의 나라를 일구며

모충동 쌍샘에서 '사회선교'의 뜻을 두고 시작한 목회가 새로운 환경을 맞았다. 시대도 자리도 바뀌었다. 그동안의 사역을 점검하면서 앞으로 교회가 어떻게 가야 할 것인지를 놓고 고민하며 기도하던 우리는 '영성, 자연, 문화의 삶을 일구는 교회'가 되자고 했다.

사실 이 중 하나의 주제만 해도 너무나 엄청나고 거창한 주제다. 하나만 붙잡고 씨름해도 될까 말까인데 이 세 주제를 함께 안고 간다면 욕심이 지나치다고 말할지도 모르겠다. 하지만 신앙은 삶이고, 삶은 우주보다 크고 신비롭다. 완벽할 수는 없지만, 이 세 주제는 우리에게 매우 중요하다고 여겨 함께 붙잡고 가기로 했다.

교회는 1)신앙영성위원회 2)생명자연위원회 3)문화사회위원회가 있다. 이 위원회가 쌍샘의 축을 이루고 있고 쌍샘의 교우들은 어느 한 곳에 들어가 한 해 같이 해야 한다. 해가 바뀌면 옮겨갈 수도 있고 그대로 남을 수도 있다. 가능하면 평신도 중심으로 운영되도록 한다. 위원회 안에서 함께 논의하고 고민하며 쌍샘이 '영성, 자연, 문화의 교회'가 되게 한다.

사실 교우들도 사회에선 모두 전문가이며 자기의 역할이 있다. 그런데 교회에만 오면 자기의 전문성이랄까 관심은 다 묻히고 오직 기도나 성경공부, 예배가 전부다. 개인적 신앙으로 보면 그게 맞을 수도 있으

끝없는 경이로움에 가득 찬 세상,
우리는 생명을 거저 받았습니다.
절대적 사랑에 우리는 감싸여 있는 존재입니다.

나뭇잎 새 풀벌레소리,
산을 흐리는 바람소리,
밭고랑 논두렁에 여호사들의 땀소,
아이들의 웃음들이 그려스는
소리꽃이 피고 구름그늘 쉬어가는
쌍념의 계절입니다.

말씀과 영성, 평화를 지향하는 예수 그리스도의
신앙공동체

생명과 생태적 삶 신앙으로 이해하고 자연교육을 추구하는
살림공동체

건강한 놀이와 더불어 살아가는 가치를 살려나가는
문화공동체

2009, Beautiful Ssangyeam

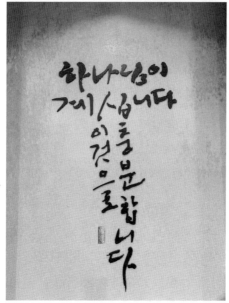

하나님이
계십니다
이것을
충분히
합니
다

나, 우리는 교회다. 교회는 건물이 아닌 공동체이며 그 공동체가 감당해야 할 선교적 사명이 있다. 이렇게 위원회를 나누어 놓으니 교우들이 원하는 곳에서 자기들의 관심과 재능을 펼칠 수 있어 좋았다. 조금씩 교회는 전문성이 생기고 교회 안은 풍성해지며, 사회와 교회에 여러 역할을 감당할 수 있게 된다.

또한 쌍샘자연교회는 2003년부터 11월인 연말에 교우들과 함께 설문(피드백)을 나눈다. 올 한 해 교회에서의 예배는 어땠는지, 어떤 부분이 좋았고 또 아쉬웠는지, 주일의 공동식사는 어땠고, 모임이나 2부 프로그램은 좋았는지, 올해 잘했다고 생각되는 것은 무엇이며 아쉬운 것은 무엇인지 등을 무기명으로 표시하게 한다. 교우들은 비교적 솔직하게 답을 해주고 목회자는 그걸 참고하여 다음 해의 목회에 반영한다. 물론 새해의 봉사할 부서나 일에 대해서도 묻는다. 가능한 자원하고 신청하는 부분에서 봉사하며 섬길 수 있도록 하고자 했다.

쌍샘은 이미 새로운 변화를 안고 왔지만, 거기에 안주하려고 하지 않았다. 끊임없는 변화와 가능성을 추구하고자 했다. 이것은 우리 자신을 위한 만족이 아닌 하나님 앞에 더욱 신실하게 세워지고자 함이다. 예배도 1년에 한 번, 새해가 되면 변화를 주고자 했다. 습성과 형식에 빠지지 않기 위함이다. 주일 오후의 시간도 예배, 기도, 활동, 교육, 쉼 등 다양한 시간을 가지고자 했다. 교회의 부서와 교회학교도 이름을 자연에서 찾았다. 여전도회는 섬진강, 금강, 소양강 등 강의 이름을 붙였고, 남선교회와 교회학교는 한라산, 백두산, 지리산, 소백산 등 산의 이름을 넣었다. 구역은 사과나무, 자작나무, 느티나무, 호두나무

등 나무의 이름으로 정했다. 나름 신선했고 우리 스스로도 마음에 들었다.

'영성, 자연, 문화'라는 거창한 주제를 어떻게 신앙과 삶에서 풀어내고 또한 하나님이 주신 소명으로 여기며 감당할 수 있을까를 놓고 기도하던 우리는 1전(傳), 1소(素), 1감(感)이라는 실천 카드를 만들었다. 1전은 하나님 앞에서 신앙과 영성으로서 서자는 것이고, 1소는 자연 안에서 자신의 삶을 돌아보자는 것이고, 1감은 문화로서 이웃과 형제에 대한 책임이랄까 관계를 의미하는 것이다.

우리는 이 모든 것이 하나님의 나라와 복음의 가치를 이룬다고 보았다. 1전, 1소, 1감은 쌍샘의 영성과 자연과 문화 앞에서 각자의 고백이고, 선언이며, 응답이 된다. 기존의 제직회나 어떤 부서보다는 영성, 자연, 문화의 세 위원회가 교회의 구심점이 되고, 교우들은 자유롭게 원하는 곳에 소속이 되어 함께 공부하고 참여하며 사역을 이루어 간다. 물론 해가 바뀌면 속한 위원회에 남을 수도 있고 옮길 수도 있다.

2011년 2월 27일 공동체 회의에서는 20주년을 앞두고 준비위원회를 구성했으며 위원장은 김선례 권사가 맡았다. 6월 12일 공동의회에서 세 분의 장로 민태윤, 김선례, 이혜정을 피택했고, 안수 집사는 다섯 분으로 김성구, 백흥기, 김한수, 전흥배, 문세광을 피택했으며, 권사로는 열 분 박옥자, 김현득, 김정숙, 장승희, 김순희, 소남순, 박영란, 김선희, 조향미, 허진옥이 피택되었다. 쌍샘자연교회의 경사요 은총이었다.

이듬해인 2012년 6월 16일, 교회의 든든한 일꾼을 세우는 임직식날, 아침부터 햇살은 밝고 바람은 부드러웠다. 꽃과 나무들이 싱그럽

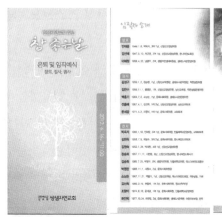

자연, 문화, 영성의 숨이 있는
쌍샘자연교회이야기

게 우리를 맞이했다. 쌍샘의 첫 세 분의 장로님, 다섯 분의 안수 집사님, 그리고 열 분의 권사님, 모두 주님의 신실한 종들로 살아가시리라. 이외에도 우리는 백근주 집사님을 명예 안수 집사로, 안옥희, 남춘자, 강순자 집사님을 명예 안수 권사로 추대했고, 그동안 수고와 헌신을 아끼지 않고 애쓰신 차규명 집사님과 김지환 권사님의 은퇴를 축복했다.

임직자 분들은 하나님의 은혜 앞에 헌신하며 살 것을 다짐했고, 임직에 대한 감사헌금 또한 이름 없이 자율적으로 드렸다. 여러 격식이나 허례허식은 가능한 줄였고 임직의 본질과 의미를 살리고자 했다. 항존직이란 말이 좀 거슬리긴 했지만 좋게 생각하기로 했고 교회의 일꾼을 세운다는 것, 함께할 동역자가 있다는 것만으로 감사하고 행복한 날이었다.

생명의 열매,
함께 나누는 기쁨

2013~2020

1) 한 웃음, 한 울음 가진 벗이라

2009년 5월 31일, 서울 성공회 성당에서 열린 환경 주일 연합예배와 녹색교회 선정식에 우리 교회가 녹색교회로 선정이 되어 위원장이신 김순희 집사가 참석하여 명패를 받아왔다. 부상으로 받은 친환경 연필과 공책, 종이와 쌀 등을 환경주일 예배 후에 교우들과 나누며 녹색교회로서의 아름다움과 비전을 멋지게 세워가기를 다짐했다.

녹색교회가 된 쌍샘은 일회용품을 쓰지 말자는 운동으로 각자 흙으로 컵을 만들어 컵보드에 넣고 교회에서는 그것을 사용하기로 했고, 같은 해에 여름신앙공동체를 대구 작은교회로 몰려가 그곳에서 예배하고 말씀을 나누며 작은교회의 영성과 문화를 익혔다. 단체로 면티를 사서 쪽으로 물을 들이고 함께 입었으며, 성찬의 빵 담는 그릇과 분즙에 쓰이는 작은 잔도 도자기로 직접 만들었다. 크고 작고 울퉁불퉁하지만 얼마나 예쁘고 사랑스러운지, 성찬식을 할 때마다 기분이 좋아진다.

청주에 있는 친구 목사나 선배들이 자주 묻고 또 놀라기도 했다. 어

자연, 문화, 영성의 숨이 있는
쌍샘자연교회이야기

2009년 5월 31일, 서울 성공회 성당에서 열린 환경 주일 연
합예배와 녹색교회 선정식에 우리 교회가 녹색교회로 선정
이 되어 위원장이신 김순희 집사가 참석하여 명패를 받아
왔다. 부상으로 받은 친환경 연필과 공책, 종이와 쌀 등을
환경주일 예배 후에 교우들과 나누며 녹색교회로서의 아름
다움과 비전을 멋지게 세워가기를 다짐했다.

떻게 교인들이 교회를 따라 들어가 집을 짓고 교회 옆에서 살 수가 있느냐는 것이다. 우리는 그런 것이 하나도 이상하지 않았고 너무 당연하다거나 자연스럽다고 생각했다. 사실 말은 이렇게 하지만, 곰곰이 생각해 보면 쉬운 일은 아니었다.

자립도 안 되고 아무것도 가진 것 없는 교회가 가난한 동네로 찾아들어가 교회를 시작하더니 이제는 도시에서 시골로 들어간 것이다. 순순히 따라 들어왔다고 나는 생각하지만 왜 갈등과 걱정과 어려움이 없었겠는가. 가난하고 일은 많고 어떤 보상도 없는 이런 교회를 다닌다는 것은 바보 같은 일이 분명했다. 하지만 쌍샘의 교우들은 믿고 따라주었고, 웃음과 울음을 같이 할 줄 알았다. 그런 신앙의 고백과 마음이 있었기에 쌍샘은 다양한 사역과 삶을 꿈꿀 수 있었다.

녹색교회로 선정이 되고 나서 교회가 외부에 소개도 되고 알려지기 시작했다. 교회의 이름에 '자연'이란 이름이 들어간 것과 녹색이나 문화라는 말도 교회에서 흔하게 듣는 용어가 아니었다. 이미 앞에서 하고 있었던 농사와 사랑방 무인카페, 그리고 가을 잔치나 인문학당 같은 모임들이 좀 신선해 보였던 것 같다. 이런 일들은 선교목적이나 교회의 부흥이나 성장을 염두에 둔 일이 아니었다. 크지 않은 작은 교회지만 교우들을 위하고 우리의 신앙과 삶을 든든히 세우고자 한 것이다. 시간이 지나고 보니 이 모든 것들이 알게 모르게 교우들과 신앙공동체인 교회의 골격을 키우고 근육을 살리며 살을 붙이고 있었던 것이다.

교회는 20주년을 맞이한 2012년에 온 교우가 제주도에서 '쌍샘의 삶, 일, 꿈'이란 주제로 여름신앙공동체를 가졌다. 100여 명이 넘는 교

자연, 문화, 영성의 숨이 있는
쌍샘자연교회이야기

우들이 비행기를 타고 대형버스 2대를 빌려 여행과 수련회라는 두 마리 토끼를 잡았다. 이때 비행기를 생전 처음 타보고 제주도도 처음 간다는 분들이 있어서 참 잘했다는 생각을 했고, 아이들이 넷인 김동욱, 정해숙 집사의 가정은 온 지 얼마 안 되어서 교회가 매년 제주도를 가는 줄 알았다며 적금을 들려고 했다고 해서 한바탕 웃음바다가 되었다.

또한 교회에서는 오랫동안 준비하며 기도해 온 이스라엘, 요르단의 성지순례를 2018년 3월 6일부터 17일까지 모두 18분이 다녀왔다. 주일예배는 김무강 목사님이 인도해 주셨다. 사람마다 다르겠지만 큰 기대를 하지 않고 갔는데 성지순례의 일정 내내 알 수 없는 감동과 고백이 몰려왔다. 꼭 눈으로 봐야 하나, 하는 식이었는데 머릿속 상상과 대충 그러려니 생각했던 것들이 두 눈앞에서 새롭게 펼쳐졌다. 성지순례를 아직 못가신 분들에게는 곡 권해보고 싶다고 모두가 그리 말했다.

안전하고 은혜롭게 다녀올 수 있어 감사했다. 단순한 여행이 아닌 우리 일생에 주님의 발자취를 걸어보고 그 자리에서 그분의 말씀을 되찾아보는 것은 성도에게 특별한 의미가 있기 때문일 것이다. 다들 터키와 그리스, 그리고 이집트에도 꼭 가야겠다고 말하며 다음을 준비하자는 말이 자연스레 모여졌다.

2) 삶의 축제성, 공동체를 꿈꾸며

낭성에 들어온 지 3년이 지나면서 마을의 이장과 새마을지도자 등과 함께 마을 발전에 대한 이야기를 나눴다. 마침 마을 공동의 산이 있으니 그걸 이용해서 마을의 변화와 발전을 모색해 보자고 했다. 주민들과 함께 선정지 견학을 하고 회의를 하며 산림청에서 주관하는 산촌생태마을에 대한 계획서를 만들었다. 교회는 젊은 사람도 있고 마을만들기 및 농촌체험과 생태교육 등의 계획서와 함께 프로그램을 만들 능력이 있으니 적극 돕기로 했다. 계획서를 만드는 일에는 이용수 집사가 도맡아 수고를 많이 하였다.

그렇게 청원군과 도청을 상대로 계획서를 만들어내고, 담당 공무원들에게 브리핑을 하며 이곳이야말로 산촌생태마을로 최적의 장소임을 설명했다. 마침내 우리 마을이 산림청에서 주관하는 산촌생태마을로, 정보통신부가 주관하는 정보화마을 등으로 선정되어 산촌체험관과 숯가마 체험실, 메주 체험장 등이 생겨났고, 밭에는 국화꽃을 심어 국화축제는 물론 그것을 베개와 화장품 원료로 사용하는 등 마을의 소득사업에도 소중한 자원으로 활용되었다.

그렇게 산촌생태체험 마을이 되고 이곳에 집을 짓고 들어오는 가구의 수가 늘어나면서 마을 안 길이 확장 및 포장되었다. 처음 이곳에 올 때는 가로등 하나가 없어 밤중에 찾아오던 사람들이 이곳은 아닌가 보다 하여 되돌아간 적이 있다. 큰길에서 마을로 오는 길은 농로라 하여 자동차 한 대 다닐 수 있는 정도의 좁은 길이었다. 낭성의 다른 지역에서 호정 2구가 정말 좋아졌다는 이야기를 많이 들었다. 도시 못지않게 농촌은 농촌대로 사람이 살만한 마을이 되어야 하고, 농촌이 건강하고 든든히 서야 도시는 물론 국가도 제대로 운영이 될 수 있다. 이제는 다시 사람들이 농촌으로 돌아오는 귀농, 귀촌이 제대로 자리를 잡으면 좋겠다.

교회가 이곳에 들어온 후 우리는 진심으로 마을에 감사했다. 이렇게 쾌적하고 아름다운 마을을 만들고 기반을 닦아놓아 우리가 이곳에 올 수 있게 된 것이라 여겼다. 마을 분들을 위해 기도하고 복음을 전하는 것은 당연하지만, 무례하지 않으려 했다. 감동과 친절함으로 마음을 얻고 하나가 되기를 원했다.

은혜를 입었으니 우리도 보답하고자 했고 생각하던 중, 마을이 좋아지고 살아나는 일에 교회가 작은 역할을 하기로 했다. 사람이 사는 마을에 필요한 게 뭘까? 사람들이 떠나는 마을이 아니라 돌아오는 마을, 살고 싶은 마을을 만드는 데 교회가 앞장서자고 했다. 어린아이들을 돌보고 돕는 공부방, 주민들이 쉴 수 있는 카페, 여름밤 영화 보기와 가을 잔치 등으로 마을에 생기를 불어넣고 힘이 되게 했다. 교우들도 가능하면 청주에서 이곳으로 이사오도록 했으며, 누구든 이곳에 이사와 살도록 권했다. 그래서 도토실 생태마을이 생겼고, 2002년 당시 아홉가구였던 마을이 지금은 육십여 가구가 되었다.

우리는 이곳에 교육과 문화가 있는 교육문화마을을 꿈꾸고 있다. 지속 가능하며 자립하고 사람과 자연이 소중하게 여겨지는 그런 마을을 그리고 있다. 이미 이십여 가정이 회원이 되었고, 부지도 마련이 된 상태다. 때가 되면 자주 만나 마을과 삶, 자연과 인간의 공존에 대한 꿈을 키우며 마을을 이루게 될 것이다.

3) 주님께서 손수 만드신 것이 어찌 이리도 많습니까?

2005년에는 청주에서 운영하던 주민도서관을 놓고 고민했다. 시골에서는 책을 볼 사람이 없고, 유동인구도 없다. 다른 건 몰라도 도서관은 정말 필요가 없다고 생각하며 책을 나누며 없애려고 했다. 그러던 어느 날, 그래도 사람 사는 마을에 조그만 학고방 같은 도서관이 있어야 하지 않겠느냐는 생각이 들었다.

조금 먼 미래를 바라본다면 우리가 살아가는 마을에 도서관 하나는 있어야 한다는 마음으로 도서관을 유지하기로 하고 준비위원회를 만들어 도서관을 만들기 위한 일들을 시작했다. 다만 모든 걸 다 감당하기에는 어려울 수 있으니 우리의 형편과 우리에게 맞는 방향을 정하자 한 것이 생태와 자연을 중심으로 한 도서관이다. 도서관은 그렇게 10여 년을 활동하고 준비해서 마침내 번듯한 건물을 짓고 재개관(2016년 9월 24일) 하게 되었다.

도서관 역시 10년이라는 긴 시간 동안 꾸준히 활동하고 모금하며 도서관 건립을 위해 교우들과 운영위원들이 애를 많이 썼다. 역시 천사 운동을 통해 후원회원을 모집하고 이곳에 생태와 자연의 도서관을 세울 것이라 홍보했다. 많은 분들이 때마다 참여해 주셨고, 채희완, 윤구병, 이지상, 예술공장 두레 등에서 재능 기부와 강연에 기꺼이 응해 주셨다. 도서관은 그렇게 전문성을 가지고 찾아가고 찾아오는 도서관으로 자리를 잡아가고 있다. 또한, 운영해 오던 공부방이 민들레 학교로, 다시 대안교육센터로 나아가는 데 있어 도서관이 공간은 물론 필요한 내용과 정신에까지 중심적 역할을 하고 있다.

교회를 찾아오는 손님이 많아지면서 교우들은 있을 곳이 마땅치 않았다. 달랑 교회 건물과 사택이 전부였다. 백근주 집사님과 교우들이 지은 원두막 하나가 있었지만, 작기도 했고 바람이 차지면 이용할 수

가 없었다. 그러던 중에 이용수 형제가 다니던 회사에서 사회 환원 차원에서 백만 원을 교회에 주셨다. 어떻게 사용할까를 고민하다가 작은 카페를 만들면 좋겠다는 생각이 들었다.

교회에 그 생각을 말했고 다들 호응하여 한편의 언덕진 땅을 매일 손으로 평탄작업을 했다. 장비를 불러서 하면 1시간도 안 걸릴 일을 십여 명이 한 달을 넘어 끝냈다. 레미콘 두대로 기초공사를 하고 나머지 50만 원으로는 보은에서 황토 두대 분을 샀다. 주변에서 나무는 쉽게 구할 수 있어서 흙과 나무를 섞어가며 벽체를 쌓고 큰 통창을 여러 개 냈다. 남녀노소 아이들까지 달려 붙어 신기한 듯 재미나게 일을 했지만, 시간이 갈수록 지치고 힘이 드니 점점 사람들이 빠져나갔다. 그럼에도 시작한 일이니 끝은 봐야 하고 1층의 벽은 대략 쌓았지만, 겨울이 와서 공사는 멈췄다. 흙이다 보니 눈비에 노출되면 안 된다. 비닐로 마감하고는 긴 겨울을 지냈다.

새봄이 오면서 공사는 다시 시작되었고 교회 창립일에 맞추어 문을 열 수 있으면 좋겠다고 생각하며 서둘렀다. 1층은 사랑방 무인 카페이고 2층은 마루로 된 큰 원두막이다. 계산해보니 2층까지 인건비를 빼고 자재비만 모두 천만 원 정도 들어갔다. 교우들이 땀을 흘리며 다같이 지은 곳이기에 더 애정이 갔고, 나무와 흙으로 지어서 더 정겹고 따뜻하게 느껴졌다. 2007년 7월 14일 둘째 토요일에 교회 창립 15주년을 기념하면서 카페의 문을 열었고, 실내엔 임종길 선생의 생태미술전과 교회 마당에서 여름밤 '웰컴 투 동막골' 영화를 보았다.

주일엔 기념 감사예배와 월, 화 이틀간 대구 작은교회의 곽은득 목

사님을 초청해 여름 말씀의 시간을 가졌다. 또한 15주년을 기념하여 교회에서는 녹색, 장학통장을 만들어 다음 세대와 녹색교회를 위해 함께 나가고자 했다. 그 즈음에 문화선교연구원의 '오늘'이라는 매거진에서 쌍샘의 문화 사역에 대해 취재해 소개했고, 장로회신학대학교 기독교교육연구원에서 발행하는 「교육 교회」와 「교육 목회」에도 쌍샘의 자연교육과 목회에 대한 내용이 소개되었다.

2010년 5월 29일, 쌍샘은 로컬 푸드 〈착한 살림〉을 열었다. 그동안 준비위원들이 수고를 많이 했다. 빈 창고의 공간을 수리하고 청소하며 그럴듯하게 만들었다. 어떻게 운영할 것인지와 무엇을 얻고자 함인지 많은 논의와 고민의 시간을 가졌다. 이미 대구 작은교회에서는 교회 안에 오래전부터 운영하고 있었다.

우리가 아이들과 생명을 사랑하고 위한다면서 아이들의 먹거리에 대해 책임감을 갖지 않으면 그 말은 모두 거짓이리라. 그렇게 시작한 일이 〈착한 살림〉이다. 교회에서는 예산이 없어 뜻있는 교우들의 출자를 받고, 운영원칙을 세우며, 실무자와 운영위원회를 꾸렸다. 몇몇 분들은 '교회에서 장사를 하자는 말이냐?' 우려하는 목소리도 있었지만, 영리를 목적으로 하는 게 아니고 '신앙이란 그 정신과 뜻을 따른 삶'이라고 보았기에 돈보다 더 중요한 사람의 소중함을 생각하고 하는 일임을 밝혔고 은혜 가운데 준비되었다.

착한 살림의 오픈과 더불어 착한 나무 기념 식수도 했고, 자연물 전시 및 체험의 시간도 만들었다. 거친돌의 목판화전과 함께 마당에서는 착한 음악회도 가졌다. 그러면서 앞으로 착한 살림을 중심으로 이곳에서 생활문화 장터가 열리기를 기대했다. 그렇게 시작한 착한 살림은 우려 반, 기대 반 속에서 10년 정도 운영이 되었다.

이곳으로 이사온 교우들과 주민, 민들레 아이들의 급식과 교회에서의 공동식사, 그리고 이곳을 찾아오는 많은 사람들에게 먹거리가 얼마나 중요하고 함께해 가야 하는 일인지를 알리고 싶었다. 우리가 큰 욕심을 내거나 성공하려고 한 일이 아니었기에 별다른 문제가 없었다. 운영위원회와 담당자가 있었지만, 보수를 받고 할 수 있는 일이 아니었기에 매장에 사람이 없는 경우도 많았다. 그럴 때면 얼마든지 자율과 무인으로 운영하기도 했다. 스스로 계산하도록 현금을 놓아두고, 때론 카드결제도 본인이 하기도 했다.

사랑방 카페도 무인이고 자율이듯이 서로 믿고 사는 경우를 경험한 많은 사람들이 오히려 '기분이 좋았다', '이거 꽤 괜찮다'고 말해주기도 했다. 착한 살림은 이곳의 특산물인 배추와 함께 절임배추 사업도 아주 인기였고, 제철에 나는 복분자나 유기농 쌀 등 농산물 직거래도 함께 했다. 한때는 청주 한살림과 협약을 맺어 가공식품 등은 납품을 받아 운영하기도 했다.

그러다가 낭성면 소재지에 '로컬 푸드' 매장이 생겼다. 우리는 이 작은 마을에 굳이 두 개가 필요치 않다고 생각하여 접고 또 다른 일을 찾아서 하자고 했다. 지금은 낭성면의 주민들이 운영하는 '로컬 푸드'가 운영되고 있다.

> * 착한 살림의 시작과 운영원칙을 담아본다.
> 착한 살림이란 쌍샘자연교회가 교우들과 이웃, 더 나아가 지역의 건강한 삶을 위해 지역농산물(로컬 푸드)과 생활문화장터로서의 매장

을 통해 이루어지는 모든 것(나눔, 교육, 생산, 문화 등)을 말한다. 착한 살림은 믿고 나눠 먹을 수 있는 먹거리의 유통과 우리가 만들고 가진 것을 나누고 함께 쓰자는 취지로 시작한다. 그 누구도 음식과 물건의 사용에서 예외가 없듯이 좋은 것을 나누고 버리는 것이 없도록 하자는 것이 착한 살림의 취지이다. 아울러 착한 살림은 쌍샘자연교회의 정신에 따라 금전적 이익보다 정신적 가치와 건강한 삶의 부가가치를 더 소중히 함을 원칙으로 한다.

우리 교회는 공부방과 함께 시작했다. 낭성으로 들어와서도 지역의 아이들은 우리가 함께해야 한다는 마음으로 민들레학교도 운영했다. 당시 한남대에서 사회복지학을 전공하고 베다니 센터에서 일하던 민소영 자매가 민들레를 맡았다. 하지만 보수가 없었다. 밤에는 아르바이트를 하고 낮에는 아이들을 돌봤다. 본인은 기쁨으로 일했지만, 운영위원들의 설득으로 공부방을 지역아동센터로(2008년 7월 30일) 전환했다.

운영비와 인건비가 나왔다. 교육비와 급식비 등 아이들에게도 질 좋은 대우를 해줄 수 있고 선생님의 인건비도 나오니 모두 잘 되었다고 생각했다. 아동센터로 사회복지공동모금회를 통해 승합차도 지원받았다. 하지만, 보조금을 받게 되니 이런저런 평가와 규제, 제한이 많았다. 가장 심각하고 우려되는 일은 모든 걸 돈으로 풀어가고 이해한다는 것이다. 적어도 공부방은 아이들과 교사, 그리고 자원봉사자도 순수하고 사랑 어린 마음으로 함께 했다.

먹을 것이 부족하고 학습이 체계적이지 않아도 서로에 대한 애정과

1

로컬 푸드(지역농산물), 생활문화장터

창간호
[2010. 5. 29]

착한살림

충북 청원군 남성면 효정리 575번지 225.8004
착한살림 청주점

자연, 문화, 영성의 숨이 있는
쌍샘자연교회이야기

존중이 있었다. 하지만 보조금을 받으면서는 규정이 있어 아이들을 마음대로 받을 수가 없었다. 농촌 마을의 특수성이나 상황이 고려되지 않은 일방적인 기준이고 대개 도시 위주의 기준이었다. 아이들은 선생님의 고마움을 몰라주고 자기들에게 이렇게 하는 것은 당연하고 오히려 돈이 있는데 왜 안 해주냐는 식이었다. 일을 해도 재미가 없고, 돈 때문에 일하는 식이 되어버렸다. 돈이 들어오면서 많은 게 달라졌다. 결국, 민소영 선생님의 결단으로 운영위원회에서는 7년 정도 운영한 아동센터를 반납하고 다시 민들레학교(공부방)로 전환했다.

그렇게 운영하던 민들레학교는 지금 교육문화공동체 〈단비〉로 사회적 협동조합을 만들어 운영하고 있다. 변화하는 시대 속에서 조금 더 지속적이고 대안을 찾아가는 교육과 마을을 꿈꾸며 산촌 유학과 대안 교육을 열어가고 있다. 교회든 마을이든 결국은 사람이고, 사람을 길러내고 세워가는 일이야말로 가장 중요하고 큰일이라 생각한다. 의정부에서 부부 교사로 일하던 민상근, 김현정 젊은 선생이 마을로 오면서 활기가 넘치고 있다. 산촌교육마을 〈단비〉는 지금 10여 명의 조합원들과 의기투합하여 마을의 큰 그림을 그리면서 당장도 중요하지만 먼 훗날까지 생각하며 다양한 일들을 만들어 가고 있다.

그 무렵 교회는 〈노아 공방〉을 만들었다. 손재주 있는 교우들의 솜씨를 나누고, 무엇이든 사거나 버리기보다는 고쳐서 쓰고, 또 필요한 건 만들어 사용하면 좋겠다고 생각했다. 그래서 2012년 6월 16일 20주년 감사 및 임직식의 기념품을 노아 공방에서 직접 만든 기도 의자를 선물로 나눴다. 지금도 노회의 목사님들께서는 그 기도 의자를 요긴하게 잘 쓰고 있다, 처음에는 이것이 무엇인지 몰라서 고민했다는 얘기를 들으며 웃기도 했다.

20주년의 마지막 사업으로 11월 4일 '나눔과 동행'이라는 주제로 김광욱 선교사님의 말씀을 듣고 주일 예배에선 사랑의 장기기증 운동에 교우들이 참여했다. 마을 주민들과는 토요일 점심에 함께 공동의 밥상을 나누며 사귐의 시간을 가졌다.

또한 이때 문화사회위원회에서는 도서출판 〈꽃잠〉을 시작했다. 그리고 우리 교회만의 달력과 다이어리를 제작하여 교우들과 사용했다. 지난 한 해의 교우들과 교회의 여러 사진, 짧지만 깊은 여운을 주는 시 등을 담아 달력을 만들었고, 교회의 비전과 정신, 교우들의 생일과 부서의 사업 등을 담은 다이어리 역시 쌍샘을 한눈에 볼 수 있는 교회 수첩이었다.

2012년에는 김용한 전도사가 함께해서 교회학교와 문화의 사역에 힘이 되었고, 생태자연도서관이 기공식을 갖는 감동적인 해였다. 예술공장 두레의 오세란 선생님의 퍼포먼스와 윤구병 선생님의 생태적 세상을 위한 강연, 그리고 평화를 노래하는 이지상 님의 공연까지 '생명, 평화로 가는 에움길'이라는 오래오래 기억될 생태자연도서관의 기공식이었다.

2013년 1월 이화여대의 장윤재 교수님과 함께 '정의의 영성, 생명의 자연, 평화의 문화'란 주제로 신앙사경회가 있었다. 주제와 본질, 그리고 실천적 삶에 대한 포인트를 정확히 짚어주셨다. 또한 WCC 중앙위원이며 영남신학대의 박성원 교수가 오셔서 그해 가을에 열리는 부산

의 벡스코 제10차 WCC(세계교회협의회)총회의 주제 '생명의 하나님, 우리를 정의와 평화로 이끄소서'란 주제를 알기 쉽게 설명해 주셨다.

2월의 마지막 주일에는 최현성 목사님(용암동산교회)이 오셔서 백영기 담임목사의 위임안을 위한 공동의회를 맡아 주셨고, 도서관에서는 금산 받들교회를 통해 빌린 흙벽돌 유압식 기계로 연일 흙벽돌을 찍어냈다. 흙의 양에 따라서 그리고 찍어내는 사람의 손에 따라 흙벽돌의 크기는 아주 다양했다. 나중에 쌓을 때는 크기를 맞추기 위해 바닥의 면을 옆면으로 사용했다. 도서관의 구석구석이 교우들의 땀과 기도와 손길이 가득 묻어있다.

함께 일했던 이영일, 손희종 목사 부부는 선교지 답사를 다녀오시고 마침내 5월 19일 선교사 파송 예배를 드렸다. 노회와 선교회에서 주관한 예배도 있었지만, 우리와 함께한 시간들, 또 건강 교실을 통해 교우들과 마을 분들에게 나눈 사랑이 있어 많은 분들이 축복하면서도 아쉬워했다. 온갖 열정과 혼신의 힘을 다해 침과 뜸으로 환자들을 돌본 그는 이 모든 것을 마음껏 펼칠 수 없는 상황을 늘 아쉬워했다.

늘 농촌목회를 소망했고 가난한 사람들을 마음에 담고 살고자 했던 그가 필리핀으로 가고자 한 것은 그곳에서는 마음껏 그 사역을 감당할 수 있기 때문이며 우리나라보다는 그곳이 더 열악하고 어려운 사람들이 많기 때문이다.

그곳에서 OMD라는 동양의학(의사)자격증을 취득했고 우리 교단과 자매를 맺은 교단과 대학병원에서 귀한 의료선교사역을 감당했다. 지금은 지인의 후원으로 독립하여 〈힐링 트리〉라는 멋진 의료선교사역

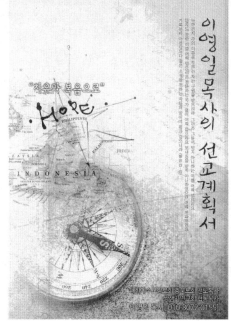

■ 약력
충북 중원 노은교회 신앙생활시작
구목교회 개척 담임 전도사
메산교회 담임 전도사
서원장교회 편임전도사
충북지역사회선교협의회 간사
쌍샘자연교회 개척, 담임(현)

■ 학력
장로회대전신학대학 신학과 졸업
장로회신학대학원(목연) 졸업
기독포아시아연구원 수료

■ 가족
아내 신현숙
자녀(1여 1남) 백예은, 백린빈

참고, 보고, 말하는 그대는 꽃
백영기 목사 위임예식
2013. 6. 22 am11:00

자연, 문화, 영성의 숨이 있는
쌍샘자연교회이야기

을 감당하고 있다. 그 길에 우리 교회는 그의 앞길을 축복하며 기도와 작은 선교비로 응원하며 함께할 뿐이다.

백영기 목사는 개척 후 20년이 되는 2013년 6월 22일 노회장과 친구 동역자들 그리고 사랑하는 교우들과 함께 쌍샘자연교회의 위임목사 예식을 가졌고, 그 사랑과 축복에 감사했다. 교회는 이곳에 온 지 20년의 시간이 흐르면서 낡고 고장난 많은 것을 손보았다. 예배실의 천정이 비가 새고 계단은 카펫이 낡아 보기가 흉했다. 큰 공사였는데, 신종생 집사님의 숙련된 기술과 안목으로 예배실과 곳곳이 산뜻해졌다. 조명도 손보고 실내의 나무 루바를 돌린 것과 무엇보다도 사랑방 카페 2층이 방치된 것을 고민했는데, 최소한의 비용으로 아주 근사한 갤러리가 탄생했다.

공사를 마친 갤러리 〈마을〉은 10월 30일 개관했다. 개관전은 우리 교우들의 작품을 전시했다. 각자가 가진 재능을 발휘해 그림, 사진, 서각, 염색, 도자기, 시화 등등 갤러리가 꽉 찼다. 오신 분들이 놀라며 감탄했다. 갤러리는 앞으로 좋은 작품을 전시해 농촌 마을에도 문화와 예술이 있다는 것을 보여줄 뿐만 아니라 청년, 청소년 등 무명의 작가들을 위한 공간으로 활용될 것이다.

2014년 4월 16일, 진도 앞바다에서 상상도 할 수 없는 어처구니없는 일이 코앞에서 벌어졌다. 꽃망울 같은 어린 학생들이 세월호를 타고 제주도로 수학여행을 가던 중 침몰 사고로 304명이 우리 곁을 떠났다. 사고도 납득이 안 되는 일이지만, 얼마든지 더 구조하고 살릴 수 있는 생명을 방관한 일은 도저히 용납이 안 되는 일이다. 충분한 구조의 시간과 장비가 있음에도 '배 안에 꼼짝하지 말라'라는 말과 구조 활동이 제대로 이루어지지 않은 일에 대해선 온 국민이 충격에 빠진 일이었다. 아직도 정확한 진상규명이 없는 세월호의 이 일은 우리가 쉽게 잊거나 놓을 수 없다.

사고가 있고 난 후가 부활주일이었는데, 어떻게 예배했고 무슨 설교를 했는지 모르겠다. 안산의 어느 목사님은 교회 학생도 희생자였는데, 입을 열지 못한 채 울고만 내려왔다고 했다. 어찌하여 이런 일이 반복되고 있는 걸까, 성수대교, 삼풍백화점, 세월호와 같은 이런 일은 정말 어쩔 수 없는 것인가? 교회는 이런 경우 정말 기도만 하면 되는가, 속이 탈 뿐이다.

건축 중인 도서관을 위한 박총 작가의 기부 강연과 최용석 님의 재능 기부는 4월 26일 예정되었으나 잠정 연기했다. 많은 사람들의 관심과 후원, 그리고 응원에 힘입어 생태자연도서관은 어려운 일도 많았지만 차근차근 그 모습을 드러내고 있었다. 어려운 상황이지만, 도서관이 자립과 안정된 운영을 위해 2동을 건축했다.

도서관 동은 바닥 면적 45평의 2층으로 1층은 사무실과 화장실, 그리고 교육 및 세미나와 같은 제법 넓은 공간으로 되어 있고, 2층은 작은 소모임을 할 수 있는 방과 화장실, 그리고 온전히 도서관으로 사용되는 공간이다. 특별히 아이들을 위해 지붕 밑으로 사다리를 타고 올라가는 다락방을 두 개 만들었다. 건축은 추운 지역을 감안하여 목조주택으로 시공하였고 건조할 수 있는 점을 보완하여 내벽은 직접 찍어낸 흙벽돌로 감싸았다.

도서관 바로 앞으로 1개의 건물이 더 있다. 바닥 면적 20평으로 1층은 식당(밥집)이고 2층은 게스트하우스(북스테이)이다. 도서관과 북스테이, 교회나 카페에 오시는 분들을 위한 건강하고 맛있는 밥집은 많은 사람들에게 사랑을 받았지만, 코로나가 장기화 되면서 지금은 돌베개 산촌 책방으로 운영되고 있다. 2층은 가족이나 개인, 또는 친구들과 함께 책과 함께 하룻밤을 묵어갈 수 있는 숨, 쉼, 품, 꿈의 공간이다.

이렇게 밥집과 게스트하우스를 통해 얻어진 수익으로 도서관 운영비를 마련하고자 했다. 지금도 도서관을 정기적으로 후원해 주시는 분들과 북스테이를 통해 들어온 수익금 등으로 도서관 운영비를 충당하고 있다.

2014년은 우리 교회에도 큰 아픔이 있었다. 김순희 권사님을 통해 우리 마을로 집을 짓고 이사 들어온 이아름 성도이다. 쌍둥이를 낳고 4년쯤 되었을까, 10월 18일 한밤중에 교통사고로 우리 곁을 떠난 것이다. 34살 두 아이의 엄마, 참으로 순수했고 착했던 사람이다. 미용사였는데 동네 어르신들의 머리를 자르고 염색하며 외로운 분들의 마음까지 살피며 친구가 된 너무 젊지만 속이 깊은 사람이다. 남편과 아이들, 교회는 물론 동네 이웃들에게도 이런 사람이 없을 정도로 사랑스럽고 아까운 사람이 갑자기 곁을 떠나니 온 교회가 충격에 빠졌다. 장례식장에서 고은숙 집사의 조사에 교우들이 얼마나 많이 울었는지 모른다. '하나님 어찌 이럴 수가 있냐'며 원망하고 '우리가 어떻게 이해하고 받아들일 수 있느냐'고 항의 아닌 항의가 여기저기서 있었다.

그렇게 슬픔을 참고 울음을 삭이며 미뤄졌던 도서관을 위한 박총,

최용석 님의 재능 기부 행사를 마쳤다. 도서관은 청주시의 작은 도서관 지원사업(리모델링)으로 1,200만 원을 지원받아 건축의 내부 공사에 큰 도움이 되었고, 오래전 신문을 보고 찾아와 위로와 격려를 주셨던 고양에 사는 최종웅 선생님도 간간이 도움을 주셨는데 개관식에 써 달라며 1,000만 원을 보내주셔서 요긴하게 사용했다.

우리 교회를 많이 사랑하며 위해서 기도해 주시는 대구 작은교회의 곽은득 목사님이 30년의 사역을 마치고 조금 이른 은퇴를 11월 30일에 하셨다. 우리에게는 큰 힘이 되시고 많은 도전과 비전을 나눠주신 분이다. 2014년은 여러모로 기억되고 잊지 못할 일들이 많은 것 같다. 그럼에도 남은 자들에게 주어진 몫이랄까, 삶을 살아내야 한다는 무거운 마음을 끌어안는다.

2015년, 마음을 가다듬고 예배와 주보를 새롭게 다듬어 본다. 주일을 맞아 교회에 나오는 성도들을 생각하면 이런 정도의 수고는 고생도 아니다. 할 수 있는 한 더 고민하고 기도하며 쌍샘의 예배에 공을 들이고 주보를 새롭게 하며 신앙공동체를 꾸리고 싶었다.

2015년은 교회의 상설 사역을 놓고 공동사역팀을 꾸려가고자 했다. 마침 교회 주변으로 이사 와서 함께 사는 교우들이 있고 이미 여러 일에 함께 하고 있는 상황이라 조금 더 체계를 갖추면 좋겠다는 생각을 했다. 김선례 장로님을 팀장으로 하여 민소영, 소남순, 장승희, 이귀란, 박재훈 청년 등이 함께 공동의 팀을 이루어 각자의 맡은 일과 더불어 전체가 협력해 가는 한 해가 되었다.

사역팀에서는 교회의 승합차를 이용해 마을 주민과 어르신들을 위해 주 2회 차량운행을 하기로 했다. 병원에 정기적으로 다니시는 분들,

장을 보고 싶어도 갈 수 없는 분들을 위해 육거리 시장을 중심으로 차량운행을 하는데 어르신들이 무척이나 좋아하셨다.

1월 31일과 2월 1일 '우리의 사랑이 의롭기 위하여'란 주제로 이화여대의 백소영 교수가 와서 신앙공동체와 하나님 나라에 대한 귀한 말씀을 나눠주셨고, 2월 10일부터 12일까지는 CGN TV에서 '믿음의 씨앗, 고향 교회와 함께'를 촬영했다.

문화위원회에서는 매년 5월 공휴일을 기해 문화역사기행을 다녀왔다. 그동안 가까운 보은의 100년이 훌쩍 넘은 선병국 고택(故宅)과 오장환 문학관 그리고 동학 공원, 군산의 근대문화관과 새만금, 부여의 백제문화를 찾아 대형버스로 교우들과 원하시는 주민들과 함께 다녀왔다.

청년부에서는 6월 21일부터 25일까지 다바오의 이영일 선교사가 사역하는 곳의 교회와 현장에 단기 선교를 다녀왔다. 미리 준비해간 내용들로 교회의 간판을 새롭게 만들고 함께 찬양과 기도로 함께 했다. 청년들은 선교사의 삶이 얼마나 고단하고 또 위험한 일인지, 그럼에도 그만한 가치와 의미가 있는 일임을 엿볼 수 있었을 것이다.

참으로 오랜만에 백영기 목사는 6월 둘째 주일부터 안식년을 가졌다. 여름신앙수련회와 교회 창립주일 등의 일이 많지만, 잠시 쉼의 시간을 가지려 했다. 교회의 예배는 전성수 전도사님이 맡아서 수고해주셨다. 7월 초 황순임 집사의 암 재발과 민소영 집사의 말기암에 대한 비보로 또 한 번, 쌍샘의 온 가족은 깜짝 놀랐고 목사는 급히 교회로 돌아왔다.

9월 14일부터 17일까지 우리 교단의 100회기 총회가 상당교회에서 개최되었다. 이 총회에서 우리 교회는 사회봉사부의 추천을 받아 환경선교부문 상을 받았다. 녹색교회로서 그 역할을 더욱 충실히 감당하라는 뜻이리라. 아울러 총회에는 전 세계 교회의 대표와 실무자들이 오게 되는데, 총회 기획국을 통해 16일 전 세계에서 오신 손님들이 우리 교회에 와서 둘러보고 이야기 나누는 뜻깊은 시간을 가졌다.

12월 김무강 목사님, 이혜숙 사모님 가정이 상락교회의 아름다운 목회 사역을 마치고 우리 마을로 오셨다. 우리 교회가 시작부터 이곳에 오기까지 적지 않은 도움과 기도를 나눠주신 분이다. 우리 교회에서 함께 했던 김의석 목사의 부모님이시기도 하다. 우리 마을에 오심을 진심으로 환영하며 교회에서는 원로명예 목사님으로 함께하기로 했다.

2016년 1월 2일, 모두에게 고마움과 따뜻한 인사를 남기고 황순임 집사님은 주님의 품으로 가셨다. 집사님은 참 마음이 곱고 따뜻하신 분이었다. 교우들에게는 물론, 그의 세 자녀를 보면 금방 알 수 있다. 크게 드러내지 않고, 늘 조용하셨으며 우리와 오랜 시간을 함께하지는 않았지만, 집사님의 밝고 고운 모습과 신앙은 오래오래 기억될 것이다.

새해 들어 첫 사역으로 1월 22일부터 24일까지 임락경 목사님의 건강 교실을 열었다.

임락경 목사님은 동광원의 이현필 선생의 제자시다. 현재는 정농회 회장과 강원도 화천의 시골교회에서 장애인들과 함께 살고 계신다. 《돌파리 잔소리》와 《먹기 싫은 음식이 병을 고친다》 외에 여러 책이 있다. 전에 인문학당 모임에도 오셨지만, 이번엔 다른 일로 목사님을

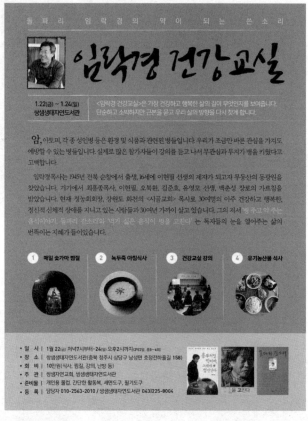

목사님은 임락경의 건강교실로 유명하다. 조금 더 진작 이런 시간과 자리를 만들며 교우들의 건강을 살피고 돌아볼 수 있게 하면 좋았을 것을, 때늦은 후회를 하며 그나마 우리가 할 수 있는 게 있다면 뭐라도 해야할 것 같다. '늦었다고 생각되는 그때가 가장 빠르다.'라는 말을 믿고 아픈 교우들은 물론 모두가 함께 참여하였다.

자연, 문화, 영성의 숨이 있는
쌍샘자연교회이야기

초청했다.

목사님은 임락경의 건강교실로 유명하다. 조금 더 진작 이런 시간과 자리를 만들며 교우들의 건강을 살피고 돌아볼 수 있게 하면 좋았을 것을, 때늦은 후회를 하며 그나마 우리가 할 수 있는 게 있다면 뭐라도 해야할 것 같다. '늦었다고 생각되는 그때가 가장 빠르다.'라는 말을 믿고 아픈 교우들은 물론 모두가 함께 참여하였다.

드디어 10여 년에 걸친 생태자연도서관의 공사가 마치고 준공허가가 떨어졌다. 그때부터 운영위원회와 교우들은 도서정리와 라벨링 작업, 갖가지 안내문과 책장 등을 만들기에 여념이 없다. 참으로 오랜 시간 정말 많은 분들의 수고와 땀, 정성과 헌신으로 세워지는 곳이다. 도서관의 이름은 〈봄눈〉이다.

9월 24일 오후 3시, 김호성, 고은숙 부부가 함께 사회를 보고 뮤지컬 앙상블의 축하 오프닝연주로 시작됐다. 기독교환경운동연대의 사무총장이신 이진형 목사의 기도와 곽은득 목사의 '자전거, 도서관, 시'라는 말씀이 있었고, 오혜자 청도협 회장과 이승훈 청주시장의 축사 그리고 고마운 분들에 대한 감사패를 드렸다. 그동안의 경과보고와 참석하신 분들의 인사와 김태종 목사의 축도로 1부를 마치고, 2부에서는 예술공장 두레의 오세란 이사장의 개관을 축하하는 춤과 현판 제막식이 있었다.

개관기념 강연으로는 박총의 '존재방식으로의 책, 우주로서의 도서관'이란 주제의 이야기마당이 열렸고, 갤러리에서는 임종길 선생의 '환경과 삶이야기'의 생태 그림 전시회가 함께 열렸다. 도서관과 북스

자연, 문화, 영성의 숨이 있는
쌍샘자연교회이야기

테이 그리고 야곱의 식탁까지, 쌍샘에 새로운 명소랄까 삶의 새로운 전환을 시도하는 첫걸음이 시작됐다.

지역의 환경운동을 선도하는 충북환경인의 밤에서 쌍샘자연교회는 공동체부문 환경대상을 받았다. 밖으로는 별로 활동을 하지 않은 우리들에게 조금 더 열심과 열정을 품으라는 격려와 응원이 아닐까 싶다.

2016년을 마감하는 즈음 온 나라는 박근혜 정권의 국정농단과 비선실세 최순실에 대한 진상규명을 요구하는 100만 가까운 촛불집회가 연일 광화문 일대에서 열리고 마침내 대통령 탄핵을 통해 파면을 당하는 사상 초유의 일이 벌어졌다.

2017년에는 조희선 전도사가 부임하여 전임전도사로 함께 동역하게 됐고, 교회에서는 착한 헌금으로 지역에 홀로 사시는 어르신들의 반찬 봉사가 계속되고 있다. 1월 21일부터 22일까지 교회는 박동현 목사(전 장로회신학대학 구약학)님을 모시고 '배역한 자식들아 돌아오라'는 신앙사경회를 통해 다시 우리의 신앙과 삶을 성찰하고 추스르는 시간을 가졌다.

3월부터는 금천동의 한살림 2층 교육실에서 남자 교우들을 위한 요리강습이 시작되었다. 10여 분의 남자들이 나름 전문가이신 강사를 통해 다양한 요리교육과 실습의 시간을 가지며 행복해했다. 4월 2일 주일에는 세월호 3주기를 맞아 유가족 중 한 분과 사회부 총무이신 오상열 목사님이 함께 오셔서 예배의 말씀과 오후에 차를 마시며 유가족들의 삶에 대한 이야기를 들으며 함께 기도하고 위로했다.

7월 16일 주일 오전, 청주를 비롯한 낭성 지역에 300mm가 넘는 엄청난 폭우가 쏟아졌다. 다리가 끊기고 산이 무너지며 하천이 터져 길이 없어졌다. 낭성 지역에서만 네 분이 목숨을 잃고 수많은 이재민을 냈다. 오전부터 오던 비가 10시 30분 즈음에 집중 폭우로 쏟아져 결국 예배를 드릴 수가 없었다. 동네 분들도 이런 경우는 생전 처음이라고 했다.

특별재난지역으로 선포가 되고, 끊어진 다리는 며칠이 되어서야 군 공병대가 와서 임시철교를 놓고 1년 여의 시간을 통해 새로운 다리가 놓여지게 되었다. 철원의 국경선 평화학교로 여름수련회를 기획했는데 큰 장마로 교회에서 사랑방교회의 정태일 목사님을 모시고 '신앙공동체의 신비로움'에 대한 말씀을 나누었다.

9월 28일, 말기암 판정을 받고도 꿋꿋하고 의연한 모습으로 삶의 자세와 중심을 잃지 않고 우리 모두에게 용기와 희망을 주며 삶을 돌아보게 했던 민소영 집사가 끝내 주님의 부르심을 입었다. 고3을 마치는 즈음에 우리 교회에 와서 구석구석 그의 손길이 미치지 않은 곳이 없었다. 그와의 이별은 교회에 큰 충격이고 살을 도려내는 아픔 그 자체였다. 아이들은 아이들대로, 청년은 청년대로, 어른은 어른대로 그는 모두와 소통하며 함께 했다. 자신을 살피기보다 늘 주님과 교회를 사랑하는 마음 하나로 그의 젊은 날을 바쳤다.

하나님이 그를 이렇게 일찍 부르시는 이유가 뭘까? 도무지 알 수가 없다. 동생을 이곳으로 인도하고, 부모님을 인도하고, 그 외에도 많은 분들을 쌍샘으로 인도하며 정말 아무것도 없는 쌍샘이 여기까지 올 수 있었던 것은 그녀의 진실한 헌신과 행동하는 신앙의 힘이 아니었을까

10여 년에 걸친 생태자연도서관의 공사가 마치고 준공허가가 떨어졌다. 그때부터 운영위원회와 교우들은 도서정리와 라벨링 작업, 갖가지 안내문과 책장 등을 만들기에 여념이 없다. 참으로 오랜 시간 정말 많은 분들의 수고와 땀, 정성과 헌신으로 세워지는 곳이다. 도서관의 이름은 〈봄눈〉이다.

생각한다. 그의 그런 열정이 다른 많은 교우들에게도 동기부여가 되고 도전과 자극, 감동을 주었기 때문이다. 주님의 품에서 영원한 안식을 누리길 모두가 소원했다.

도서관에서는 개원 1주년, 사랑방 카페는 10주년을 기념하여 무심천 브라더스의 작은 음악회와 김혜형 님의 '자연에서 읽다' 작가 만남이 있었다. 그 외에도 갤러리의 전시와 장터, 국밥과 먹거리 등으로 함께한 분들과의 오붓한 시간을 가졌다.

2018년 1월 20일 새해, '별을 노래하는 마음'이란 주제로 권혁일 목사님이 오셔서 동시대를 살았던 윤동주와 토마스 머튼의 영성을 소개하고 우리가 함께 간직하며 따라가야 할 시대와 기독교의 영성 이야기를 들으며 한 해를 시작했다.

갤러리 〈마을〉에서는 사순절을 맞아 강경구 님의 '십자가 전'을 전시했다. 이분의 십자가는 허그의 십자가다. 너무 예쁘고 아름답게 표현한 것 아닌가 하는 생각이 들기도 하지만, 작가의 말은 원래의 십자가는 투박하고 거칠며 저주와 절망의 십자가지만 예수 그리스도로 인해 십자가는 달라졌다는 것이다. 이토록 아름답고 용서와 화해와 생명을 드러내는 게 무엇이냐 한다. 할 수만 있다면 더 고상하고 아름답게 자신의 모든 걸 다해 그리 만들고 싶다고 했다. 그의 십자가를 보는 사람들 모두에게 감동이었다.

우리 교회의 어르신들 모임을 '할미꽃'이라 부른다. 매년 봄과 가을로 나들이를 가는데 2018년에는 조금 멀리 제주도로 4월 15일부터 18일까지 다녀왔다. 어르신들은 자신들이 짐이 되는 게 아니냐고 때로 미안해 하시지만, 전혀 그렇지가 않다. 옆에 계시는 것만으로도 얼마나 힘이 되고 든든한지 아시면 좋겠다. 지헌중 집사님과 장승희 권사님이 어르신들을 모시고 섬기느라 고생이 많았다. 늘 건강하게 밝고 행복한 모습으로 우리 곁에 계시면 좋겠다.

2018년 우리 교회 민태윤, 김선례 두 분의 장로님이 은퇴를 했다. 그래서 4월 29일에 장로 한 분(백홍기)과 안수집사 세 분(남광우, 하재찬, 김동욱), 권사 세 분(이혜정, 이승애, 송복순)이 피택되었다. 그리고 20년이 되어가면서 사택과 교회, 사랑방 카페의 일부 지붕 싱글 마감재를 다시 작업하였다. 업자들이 와서 하기도 했고, 남선교회 교우들이 직접 비용을 줄이기 위해 봉사를 아끼지 않았다.

2018년 여름신앙공동체는 8월 4일부터 5일까지 홍천의 밝은누리공동체에서 가졌다. 생동중학교와 삼일학림, 그리고 밝은누리공동체(최철호 목사)다. 무엇보다도 바른 신앙의 중심을 갖고 역사와 자연과 삶의 균형은 물론 미래를 열어가는 곳이었다. 주로 젊은 청년들이 많고

자연, 문화, 영성의 숨이 있는
쌍샘자연교회이야기

서울 인수동과 홍천 두 곳에서 공동체가 운영된다. 우리 교우들에게도 적지 않은 도전이 되었을 것이고 여러 면에서 보고 배울 것이 참 많은 기회였다.

우리 교회는 2018년 청주시의 지원(70%, 자부담 30%)을 받아 도서관 (5.28kw)과 교회(8.58kw)에 태양광을 설치했다. 대안 자연 에너지라는 면에서 의미가 있다. 교회와 사택은 설치 후 50% 정도의 요금이 줄었고, 도서관은 30% 절감이 되고 있다. 자리와 여력이 된다면 핵발전이 아닌 지역과 동네에서 생산되는 에너지로 대체될 수 있도록 더 확대하면 좋겠다.

2019년에는 매주 발행되는 주보를 월보로 만들었다. 주일 한 번 보고 버리는 주보가 아니면 좋겠다는 마음으로 만든 월보였다. 한 주가 아닌 한 달 동안 사용해야 하니 버릴 수 없다. 예배도 미리 한 달의 설교와 찬송, 담당자가 나오니 그런 면에서는 좋은 것 같으나 매주 알림과 사귐은 별도로 만들어지니 좀 아쉬운 면이 있다.

환경 주일인 6월 첫째 주일은 교회에서 자연과 함께 드리는 예배를 드리고, 오후에는 청주의 녹색교회(산남, 다리놓는, 쌍샘)가 두꺼비 원흥이 방죽에서 함께 연합예배를 드렸다. 이땅의 모든 생명과 피조물이 곧 우리와 같은 생명임을 고백하며 자연을 지켜갈 것을 다짐했다.

사랑하는 딸(민소영)로 인해 마음을 잡지 못하고 많이 힘들어 하시던 박옥자, 민태윤 장로님이 동네에 〈할머니 보리밥〉을 열었다. 값도 아주 저렴하고 맛도 있어서 찾아오는 손님들이 줄을 이었다. 잠시라도 딴마음을 먹을 틈이 없었다. 감사했다. 열심히 살아가시는 모습과 조

자연, 문화, 영성의 숨이 있는
쌍샘자연교회이야기

금이라도 권사님의 마음을 잡을 수가 있어서 참으로 다행이었다.

8월 9일부터 10일까지 여름신앙공동체에 한종호 목사님이 오셔서 '역사와 현실, 영성'이라는 주제로 수련회를 인도해주셨다.

10월 26일 LA 향린교회에서 목회하시는 곽건용 목사님이 오셔서 그의 책 《일그러진 영웅, 만들어진 영웅》을 중심으로 '사울과 다윗'에 대한 이야기를 도서관에서 나눴고, 11월 2일 추수감사절 저녁에는 시내 파프리카에서 '가을, 들꽃을 닮은 우리들'이란 이름으로 전 교우들이 모여 저녁 식사와 올 한 해의 영상, 그리고 서로 이야기 나누는 시간을 가졌다. 처음에는 굳이 이런 걸 해야 하나, 했는데 모두 너무 좋았다고 매년 이런 시간이 있으면 좋겠다고 했다.

문화위원회에서는 청년들인 주니어와의 대화, 어르신들인 시니어와의 대화, 또는 공동체 안에서의 다양성과 지향성에 대한 이야기를 통해 서로 다른 사람과 일에 대한 이해와 배려, 공감을 위한 자리와 시간을 가졌다. 사실 꼭 내 이야기나 뜻이 관철되어야만 하는 것은 아닐지 모른다. 다만 알아주기만 해도 우리는 가슴이 짠하다. 쌍샘의 작은 공

자연, 문화, 영성의 숨이 있는
쌍샘자연교회이야기

동체 안에서도 얼마든지 그럴 수 있다. 그 일을 위해 애쓰는 문화위원회가 소중하다. 마지막 주일에는 설교 없이 교우들 한 분 한 분이 골판지에 한 줄 간증을 써서 앞에 나와 나누는 것으로 송년 주일을 가졌다. 잔잔하지만 깊은 울림과 감동을 주었다.

야곱의 식탁은 코로나로 잠시 문을 닫았다가 4월 17일 산골책방 〈돌베개〉로 탈바꿈했다. 2층이 북스테이니 잘 어울릴 것이다. 물론 도서관이 있지만, 책방하고는 다른 차별성이 있다. 특히 코로나로 여행이 쉽지 않고 몰려다니는 것이 막힌 지금은 이렇게 시골 책방이나 북스테이 등으로 가족이나 친구와 함께 조용하면서 쉼이 있고, 책이나 문화나 자연이 있는 곳을 찾아 온다. 도시의 서점도 문을 닫는 상황에 책방을 하는 것이 무모할 수 있지만, 가능하다고 믿고 특히 쌍샘은 돈 이상의 가치와 더 큰 세상을 바라보는 안목이 있다.

2020년 새해, 송구영신 예배를 마치고 대청호 로하스 길을 교우들과 함께 걸었다. 안타까운 소식이 들렸다. 너무 건강하고 밝고 긍정적으로 사시는 남광우 집사님이 폐암 판정을 받으셨다. 병원에서는 어려운 듯 말했지만 우리는 믿을 수 없었다. 전혀 그렇게 보이지도 않았고 이제는 절대로 남 집사님을 놓치지 않겠다는 쌍샘의 가족의식이었다.

새봄과 함께 터키와 그리스 성지순례가 예정되어 있었지만, 코로나19의 상황이 심상치가 않고 동행할 남광우 집사님이 치료를 받아야 하는 이유도 있었다. 상황이 좋아지고, 남 집사님도 치료를 받고 나면 그때 2차 성지순례를 진행하자는 의견이 모아져 연기했다.

우리 교회에 새로운 가족이 되신 한상철 집사님은 교회 앞 교육문화

자연, 문화, 영성의 숨이 있는
쌍샘자연교회이야기

마을에 오솔길 산책로를 내셨고, 산 위에 흙으로 멋진 움막을 지으셨다. 아직은 이용이 뜸하지만 그곳이 집과 교육장으로 사용되기 시작하면 최고의 명소가 될 것이 분명하다.

4) '코로나 19' 너 없이는 불가능한 삶

코로나의 상황은 걷잡을 수 없을 만큼 심각해져 갔다. 우리 교회는 청주에서 교우들이 들어오고 시골의 어르신들이 있다. 혹여 마을에 민폐를 끼치면 안 되고, 또 교회가 이런 일에 솔선수범해야 한다고 생각한다. 교우들과 당회가 같이 회의를 통해 당분간 비대면으로 예배하기로 했다. 밴드와 구역장을 통해 교우들에게 알리고, 예배는 밴드 라이브를 통해 진행되었다.

교회의 모든 것이 중단되었다. 부설로 운영되는 카페나 도서관, 식당도, 예배와 기도 모임, 심방 등도 모두 멈추었다. 머지않아 잠잠해 지고 안정되리라 생각했지만, 상황은 더 어려워졌다. 이런 상황에 박재훈 형제는 3월 13일 순 우리밀로 만드는 빵집 〈브리스〉를 오픈했다. 꼼꼼하고 정직하며 느리게 가는 손길을 통해 건강하고 맛있는 좋은 빵집이 되길 기원했다.

조금 나아지면서 간간이 모이기도 했지만, 상황은 여전히 좋지 않았다. 그러면서 나오는 이야기가 이런 원인과 배경은 환경과 생태의 문제라는 것이다. 기후위기의 문제는 이미 정도를 넘었고, 인간의 개발과 성장에 대한 욕망은 그칠 줄 모르니 자연과 모든 창조의 섭리가 파헤쳐지고 망가져 코로나가 해결된다 하더라도 얼마든지 또 다른 문제가 나오는 것은 이상한 일이 아니라는 것이다.

자연, 문화, 영성의 숨이 있는
쌍샘자연교회이야기

오랜만에 교회 마당에서 자연과 함께 예배를 드렸고, 청주 녹색교회 모임에서는 부모산을 걸으며 쓰레기를 줍는 프로그램을 함께 가졌다. 도서관은 조심스럽게 '봄눈 살짝 여름'이라는 가족 독서 캠프를 열었고, 코로나와 같은 변화의 시대에 교회가 어떻게 역할을 하며 그 본연의 임무를 찾아야 할지 교회의 공공성에 대한 토론의 시간을 틈틈이 가졌다.

문화위원회를 중심으로 교회에 나오지 못하고 모임조차 할 수 없는 현실에서 서로에게 위로를 주고 또 공동체의 힘을 견고히 하기 위해 토요일 오후 3시, 3사람, 3분간 통화하는 '쌍샘 3.3.3 프로젝트'를 가졌다. 코로나로 환경과 자연에 대한 중요성이 부각되었다. 하지만 인류가 과연 그걸 깨닫거나 포기할 수 있을까, 의문이다. 집단으로 무얼 하는 것이 허락되지 않고 이제는 혼자나 같이 사는 가족 중심으로 움직여야 한다. 이럴 때 농사는 정말 괜찮고, 자연으로의 산책이나 여행은 오히려 최고다. 하여간 모든 면에서 새로운 반성과 각성이 일어나고 그래서 인류 문명의 새로운 전환이 일어나야 하겠다.

2020년에 이어 2021년도 코로나의 여파가 많은 것들을 위축시켰고 바꾸어 놓았다. '하나님을 믿는 우리가 무엇이 두려우랴!' 말은 하지만 현실은 그랬다. 사람을 만나는 것도, 더불어 무엇을 하는 것도, 같이 밥을 먹고 이야기하는 것조차 안 되는 일상에서 신앙공동체도 무력하긴 마찬가지였다. 그래도 우리가 한 믿음을 품고 사는 신앙공동체로서 할 수 있는 건 하자는 시도에서 11월 29일 주일 예배 공동체 애찬식에서 우리는 '하늘나라 겨자씨'라는 재난지원금을 나누었다. 남녀노소 상관

없이 교우 150여 분에게 한 사람에게 오만 원씩을 나누었다. 그저 우리가 쌍샘의 한 가족임을 고백하고 표현한 것이다.

답답하고 막힌 가슴을 열어주고자 문화사회위원회에서는 5월 29일, 율리 저수지를 산책하는 '호수를 걷다'를 진행했다. 각자의 차량으로 오고, 식사도 따로따로 하고, 걷는 것도 나누어서 걸어야 했다. 다만 심심하지 않게 중간중간 이벤트를 즐길 수 있는 재미를 넣었다. 모두가 참여하지는 못했지만, 간만에 서로의 얼굴도 보고 시원한 바람을 쐬는 유쾌한 시간을 가졌다.

6월 첫 주인 환경주일에는 교회에서 자연과 함께하는 예배를 드리고 오후에 시내 성안길에서 네 곳의 청주 녹색교회와 다른 단체들도 함께하여 기후위기에 대한 피켓팅으로 홍보 하며 시내 곳곳의 쓰레기를 줍는 플로킹(줍깅)을 했다. 2030년까지 탄소배출을 50% 감축하고, 2050년에는 탄소배출을 제로(zero)가 되게 해야만 한다. 지금은 이 기후위기보다 더 심각하고 중요한 일은 없다고 전문가들은 말한다. 누구도 피해가거나 예외일 수 없는 이 기후위기의 심각성과 절체절명의 순간을 외면해서는 안 된다.

오랫동안 공방과 주말농장으로 사용하던 교회 앞의 터가 주인이 바뀌면서 옮겨야 하는 상황이 발생했다. 처음엔 시간적 여유가 있다고 생각했는데 그렇지가 않았다. 대형 컨테이너는 다른 곳으로 옮기고, 비닐하우스와 닭장, 퇴비장과 주말농장은 교회 뒤편으로 옮기기로 했다. 많은 분들이 애를 쓰셨지만, 특히 한상철 집사님의 수고는 말로 표현할 수 없을 정도였다. 가장 더운 7~8월에 일을 했으니 그 쏟은 땀이 강을 이루었을 것이다.

이제는 녹색은총

교회에서는 한경호 목사님을 주일에 모셔 여름신앙공동체를 아주 짧지만 묵직하게 맞이했고, 돌베개 책방에서는 김삼웅 선생님을 모시고 광복 76주년을 기념한 독립운동에 대한 이야기를 나누었다. 30주년을 앞둔 교회가 교우들과 함께 여러 가지 물음을 나눴다. '쌍샘에 다닌 지는 얼마나 되었나', '쌍샘에 다니며 받은 영향과 변화는 무엇인가', '쌍샘을 어떻게 설명하고 자랑할 수 있는가', '쌍샘 하면 떠오르는 한 마디가 있다면', '쌍샘의 30년에 추억할 게 있다면?', '50년 100년이 되어도 쌍샘이 꼭 지켜갈 게 있다면 그것은 무엇인가?' 등등 이었다.

남광우 집사님의 숨이 조금 더 거칠어지셨다. 언제나 밝은 기운과 말로 만나는 사람들을 따뜻하게 손잡아 주신 분이다. 함께 간절한 마음으로 기도하지만, 다른 무엇이라도 집사님에게 용기를 줄 수 있으면 좋겠다는 마음으로 조그만 흙집을 짓자고 했다. 한상철 집사님이 흔쾌히 받아주셔서 교회와 도서관 사이의 공간에 터를 잡았다. 9월 19일 오후, 남 집사님과 교우들이 빙 둘러 흙집 〈숨〉 기공예배를 드렸다.

재원은 십시일반으로 참여하고 중고자재도 대환영이었다. 전기 없는 순수 자연과 생태건축이다. 가능한 빨리 지어 그곳에서 생명의 숨을 나누기를 소망했다. 너도나도 후원금과 봉사로, 다른 간식이나 식사, 기쁨을 나누는 등 기도와 땀과 물질이 모여지면서 근사한 원형의 집이 모습을 드러냈다.

한편 교회에서는 전체가 모이기 어려운 상황이니 삼삼오오 몇 사람이 함께하는 '교회 안의 교회'를 시작했다. 흙집 〈숨〉, 수화교실, 어르신 자서전, 중보기도, 복음서 읽기, 어르신 사랑방, 책 윤독 모임 등이 꾸려지고 운영되었다. 세 달 정도의 시간이었으니 모여 안내하고 준비

교육문화공동체 단비

꼭 필요할 때 알맞게 내리는
반가운 비와 같은 교육으로
아이들과 함께합니다.

○ 공동체 주요 사업

● 단비대안학교 (중·고등학교 통합과정 - 충청북도 대안교육 위탁기관 지정)

- 영성, 자연, 문화가 함께하는 공동체 삶 속에서 전인교육을 통해 자신을 발견하고 자신의 길을 찾는 삶을 위한 학교
- 자연친화적인 생활방식을 익히며 더불어 사는 삶을 배우고 나누는 삶을 실천하는 학교

교육 목적 | 영성 자연 문화가 함께 하는 학교

교육 목표
- 영 성 온전한 나를 찾아가는 행복한 삶 만들기
- 자 연 자연과 함께 몸과 마음이 건강해지는 삶 만들기
- 문 화 다양한 체험을 통한 성찰의 삶 만들기

교육 과정
- 영 성 인문학(인물탐구), 명상, 사경 배우기, 영상, 독서활동
- 자 연 숲체험, 생태체험, 노작활동(텃밭/가꾸기, 목공, 의식주 살림), 체육활동, 소리환경 교육
- 문 화 문화체험, 예술체험, 진로체험, 역사탐방, 음악활동, 봉사활동(마을행사, 지역봉사)

교육 공간 | 마을 전체가 교육의 장으로 활용

생태자연도서관   마을갤러리   목공방   텃밭

● 민들레학교 (초등 방과후 학교)

민들레가 걸어온 길

1992	모충동 실립공부방으로 시작
2003	낭성 호정리 전화읍 이전
2006	민들레 학교로 명칭 변경
2009~2015	낭성호정자역아동센터로 운영
2016~2018	민간 민들레 학교로 운영
2019	청주행복교육지구 온마을 돌봄사업 운영
2020	청주행복교육지구 마을속돌봄프로그램 운영

민들레학교의 실천 과제

❶ 마을에서 신나게 놀기
❷ 자연이 주는 고마움 알기
❸ 함께의 가치를 알아가기
❹ 서로 배려하고 소통하기
❺ 체험을 통한 다양한 경험 갖기

나, 너, 우리 모두 함께 즐거운 마을 돌봄 공동체

- '우리 마을 아이들은 우리 손으로' 함께 키우면서 마을은 더불어 행복해지고 살맛나는 마을돌봄공동체입니다.
- 아이들은 마을선생님의 관심과 사랑을 받으며, 마을과 자연에서 신나게 놀며 행복하고 건강한 생활로 생태적 감수성과 꿈을 키웁니다.

봄   여름   가을   겨울

● 생태자연도서관 봄눈

사람과 자연을 살리는 생태자연도서관 '봄눈'

1993년 작은도서관 '는뜨나무'로 시작되어 2016년 마을 호정리 전하읍에 생태자연도서관(봄눈)으로 개관하였으며 현재 생태도서관으로 운영하고 있습니다. 생태환경 교육 및 풀뿌리와 연계한 북스테이와 운영하고 있으며 다양한 독서관련 프로그램을 진행하고 있습니다.

꽃밥 주만   마을 전문학당   작가와의 만남   봄눈게 게스트하우스

● 농촌유학사업 준비

도시와 농촌의 행복한 만남

농촌유학은 도시에 사는 아이들이 일정기간 부모곁을 떠나 농촌의 농가 혹은 센터에서 생활하고 시골학교를 다니며 그 지역을 알아가는 교육입니다. 성장기에 있는 아이들에게 자연에서 보고, 듣고, 먼지고, 느끼고, 경험한 체험은 삶을 풍부하게 살아가게 할 밑거름이 될 것입니다.

모집대상 : 초등학생
모집인원 : 상시 모집
유학센터 : 낭성면 전하읍 신촌생태마을

교육문화공동체 단비

교육문화공동체 단비는 청주시 낭성면 호정리에 위치하고 있으며 주민들의 자발적인 참여와 후원으로 운영되는 비영리 민간단체입니다. 자연과 함께하는 공동체생활을 통해 방성과 자연살림의 교육 목표를 가지고 창의성과 전문성 높은 교육, 문화, 예술 프로그램을 계곡해서 다양한 교육 활동을 만들어가는 공동체 입니다.

마을 소개

낭성은 청주의 옛 이름으로 상당산성 봉화의 병참입니다. 낭성은 호정리와 대청반을 끼고 사방이 산으로 둘러 쌓여있는 자연생태마을로 잘 보존된 마을입니다. 상당하늘, 하안하늘, 도로길 마을로 이루어져 있으며 자연과 문화가 어우러진 이곳은 아름답고 살기 좋은 마을입니다.

○ 오시는 길

주   소   충북 청주시 상당구 낭성면 호정전하읍길 150
전   화   043)225-3004 / 010-4946-1220
홈페이지   https://cafe.naver.com/danbi2020
SNS계정   네이버밴드   교육문화공동체단비
     인스타그램   2020welcomerain

자연, 문화, 영성의 숨이 있는
쌍샘자연교회이야기

하고 시작하면서 한 해가 끝났다. 아쉬움을 안고 마감했지만, 가능성을 보았기에 다음에 다시 만들어 시작할 수 있는 희망을 가졌다.

교육문화공동체 〈단비〉에서는 수차례에 걸쳐 협동조합 교육과 모임을 가졌다. 산림청의 그루 경영체의 도움으로 시작했고 계속 안내를 받고 있다. 결국, 사회적 협동조합으로의 창립총회를 열고 모든 계획서와 서류 등을 준비하여 제출했고 1월에 승인을 받았다. 산촌교육마을 〈단비〉가 이제는 법인체로서 산촌유학과 대안교육의 꿈을 열어간다. 여전히 교육청의 지원사업인 마을특색프로그램과 대안위탁교육기관으로서 청소년 교육도 진행하고 있다. 동시에 생태 자연교육과 숲밧줄 놀이 등 다양한 교육 내용을 준비해 가고 있다.

11월 6일, 우리 모두의 간절한 소망을 뒤로한 채 남광우 집사님이 주님의 품에 안겼다. 그동안 제대로 못한 게 많아서 나는 더 하나님을 위해 무언가 해야 한다고 말씀하셨다. 우리도 응원하며 마음을 잡고 정말 주님을 사랑하며 교회를 위하는 집사님이 다시 일어나기를 소망했다. 하지만, 우리가 무얼 해서 사랑을 받는 것은 아니었다. 행위가 있어 구원을 받거나 그분의 은혜를 입는 것이 아니었다.

집사님은 이미 주님을 새롭게 만나셨고, 말씀을 통해 깊은 교감과 사귐의 시간을 가지셨다. 교회와 우리 모두에게 주님이 누구신지와 어떻게 살아야 할지를 다 나누어주시고 주님께로 가신 것이다. 알지만, 그래도 슬프고 아픈 마음은 이루 말로 할 수 없었다. 일이 손에 잡히지 않고 멍한 채 시간의 흐름을 감지할 수 없었다. 가족들이 몸도 마음도 잘 추스르고 일상으로 돌아올 수 있기를 기도했다.

교회는 예정된 '쌍샘, 가족의 날'을 진행했다. 구역별로 식사를 하고, 시내 CGV에서 '기적'이란 영화를 함께 감상했다. 한 사람의 꿈이 이루어내는 실화를 바탕으로 한 영화다. 꿈이란 하늘의 것이 아니라 이 땅, 내 삶에서 펼쳐지고 실현되는 더 아름답고 평화로우며 모두를 행복하게 만드는 것이다. 흙집은 지붕까지 마무리하고는 날씨가 추워져 물과 흙을 만질 수 없어 중단했다.

그동안 여러 차례 방송이 문제가 많았는데, 이용수 집사님이 교회 방송실을 대폭 손보았다. 앰프와 컴퓨터도 교체하고 무엇보다도 영상 카메라를 여러 대 설치하여 방송할 수 있게 했고, 1층에도 대형 모니터를 설치하여 흩어져 예배할 수 있도록 했다. 수고하고 섬긴 손길에 감사하며 대림절과 성탄의 은총이 우리 앞에 와 있음을 느낀 시기이다.

쌍샘이 30년을 맞는 2022년, 올해를 그린 엑소더스(Green Exodus)의 해로 정했다. 이는 우리가 새로운 시대를 맞는 의미도 있지만, 기후위기와 생태 자연의 운명이 매우 위험한 처지에 있음을 알고 있기 때문이다. 이는 2021년 기독교환경운동연대가 이미 10년 프로젝트로 그린 엑소더스를 선언했고 1) 회색에서 녹색으로, 2) 탐욕에서 은총으로, 3) 좌절에서 은총으로의 실천에 녹색교회인 우리도 뜻을 같이한다는 의미이다.

녹색 출애굽을 향한 여정의 하나로 12권의 책을 정하여 함께 읽고 이야기 나누는 시간을 갖는다. 역시 영성, 자연, 문화의 주제와 영역으로 나눠 더 고민하고 갖추어야 할 것을 정하며, 배우는 신앙과 공

자연, 문화, 영성의 숨이 있는
쌍샘자연교회이야기

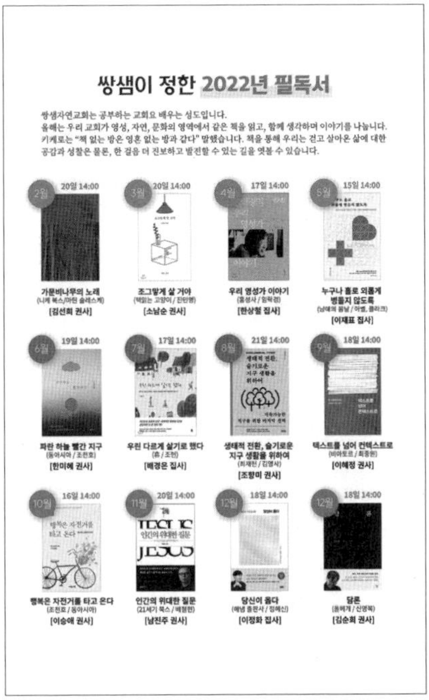

쌍샘이 정한 2022년 필독서

쌍샘자연교회는 공부하는 교회요 배우는 성도입니다.
올해는 우리 교회가 영성, 자연, 문화의 영역에서 같은 책을 읽고, 함께 생각하며 이야기를 나눕니다.
키케로는 "책 없는 방은 영혼 없는 방과 같다" 말했습니다. 책을 통해 우리는 걷고 살아온 삶에 대한 공감과 성찰은 물론, 한 걸음 더 진보하고 발전할 수 있는 길을 엿볼 수 있습니다.

2월 20일 14:00
가문비나무의 노래
(니케 북스/마틴 슐레스케)
[김선희 권사]

3월 20일 14:00
조그맣게 살 거야
(책읽는 고양이 / 진민영)
[소남순 권사]

4월 17일 14:00
우리 영성가 이야기
(홍성사 / 임락경)
[한상철 집사]

5월 15일 14:00
누구나 홀로 외롭게 병들지 않도록
(낮은의 몸날 / 아벨, 클라크)
[이재표 집사]

6월 19일 14:00
파란 하늘 빨간 지구
(동아시아 / 조천호)
[한미혜 권사]

7월 17일 14:00
우린 다르게 살기로 했다
(휴 / 조현)
[배경은 집사]

8월 21일 14:00
생태적 전환, 슬기로운 지구 생활을 위하여
(최재천 / 김영사)
[조향미 권사]

9월 18일 14:00
텍스트를 넘어 컨텍스트로
(비아토르 / 최종원)
[이혜정 권사]

10월 16일 14:00
행복은 자전거를 타고 온다
(조천호 / 동아시아)
[이승애 권사]

11월 20일 14:00
인간의 위대한 질문
(21세기 북스 / 배철현)
[남진주 권사]

12월 18일 14:00
당신이 옳다
(해냄 출판사 / 정혜신)
[이정화 집사]

12월 18일 14:00
담론
(돌베개 / 신영복)
[김순화 권사]

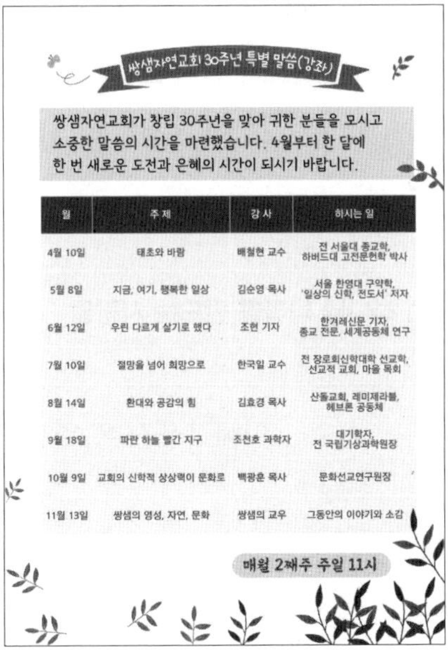

쌍샘자연교회 30주년 특별 말씀(강좌)

쌍샘자연교회가 창립 30주년을 맞아 귀한 분들을 모시고
소중한 말씀의 시간을 마련했습니다. 4월부터 한 달에
한 번 새로운 도전과 은혜의 시간이 되시기 바랍니다.

월	주 제	강 사	하시는 일
4월 10일	태초와 바람	배철현 교수	전 서울대 종교학, 하버드대 고전문헌학 박사
5월 8일	지금, 여기, 행복한 일상	김순영 목사	서울 한영대 구약학, '일상의 신학, 전도서' 저자
6월 12일	우린 다르게 살기로 했다	조현 기자	한겨레신문 기자, 종교 전문, 세계공동체 연구
7월 10일	절망을 넘어 희망으로	한국일 교수	전 장로회신학대학 선교학, 선교적 교회, 마을 목회
8월 14일	환대와 공감의 힘	김효경 목사	산돌교회, 레미제라블, 헤브론 공동체
9월 18일	파란 하늘 빨간 지구	조천호 과학자	대기학자, 전 국립기상과학원장
10월 9일	교회의 신학적 상상력이 문화로	백광훈 목사	문화선교연구원장
11월 13일	쌍샘의 영성, 자연, 문화	쌍샘의 교우	그동안의 이야기와 소감

매월 2째주 주일 11시

부하는 교회로 가고자 한다. 2022년은 교우들과 함께 읽을 책 12권을 정했다.

2022년 쌍샘자연교회는 30주년 특별기념 강좌의 시간을 갖는다. 4월부터 10월까지 매월 둘째 주일에 배철현(전 서울대 종교학 및 하버드 고전문헌학 박사), 김순영(서울 한영대 구약학), 조현(한겨레 기자, 세계·공동체 연구), 한국일(장로회신학대, 선교적 교회), 김효경(산돌교회, 레미제라블), 조천호(대기학자, 전 국립기상과학원장), 백광훈(문화선교연구원장) 등 귀한 분들이 오셔서 함께 배우고 익히는 은총의 시간을 갖는다.

또한, 쌍샘의 30년 이야기를 정리하여 그동안의 일과 삶에 대한 평가와 전망을 받고자 한다. 물론 그동안 한결같은 마음으로 힘을 모아주고 오늘에 이르기까지 애쓰고 눈물과 기도로 함께한 모든 교우들에게 위로와 감사도 나눌 것이다. 그리고 이 모든 일의 배후엔 언제나 하나님이 계셨고 그분의 시나리오가 있어 오늘이 있음을 안다. 하나님을 향한 우리의 신앙고백과 마음 모음이 온전히 하나님의 영광이 되길 소망한다.

5) 들꽃을 닮아가며 하나님 나라를 만드는 사람들

이혜정 권사 외 영성, 자연, 문화위원회

들꽃이 천지에 피어 있다. 백창우 님의 '꽃은 참 예쁘다'는 노래가 있다. "꽃은 참 예쁘다. 풀꽃도 예쁘다 이 꽃 저 꽃 저 꽃 이꽃 예쁘지 않은 꽃은 없다." 쌍샘의 둘레에는 제비꽃, 애기똥풀, 꽃잔디 등 온갖 꽃들이 피고진다. 하나하나 보아도 귀하고 예쁘지만, 무리로 피어있으니 그윽하고 그득하다. 낮고 소박한 꽃들과 초록 풀들이 어울려 있고, 나지막하게 놓여 있는 교회와 주의 손가락으로 만드신 주의 하늘이 어울어진 쌍샘, 우리는 이 풍경을 사랑한다.

들꽃을 닮은 사람들이 '지금, 여기'에서 하나님 나라를 이루는 곳, 쌍샘이다. 가녀리지만 철을 알고 피어나는 들꽃을 보며 우리는 계절의 섭리와 하나님의 은총을 경험한다. 교회 강단에도 들꽃이 피어 있고, 사랑방 카페에도 들꽃이 새초롬하게 놓여 있다. 들꽃에는 하나님이 주신 햇빛과 바람의 무한한 은총이 있지만, 시간의 유한함도 있다. 작은 꽃이어도 온 힘을 다해 피어나야 하며, 또한 어울려 피어날 때 더해지는 아름다움이 있다. 우리가 경험하는 하나님 나라도 이러하다.

하나님이 주신 무한한 은총을 날마다 숨 쉬는 순간마다 경험하지만, 이 생명이 또한 유한함을 알고 무한의 하나님에게 기대어 살아가게 된다. 단독자로서 하나님을 고백하며 살아가지만 너와 나 사이에 이루는, 그 사이에 계시는 하나님을 고백하며 살아갈 수밖에 없다.

신앙공동체인 쌍샘이 서른 살이 되었다. 예수가 공생애를 시작하신 서른 살, 우리는 이제 어떤 시간을 경험하게 될까, 자못 설레이며 기대해 보니, 이미 지나간 시간 속에 우리를 향한 그분의 은총이 오롯이 들어있음을 깨닫는다. 감사하다

누군가 물었다, 우리는 왜 쌍샘에 있지요?

착한 빛으로

• 김선희 권사/우리는 그저 착한 것 같아요. 쌍샘에 머무는 사람들이 착하고 선해서 생각만 해도, 만나기만 해도 그저 마음이 덩달아 착해집니다. 각박한 세상과 다르게, 순수하게 착해지게 하는 곳, 제가 쌍샘에 있는 가장 중요한 이유예요.

• 이혜정 권사/혹시 자연을 닮아 그런가요? 사람이 만든 것은 울퉁불퉁해도 하나님이 만드신 자연은 모두 어울려 있잖아요. 모두 착하게 어울려 있어요. 자연과 이웃하니 착해지는 은총이 우리에게 있습니다

• 하재찬 집사/지난주 우리 교회를 다녀가신 분이, 우리가 예배 송영으로 부르는 '교회 가는 길'에 '울퉁불퉁 모난 내 모습, 맑은 물에 씻기어' 소절을 부르는데 갑자기 울컥했다고 합니다. 우리 교회가 주는 착한 말과 착한 그림이 있습니다. 풍경부터 위압적이지 않고 착하니 이곳에 있는 동안에 모두 착해지나 봅니다

• 김순희 권사/ 평상시에는 잘 드러나지 않지만 누군가 어려운 일이 있으면 그 힘을 느끼게 돼요. 함께 아파하고 함께 마음을 내는 것이 정말 형식이 아니라 공동체 전체가 움직이는 듯한 느낌, 우리가 새끼손가락 하나만 아파도 온몸이 불편하잖아요. 누구 하나가 아프면 그렇게 온몸에 영향을 받는 그런 느낌으로 공동체가 착하게 움직이는 게 저는 쌍샘의 큰 힘이라고 생각해요.

 '착.하.다.'라는 말이 그리 칭찬이 아닌 시대에 살고 있다. 착한 것보다는 유능하다, 능력 있다는 말이 더 대접받는 시대이다. 바로 이 시대

의 가치를 그대로 보여준다. 세상이 착하기만 하지 않기에 사람도 착하면 손해를 본다는 안타까움이 들어있는 말이다. 그런데 쌍샘은 착하다. 우리들끼리 하는 말이지만 쌍샘의 이곳이 그만 착해서 이 안의 우리도 그만 착해진다.

평등의 공동체를

• 이혜정 장로/저는 우리 교회가 권위의식이 없는 게 좋아요. 한마디로 평등이죠. 제가 20년 전 교회에 와서 놀란 것은 교인들이 목사님에게 밥 달라고 하고, 목사님은 웃으며 조금만 기다리라고 하시는 것을 보면서 놀랐어요. 제가 그전에 다니던 교회의 문화와는 전혀 달랐거든요. 목사님이 권위의식이 없으세요.

• 연경자 장로/초기에 이질감이 느껴질 때가 있었습니다. 백 목사님의 선한 모습이 기억에 있고 어려울 때마다 기도와 도움을 요청하기는 했지만, 교회공동체에서도 상명하복이 아니라 친구처럼 지내는 모습이 낯설었습니다. 심지어 우리 교회는 평신도가 강대상에 올라가 공예배 사회를 보잖아요. 기도도 평신도가 모두 돌아가면서 하구요. 처음에는 어떻게 하려고 하나, 예배의 거룩성이 떨어지는 것 아닌가 하는 염려가 있었습니다. 그런데 이제는 '아~ 쌍샘에는 모든 사람들이 평등하게 예배자로 참여하는구나, 하나님 아래 모든 사람이 귀하다'는 것이 쌍샘의 문화이며 목사님의 목회철학이구나 하는 생각을 합니다

• 이혜정 권사/제가 교인들과 쌍샘에 대해 이야기 하다 보면 꼭 목사님 이야기가 나와요. 교인들이 목사님을 전적으로 신뢰하고 목사님의 목회를 함께 돕겠다는 마음이 강합니다. 목사님의 목회를 궁금해하

면서 함께 하려는 힘이 저는 귀하게 생각됩니다. 또 목사님이 쓰신 30년사 초안을 보니까 교인들에게 고마워하는 마음이 애틋하게 전해졌어요. 목사님과 교인들의 강한 신뢰와 평등한 관계가 쌍샘을 쌍샘이게 하는 문화입니다.

권위는 일부러 만드는 것이 아니라, 서로가 가지고 있는 신뢰 속에 만들어진다. 목사와 교인들의 격의 없는 관계는 교인들의 관계 속에서도 나타난다. 제도교회에서 직분이 없을 수 없지만, 직분으로 세워진 교인들도 권한이 아니라 역할과 책임으로 인식하고 있다. 공동체 의식이 강하다 보니 의사결정은 매우 느리지만 함께 가는 것과 강제하지 않는 것. 흐르는 물처럼 자연스레 물들며 가는 것이 쌍샘의 문화이다.

쌍샘의 공동체는 마치 둥그런 밥상에 모여있는 가족 같다. 중심도 따로 없고 주변이 배제되지 않으며 하나님 앞에서 모두 평등하게 존재하는 둥그런 원의 공동체, 그런데 그 사이사이 살짝 들추어보아라. 갈피갈피 하나님 나라가 숨겨져 있다.

'영성, 1전(傳)의 삶,' 우리의 이웃은 누구인가

교회공동체는 선교하는 공동체이다. 예수그리스도의 삶을 자기 삶에 실천하며 하나님 나라의 도래를 알리는 복음의 사역, 하나님 나라를 이곳에 이루기 위한 선교 활동을 한다. 쌍샘 신앙공동체가 고백하는 하나님은 어떠한 분이시며, 그분은 공동체 안에 어떤 모습으로 드러날까.

자연, 문화, 영성의 숨이 있는
쌍샘자연교회이야기

어느덧 닮아가는 우리들

우리에게 물었다. 당신이 고백하는 하나님은 어떤 분이신가요?

연경자 장로/내 삶의 의미입니다. 나를 살아있게 하며 내 존재를 의미 있게 해주시잖아요

• 백영기 목사/따뜻한 분이지요. 항상.

• 김순희 권사/선택의 하나님. 매 순간 선택해야 하는 순간을 주시는 하나님이에요. 무엇을 선택하느냐가 곧 그 사람인 것 같이 쌍샘 공동체도 늘 다른 것을 선택해서 지금 남다른 모습으로 있다고 생각합니다.

• 이혜정 장로/거울입니다. 말씀으로 계시며 그 말씀을 통해 내 모습이 그대로 보여요.

• 이영일 목사/하나님은 나의 아버지이십니다.

• 김선희 권사/불기둥 구름 기둥으로 나를 인도하는 하나님, 더울 때 구름 기둥만 있어도, 추울 때 불기둥만 있어도 살 것 같잖아요, 하나님의 센스가 정말 뛰어납니다.

• 조향미 권사/나를 숨 고르게 하시는 분입니다. 바쁘게 일상을 살다가 한 번씩 멈춰서 숨 고르게 하시는 하나님이에요

• 소남순 권사/내려놓게 하시는 분, 나의 걱정도 나의 욕심도, 하기 싫은 것도 하나하나 다 내려놓게 하십니다

• 백홍기 장로/생명의 하나님. 나에게 생명을 주시고 지금도 나를 살아있게 하시는 분입니다

• 하재찬 집사/탕자의 하나님. 탕자인 나를 늘 기다려주시고, 채워주시고, 새로운 기회를 주시는 하나님입니다

• 이혜정 장로/흙으로 나를 지으시고 그 코에 숨을 주시며 나를 세

상에 보내신 분. 숨을 주시며 저에게 하신 말씀이 있을 거예요. 그리고 그 말씀을 찾아헤매는 저를 안쓰럽게 보시며 지켜보시는 분, 기대하시는 분입니다.

•김종철 목사/불기둥 구름 기둥으로 인도하시는 하나님. 이곳에 온 것도 그간의 과정도 하나님이 하셨습니다.

•이귀란 권사/말뚝이지요. 한껏 도망쳐도, 한껏 외면해도 돌아보면 매여있는.

•이정화 집사/나의 삶과 죽음을 권장하시는 멋진 하나님이십니다.

각각 고백하는 하나님은 모두 다르다. 각각의 경험 속에 고백 되어지는 하나님이 모두 똑같을 필요는 없다. 하지만 사람은 누군가를 존경하고 따르면 닮게 마련이다. 성도는 그리스도를 따르는 무리이다. 내가 고백하는 예수의 모습대로 우리는 신앙생활을 한다. 그러고 보니 우리들이 고백하는 하나님의 형상이 어느덧 각각의 모습 속에, 그리고 우리 안에 보인다. 신앙공동체는 이렇듯 다양하지만 뜨거운 고백을 지닌 각각의 작은 예수들이 함께 도우며 나누며 예수님의 뜻을 따라서 살아가는 공동체이다.

내가 고백하는 하나님, 우리가 고백하는 하나님, 그 다름과 같음 속에 온전함을 찾아가며 채워가고 있다. 우리는 신앙공동체를 이루며 거룩함을 찾아가고 거룩함을 드러낸다.

1전(像)의 삶

어떤 사람이 여리고로 내려가다가 강도를 만났다. 누가 강도 만난 사람의 이웃이며, 나는 누구의 이웃이 될 것인가.

모든 교회가 선교에 열심이다. 쌍샘도 예외는 아니다. 하지만 그 내용이 좀 색다르다. 모충동 시절의 쌍샘에게 이웃은 골목에 방치되어 있는 어린이들이었다. 배고프고 재미없고 내일을 기약할 수 없는 어린이들에게 든든하고 따뜻한 이웃이 되어준 쌍샘. 그 시절 쌍샘을 만난 어린이들은 쌍샘이 베푼 빵이 복음이었고, 햇살이었으리라.

• 이혜정 장로/초창기 우리도 전도지를 들고 전도하러 다녔습니다. 그러다가 깨달았어요. '먼저 우리가 세상의 빛과 소금이 되면, 결국 그 빛으로 전도가 되지 않겠느냐'는 것이예요. 우리가 신앙인의 모습대로 사는 것, 행동하는 믿음을 보여주는 것이 전도라고 생각해요.

많은 사람이 저에게 물어요, 교인 많이 늘었는지. 그런데 우리 교회는 교인수가 늘어나는 것보다 우리가 예수의 가르침대로 사느냐가 언제나 중요하다는 생각을 가지고 있습니다.

• 김순희 권사/쌍샘은 늘 시대의 아픔과 함께했습니다. 얼마전 예전 주보를 뒤적이는데 주보의 글과 메시지가 매우 저항적이고 도전적이었어요. 그때는 엄혹한 독재 시절이기도 했지만, 그 시절 쌍샘의 청년성, 정의, 가난한 사람과 함께 하고자 하는 우리의 신앙고백을 다시 엿볼 수 있었습니다. 오히려 저는 지금이 사회정의에 조금 약한 것 같은데요.(후후)

• 이혜정 권사/시대정신과 함께 하는 것, 곧 누구와 이웃하느냐가 선교라고 생각해요. 쌍샘이 모충동 가난한 어린이들을 돌보며 빈민선교를 했다면, 낭성으로 와서는 아파하는 지구를 돌보는 환경선교를 했

다고 자부합니다. 그 시대 가장 아픈 자들과 함께 하는 것, 그들을 돌봄으로 이웃하는 것이, 정의요, 평화라고 생각합니다.

각 사람의 하나님 고백이 다르듯 각 교회도 공동체로서의 사명이 다르다. 우리는 누구의 이웃이 되고 있는가의 고백이 결국 그 사람과, 공동체의 선교현장이다. 모충동 10년, 쌍샘은 그 지역의 가난한 이들과 함께 하나님을 고백했으며, 낭성 20년은 곧 하나님이신 자연의 아픔을 보며 생명의 하나님, 살림의 하나님을 고백했다.

세상의 신음 소리를 듣고 외면하지 않았으며, 조용하지만 단단하게 아픈 이웃과 자연을 이웃하는 것, 이러한 일을 통해 하늘 신앙을 회복하고 자기됨(사람됨)을 회복하고 다른 존재와의 사랑과 나눔의 관계를 이루어 내는 것이 쌍샘의 신앙고백이다.

'자연, 1소(素)의 삶 ' 손으로 일구는 살림과 자족

쌍샘에 자연을 더하여 쌍샘자연교회가 되었다. 모충동 쌍샘골에서 시작된 교회가 쌍샘교회이고, 자연으로 돌아와 '자연'이 더해졌다. 하나님을 사랑하고 이웃을 사랑하라 했으니 자연이신 하나님을 사랑하고 땅에 기대어 살아가는 모든 생명체를 사랑하라는 명령이다. 자연스럽게 사는 것은 어렵다. 자연스러움이 어렵다니 아이러니 하지만 회색의 문명으로 길들여진 삶을 초록의 자연으로 바꾸는 것은 회심 에너지가 필요하다. 자연이 늘 변하니 우리도 변해야 하며, 자연이 늘 노동하니 우리도 늘 노동해야 한다. 그러나 우리 모두는 이것을 은총으로 고백한다.

창조의 은총을 고백하며

• 백홍기 장로/일반적으로 구원의 신앙을 강조하는데 우리 교회는 창조신앙을 함께 고백합니다. 태초에 세상을 만드시고 운영하는 하나님을 고백하면서, 우리의 삶과 문화도, 그 신앙과 함께 많이 변할 수밖에 없어요. 자연학교, 놀이학교 등을 해서 그런지 우리 아이들을 보면 자연에서 튼튼하게 자라고, 자연을 닮아 소박한 꿈을 가지고 있어요.

• 소남순 권사/우리 교회는 작은 것에 주목합니다. 우리 주변에 작은 것이, 힘 없다 생각하는 것이, 늘 있어서 소중하게 생각하지 않는 것이, 눈에 잘 안 띄는 것이 결국 힘이 있다는 생각이 들어요. 햇빛 바람 물, 모두 무상으로 주어지고 무상으로 사용할 수 있는 것들인데 그게 곧 생명이잖아요. 가장 힘없다 생각하는 것이 가장 힘있는 것이라는 고백을 하게 됩니다.

• 하재찬 집사/모든 작은 생명이 하나님이다. 만물 안에 생명이 있고, 그 생명이 사람의 빛이라는 말씀이 있잖아요. 들꽃 하나하나에 있는 신성을 볼 줄 알고 결국 우리 스스로의 신성을 찾아내는 것, 그것이 자연교회인 쌍샘에서 잘 드러납니다.

• 이혜정 권사/저는 시편 8편, '주의 손가락으로 만드신 주의 하늘과 주께서 베풀어 두신 달과 별들을 내가 보오니'라는 구절을 읊조리며 참 행복합니다. 아름답게 느껴져요. 하나님의 창조 은총에 감사하고, 창조 노동에 동참할 수 있는 것이 선물이자, 거룩한 부담이라고 생각합니다.

손으로 노동하며

• 이혜정 권사/저는 처음 쌍샘에 와서 깜짝 놀랐습니다. 권사님들이 뭐든 뚝딱하고 만드는 거예요. 성찬기도 직접 만들고, 커튼도 직접 만들고, 물컵도 직접 만들고.

• 김선희 권사/사랑방 카페도 직접 지었잖아요. 흙집도 손으로 직접 짓고. 손으로 하는 것을 참 잘해요. 그래서 노아 공방도 있구요. 우리 교회는 손으로 직접 하는 것을 소중하게 생각하는 것 같아요. 저도 쌍샘에 와서 뭘 많이 만들게 되고 뭘 많이 배웠어요.

• 소남순 권사/사랑방 카페 옆에 있는 데크 있는 곳, 그곳이 처음에 모두 돌이었어요. 그곳을 주말마다 와서 치우고 갈고 닦아내며 지금 그 모습입니다. 아름다운 모습은 원래부터 있는 것이 아니라 사람의 노동으로, 마음으로 만들어지는 것 같아요. 사랑의 수고로움이지요

• 하재찬 집사/그러고 보면 하나님은 최초의 노동자이시며 최초의 농부셨지요. 그런데 우리는 손으로 노동하고 하나님은 사람 외에는 말씀으로 창조하시어 우리보다 수고가 덜 했을까요?(후후), 여하튼 쌍샘은 늘 노동이 많습니다. 농부이며 목수의 아들로 오신 예수님의 노동을 잘 배워가고 있습니다.

1소(素)의 삶

• 이혜정 장로/낭성에 들어온 초창기는 그야말로 자급자족이었습니다. 아무것도 없으니 자급자족을 할 수밖에 없고, 소박할 수밖에 없었어요. 그래도 우리는 너무 감사했어요. 뭐 하나 만들어 놓고 기뻐하고 뭐하나 들여놓고 감격하고. 우리가 감사할 수 있는 것은 많이 있어

자연, 문화, 영성의 숨이 있는
쌍샘자연교회이야기

서가 아니라, 무엇이 없어도, 그러할지라도의 감사였지요. 저는 이것이 우리가 이야기하는 '소(素)'라고 생각합니다

• 이혜정 권사/저는 연결이라고 생각해요. 작고 낮은 것은 홀로 존재하기보다 누군가에게 존재하게 되잖아요. 내가, 내 생명이, 내 존재가 다른 생명과 연결되어 있다는 생각이, '나'만의 탐욕이 아니라 '우리'의 필요라는 생각으로 닿게 합니다.

• 소남순 권사/ '소박'하게 사니 나누게 됩니다. 내가 가진 것을 자랑하는 게 약간 부끄러워지는 분위기가 있어요. 신앙생활 잘하면 복받는다는 말보다, 주신 그것만으로도 감사하고, 나누면 더 풍성해지는 말을 더 많이 들어요. 소박한 옷에 낮은 신 신게 하신 하나님의 은총이 감사합니다.

하나님은 이 아름다운 땅을 창조하시고, 생명 있는 창조물로 이곳을 풍부하게 채우셨다. 그래서 우리는 고백한다 '하나님이 계십니다. 그것으로 충분합니다' 하나님이 주신 것을 있는 그대로 감사하며 자족하는 것이 우리가 고백하는 1소(素)이다. 어찌 하나님의 은총이 아니랴, 우리의 땅을 창조하시고, 그 안에서 살아가는 당신의 백성을 창조의 노동 아래 축복하시는 하나님을….

'문화' 시대정신을 읽는 배움과 성장

성서의 인물들을 보면 그들의 마음과 삶에 빈자리가 보인다. 그럼에도 불구하고 그들의 위대함은 그들의 삶에 '하늘이 깃들일 자리'를 만들어 두었다는 것이다. 많은 일로 염려하고 들떠 바빠하는 현대의 삶

의 자리에, 가만가만 아름다움을 채워 넣는 일이 쌍샘의 문화사회 공동체사역이다.

자연을 닮은 문화가 스며들다

• 백홍기 장로/쌍샘은 열려있는 공동체입니다. 한 번도 문을 닫은 적이 없어요. 심지어 카페에 돈이 들어있는 함이 있어도, 착한 살림에 온갖 물건이 있어도 우리는 열려있습니다. 무인으로 운영하고 있는데, 그 힘은 사람에 대한 믿음이 아닐까요.

• 김순희 권사/청년 시절에 여성 신학을 접해서인지, 저는 남녀 구분을 안 하게 되는 것 같아요. 식사 당번도 남녀가 같이 해야하고. 아직 성역할에서 미비한 점이 있어도 대체로 그런 지향을 가지고 있다고 봅니다.

• 이혜정 장로/다양성요, 신앙생활을 하다 보면 교리 중심으로 '안 된다' '안 된다' 하는 것이 많은데 우리 교회는 대체로 모든 것을 수용하는 편입니다. 그래서 오해를 받기도 하지만 그 다양함을 인정하면서 가다 보면 결국은 하나로 만들어지는 것 같아요.

• 이혜정 권사/공감. 쌍샘은 지향점이 분명하지만 그렇다고 맑은 물 흐린 물을 가르지 않아요. 흐린 물줄기 만나도 뒤엉켜 가고, 맑은 물 뒤척이며 힘내서 가는 물을 닮아있기도 합니다. 어느 때는 그것이 답답하기도 합니다. 좀 더 명료하면 어떨까라는 생각이 들지만 멀리 가는물, 힘내서 함께 가는 물이 쌍샘의 문화라고 하니, 제가 물들어야죠.(후후)

자연, 문화, 영성의 숨이 있는
쌍샘자연교회이야기

배우며 성장하며

• 김선희 권사/교인들에게 뭘 하라고 하는 게 많아요. 그냥 예배만 드리면 좋은데, 한 번도 해본 적 없는 예배사회를 보라고 하고, 앞에 나와서 생활 나눔을 하라고 하고, 편지나눔을 하라고 하고. 엄청 부담스러운데 또 그냥 하게 되더라구요. 그러면서 우리가 조금씩 성장하게 됩니다

• 이혜정 권사/쌍샘의 예배도 문화도 늘 바뀌니까, 그에 적응하려면 우리가 성장할 수밖에 없죠. 하나님 나라는 겨자씨처럼, 누룩처럼 커진다고 하니, 우리는 쌍샘을 만나서 하나님 나라를 경험하고 있네요. 농담으로 우리가 그런 이야기 했습니다. 쌍샘은 우리들을 너무 피곤하게 한다고.(후후)

• 이혜정 장로/특히 올해는 읽을 책이 너무 많아요. 그린 엑소더스, 매월 1책, 사랑방 인문학당 등 늘 읽고 말하고 배우게 합니다. 주보에 있는 글만 읽어도, 시만 읽어도 저의 삶이 풍성해져요.

• 소남순 권사/성서의 말씀이 기본이지만 그 성서를 읽고 해석하는데 다양한 인문학적 소양, 시, 사회과학 서적, 다양한 강사님들을 통해 좀 더 확장된 신앙관, 세계관을 가지게 되었어요. 그러다 보니 사회문제에 관심을 가지고, 시대 정신과 함께 하려는 마음이 생기는 것 같아요. 저의 경험과 인식이 점점 커지고 있습니다.

1감(感)의 삶

• 백홍기 장로/한 여름밤에 트럭을 세워놓고 영화제를 하는 것, 역사문화를 탐방하며 역사와 시대를 읽는 것, 청소년과 목사님이 마냥

걸으며 땅과 서로를 의지하는 것. 이 모든 일이 아름다운 추억이고, 감동의 삶입니다. 저는 아름다움이 사람들의 기쁨 속에 있다고 생각해요

• 하재찬 집사/쌍샘이 주는 다양한 감(感)이 있지요. 소박하니 정갈한 교회 건축물, 온갖 것이 있지만 비움의 미학이 있는 마당, 그곳에서 뛰노는 어린이와 개, 고양이. 이런 풍경이 저절로 만들어진 건 아니지요. 시간과 그 시간을 채우는 사람들의 가치가 그대로 쌓였기에 현재의 모습이 있습니다. 아~ 세상을 향해 던진 언어에도 쌍샘의 언어가 있습니다. 우리 교회에 처음 온 사람들이 느끼는 풍경의 소박함과 성전 안에 들어서 만나는 '하나님이 계십니다. 그것으로 충분합니다.'는 신앙의 언어가 만나 더 큰 감동을 주지요

• 김선희 권사/사회문제에 동참하려는 것도 중요한 감(感)입니다. 저는 쌍샘에서 했던 기부행위 등을 우리 아이들이 연계하여 잘 이어나가도록 하고 있습니다. 이런 기회가 있는 게 감사하고 아름다운 삶의 기획이라고 봐요.

예수는 '봄'이다. 겨우내 움츠리고 있던 것들이 아름다운 모습을 드러내며 사람들은 왠지 가만히 있을 수가 없다. 봄이 자꾸 툭툭 치며 말을 건넨다. '봄'을 살아내라고, '아름다움'을 드러내라고, '함께-기뻐하라고' 아름다운 쌍샘교회는 교인들을 가만히 두지 않는다. 조용조용 가만가만 무엇이든지 드러내라고 한다. 이곳 쌍샘에서는 선한 것, 소중한 것이 드러나 꿈틀꿈틀 생동하게 한다. 예수의 봄을 살아내게 한다.

예수는 하찮은 겨자씨에게서 백향목의 영광을 보고, 속된 누룩에서 거룩한 하나님 나라의 현실을 보여주었다. 예수의 삶이 곧 하나님 나

자연, 문화, 영성의 숨이 있는
쌍샘자연교회이야기

라의 현실이듯, 그를 따르는 우리도 작고 소박하지만, 공중의 새들이 깃들 하나님 나라를 짓고 있는 것이다.

그리스도인 속에는 '하나님의 씨'가 있다고 한다. 사람의 헤아림으로는 씨가 자랄 가망이 없는 박토에 씨를 뿌렸지만, 우리는 씨뿌리는 사람의 기대와 기쁨을 버리지 않았다. 어느덧 '밤낮 자고 깨고 하는 중에 씨가 나서 자라(마가복음 4:26)'고 꽃이 피었다. 우리가 자고 있는 동안에도 씨는 성장을 멈추지 않았으며 하나님은 일하셨다.

이 놀라운 은총을 감격해 하며 고백하는 서른살, 쌍샘. 서른의 굽이를 돌아서면 또 어떤 길이 우리를 기다리고 있을까.

신앙생활을 한다는 것은 곧 사사로운 개인에서 공공의 사람으로 변화되는 것이라고 한다. "너희는 그리스도의 몸이요 지체의 각 부분이라." 하신 말씀은 우리에게 하나 되는 정의와 하나되는 평화와 하나되는 사랑으로 함께-살아내라는 말씀이다. 한 사람 한 사람은 죄인이요 형편 없을지라도, 더불어 한 몸을 이루며 공동체를 이루니, 보이지 않았던 것이 보이며, 느끼지 못했던 것이 느껴지며, 내밀지 못했던 손을 맞잡게 된다. 우리는 쌍샘을 통하여 '사회적'과 '영성'을 만나 더 아름다운 삶을 만들게 되었다.

광야의 은총을 이미 본 우리들은 여전히 꿈을 꾼다. 그 길이 험할지라도 은총으로 고백하며 온 힘으로 꽃을 피워내려는 사람들이다. 내 꽃 한 송이 피는 것이 봄이 아니라 다 같이 피어야 봄이 온다는 것을 눈으로 보고 느끼며 살아가는 사람들이다. 그래서 우리로 함께 살아감을 체득한 사람들, 이 들꽃 같은 사람들이 곧 쌍샘이다.

몸과 영혼이
뿌리 깊은 나무처럼

어린이, 청소년, 청년

1) 아기 학교, 청소년부 1박 2일, 라오스 비전 트립

2021년 새봄과 함께 도서관 2층에서 '아기 학교'가 시작되었다. 한 달에 한 번 토요일에 취학 전 유아들을 위한 말씀과 기도의 시간을 갖고, 무엇보다도 아기를 키우는 엄마들에게 조금이라도 쉼과 위로의 시간을 주면 좋겠다는 마음이었다. 연경자 장로님이 팀장을 맡고 이귀란, 이정화, 박동열 집사님 등등 여러분이 교사와 봉사로 수고해 주신다.

청소년부와 청년부는 새해 1박 2일을 구례 하동과 지리산 둘레길, 그리고 노고단의 여정으로 새해 마음을 다잡았다. 1박 2일을 시작한 지 10년이 되는 해였다. 강인수 청년 부장님과 김선희 청소년부 부장 그리고 교사와 모든 청소년 청년들에게 고맙고도 감사하다.

쌍샘의 청소년 청년들이 2018년, 1박 2일을 대폭 수정해서 라오스로 1월 18일부터 23일까지 쌩싸이 센터로 비전 트립을 다녀왔다. 그곳의 논때 초등학교에서 2일간 한국문화 소개와 공동체 놀이, 공동 작

몸과 영혼이 뿌리 깊은 나무처럼
어린이 청소년, 청년

자연, 문화, 영성의 숨이 있는
                                                쌍샘자연교회이야기

업 등을 하고 2일은 방비엔으로 가서 라오스를 여행하며 청소년, 청년들의 단합과 새로운 비전을 나누었다. 마지막 날에는 선교센터 마당에 라임 나무를 심고 일정을 정리하며 마무리했다.

아마도 청소년, 청년들에게는 새로운 경험이었을 것이다. 라오스의 어린 친구들과 가진 이틀의 삶에서 무언가 할 수 있고 나눌 수 있는 존재라는 것, 삶에서 정말 소중한 것은 사랑의 나눔이고 평화를 지키는 것임을 깨달았을 것이다. 헤어질 때 서로 아쉽고 또 정이 들어서 다음에 또 볼 것을 약속했다. 후에 집에 돌아와서 부모님들의 이야기를 들으니 아이들의 생각과 삶에 변화가 느껴진다는 얘기를 들었다

2) 쌍샘에서 자라 쌍샘으로 살자

(1) 자칭, 타칭 산증인의 쌍샘 30년의 회고/전세영 청년

교회의 30주년을 맞이하여 목사님께 부탁을 받아 글을 쓰게 되었다. 교회 어른들이 나를 보면 항상 쌍샘의 산증인이라고 종종 말씀하셨다. 교회와 나이가 같아서일까? 얼마 전 목사님이 1993년 주보를 보여주셨는데, 주보의 '알림과 사귐'에서 내가 태어났다는 글귀를 발견했다. 교회의 시작과 함께 태어났으니 산증인이라는 말이 맞는 듯도 하다. 교회에서 자라온 자칭, 타칭 산증인인 나의 시각에서 어린 시절부터 지금까지의 30년을 회고해 보려 한다.

① 모충동 쌍샘교회

사실 이때만 해도 내가 너무 어릴 때여서 기억이 많이 나지는 않지

만 어린 시절의 나로 돌아가 우리 교회를 떠올려 보면 북적이는 사람들, 놀이, 책 이렇게 크게 세 가지가 떠오른다.

교회가 되게 작았는데 어린이 예배가 끝나면 선생님을 따라가 이 방, 저 방에서 모임을 가지며 옹기종기 공부했던 기억이 있다. 대예배 때는 다들 앉지 못해 어른들이 밖에서도 예배를 드렸던 기억이 새롭다. 어린 나는 사람들이 복작복작 웃으며 떠드는 것이 좋았던 것 같다. 교인들이 웃던 장면이 지금까지도 이렇게 생생하게 기억이 나는 걸 보면 말이다.

엄마 따라 수요예배를 드리는 날엔 옆 쪽방에서 만화책을 읽었다. 그곳은 책이 어마어마하게 쌓여 있었는데, 만화책도 많아 신나게 만화를 보았다. 교회 앞에 공부방 같은 공간이 있었는데(도서관이라고 한다.) 그곳에도 책이 정말 많았다. 목사님이 교육사역에 대해 사명이 있으셨으니 책이 많은 건 당연지사였겠지만 나의 자라온 환경이 이렇다 보니 교회라는 공간에는 책이 많은 것이 당연하다고 생각했던 것 같다.

교회 근처에는 서원대학교가 있었는데 거길 열심히 돌아다녔던 기억이 있다. 그리고 항상 근처 공터에서 교회 친구들과 오재미 같은 놀이를 했었다. 모충동 도로를 따라 열심히 걸어가다 보면 초등학교도 있었다. 문구점에서 불량식품을 사 먹을 수 있어서 그 거리를 열심히도 갔던 것 같다.

교회에서 어른들이 일하는 시간은 온전히 우리가 망나니처럼 놀 수 있는 시간이었다. 실제로 망나니처럼 놀던 내 동생 종헌이는 사방팔방 돌아다니다가 잃어버린 일도 종종 있었다고 한다. 아무튼 우리는 그렇게 모충동에서 애들의 정석대로 놀았다.

② 낭성 쌍샘자연교회

어느 하루는 아빠 차를 타고 해질 무렵 엄청나게 시골길을 헤집고 들어갔던 기억이 난다. 그곳은 우리 교회가 들어설 자리였다. 아빠가 운전을 하며 애를 먹어 힘들어 하시던 게 기억이 나는데, 아마 길이 나 있는 곳이 아닌 비포장도로를 돌아돌아 찾아가느라 어려워서 그랬던 것 같다. 그땐 지금처럼 네비게이션이 있었던 때도 아니었으니 그 시골 부지를 찾기가 얼마나 어려웠을까. 도착하고 나서는 더 황당했다. 엄마가 이제 우리 교회가 여기로 건물을 지어 들어올 것이라고 했다. 10살의 나는 왜 이사를 해야 하는지 이해를 할 수가 없었다. 모충동이 이렇게 좋은데 이사를 왜 가? 그 사실이 거짓말 같았으며 와 닿지가 않았다. 일단 나는 그런 시골이 너무 생소했다. 시골은 우리 할머니 집에 갈 때나 가본 곳인데, 나는 도시에서 자란 아이였기 때문에 왜 교회를 이런 시골에 짓는지 하~나도 이해를 할 수 없었다. 이해를 못하면 어쩌겠나. 꼬맹이는 어른들의 손에 이끌려 낭성라이프를 시작하게 되었다.

이사를 한 후에는 교회에서 정말 많은 시간을 보내게 되었다. 그 시골에서 갈만한 곳도 없으니 근처 개울이나 교회 안에서 미친 듯이 놀았다. 우리는 그 개울에서 물을 만지며 노는 것을 무척 좋아했다. 기억나는 에피소드가 있는데 하루는 커피를 만들자며 물이 흘러가지 못하게 둑을 쌓아놓았다. 진정한 커피색의 흙탕물을 만들어 내고 정말 뿌듯해했다. 멋진 작품을 만들어 놓고 일주일 만에 교회에 오니 목사님께서 둑을 쌓으면 물이 고여 썩으니 그러면 안 된다고 하셨다. 물이 흐르지 않으면 썩는다는 걸 그때 처음 알게 되었다. 어른들은 얼마나 황당하셨을지, '얘네가 열심히도 만들어 놓았구나.' 하고 헛웃음이 나셨을 것 같다.

　여름에는 선생님들이 트럭에 애들을 옹기종기 태우고 차로 1분 거리인 이목순복음교회로 가 그 앞 냇가에서 우리를 실컷 물놀이하게 했다. 그러고 보면 많은 선생님들이 계셨다. 차은정 선생님, 조순영 선생님, 지용식 선생님, 민소영 선생님, 조호운 전도사님 등등. 우리를 정말 예뻐하셨다. 지금 생각해 보면 아마 모두 지금의 나보다 어린 나이셨을텐데 우리에겐 선생님들이 너무 커 보였고 같이 있으면 너무 좋은 분들이었다.

　「정 나누고 힘 거드는 날」 매년 가을에는 '정 나누고 힘 거드는 날'이라는 행사를 개최했다. 사람들을 초청해 음식도 나누고 공연도 하는 꽤 큰 행사였다. 갖가지 음식이 많았는데, 쌀쌀한 가을에 먹던 어묵이 유독 생각난다. 어린이의 입장으로서는 그냥 맛있는 음식 먹고 반가운 사람들도 만나서 마냥 재밌었지만, 기획하고 준비하신 어른들을 생각하면 그 노고가 새삼 대단하다고 느껴진다. 정은 나누는데 힘은 들었을 것 같다. 그래도 그때 고생을 많이 하셨어도 덕분에 나처럼 그저 행복한 시간으로 남은 사람이 있었다고, 코로나처럼 침체된 이 시기에 그때의 북적거림이 추억으로나마 기억될 수 있어 감사하다는 말을 전해드리고 싶다.

　「벼농사」 격동의 사춘기 시절, 교회에서는 논을 빌려 벼농사를 짓기 시작했다. 가끔 우리끼리 "예전에 교회에서 벼농사 했었잖아~"라고 얘기가 나오면 나는 입을 다물 수밖에 없다. 왜냐하면 단 한 번도 일손을 도운 적이 없어서다. 진심으로 진흙 속으로 들어가 모심기를 하고 싶지 않았다. 엄마는 일손을 돕지 않는 나를 타박했지만, 교회 어른들은 하고 싶지 않으면 안 해도 된다며 자유롭게 대하셨다.

「사랑방 카페」 나는 우리교회의 마스코트인 사랑방 카페를 짓는 일도 거들지 못했다. 손에 흙을 묻히기도 싫고 힘든 것도 싫었다. 그래서 난 멀찍이 떨어져 지켜보기만 했던 것 같다. 그럼에도 나에게 뭐라고 하는 분은 아무도 없었다.(엄마 빼고) 그저 다들 즐겁게 일할 뿐이었다.

그렇게 모두의 손이 모여 완성된 사랑방은 상당히 근사했다. 흙으로 직접 만든 카페라니! 완공된 카페에는 지금까지 도왔던 분들의 사진이 걸려있었는데, 그 안에 내가 없어서 기분이 이상했다. 막상 지어지고 나니 내 맘에 쏙 드는 이곳에 내 손길이 하나도 들어가 있지 않았다는 확인 사살을 당하는 기분이었다. 내 친구 권진이는 사랑방을 만들며 어린아이들부터 어르신들까지 모든 분들의 손에 황토 빛이 도는 것이 인상적이라고 했다. 나에겐 저런 추억이 없었다. 남들이 일하는 모습을 멀찍이 떨어져 수박을 먹으며 지켜보기만 했으니 말이다. 사랑방 카페를 보며 앞으로 나도 교회 일에 함께해야겠다는 다짐을 그렇게 스스로 하게 되었다. 우리 교회는 적어도 나에게 있어 깨닫길 기다려주는 곳이라고 생각한다. 내가 스스로 깨닫고 하고 싶은 마음이 들 때까지 기다려주던 것처럼 말이다.

「원두막 기타 모임」 교회에 원두막이 있었는데 여름에는 청소년부 모임을 그곳에서 가졌었다. 솔바람을 맞으며 김갑수 선생님, 민소영 선생님, 이용수 선생님과 함께 통기타를 배웠다. 처음엔 손가락이 너무 아팠는데 직접 연주하며 찬양을 부르는 게 꽤 재미있었다. 나는 그 이후로 기타를 치지 않았지만 내 동생은 그때 기타를 배운 이후 지금까지도 꽤나 기타를 잘 친다. 동생은 기타를 배움으로써 다루는 악기가 생겨 다행이라고 한다. 내 또래에 이런 시골 원두막에서 솔바람을 맞으며 기타치며 노래하는 추억을 가진 사람이 얼마나 있을까? 낭만적이고 그리운 추억이다.

「사랑방 수련회」 교회 뒤편에 낡은 시골집 하나가 있었는데 이곳의 이름도 사랑방이었다. 중학생 때 그곳에서 청소년부 수련회를 했던 기억이 난다. 당시 계시던 김의석 전도사님을 필두로 선생님들이 예능에서 할 법한 프로그램들을 기획하셨는데. 물풍선 던지기가 그렇게 재밌을 줄은 몰랐다. 유치하다며 도도하게 굴던 사춘기 학생의 자존심이 무너지는 순간이었다.

쿰쿰한 시골 냄새가 나는 낡은 집에서 수련회를 했던 것이 의외로 지금까지도 기억에 남는다. 세세하게는 기억이 나지 않아 파편으로만 남아있지만, 10년이 훨씬 넘은 지금도 강렬하게 남은 거 보면 인상 깊은 수련회가 아니었을까 싶다. 우리에게 의미 있는 수련회를 선사하기 위한 선생님들의 노력과 애정이 뒤늦게 크게 와 닿는다.

「1박 2일」 청소년부의 메인 행사로 자리매김하던 1박 2일이라는 프로그램이 있었다.(목사님이 1박 2일 동안 청소년부 친구들과 함께하고 싶어 만드신 프로그램이라는 것은 나도 이 글을 쓰며 알게 됐다.) 1박 2일 동안 함께 여행을 가서 하루 종일 걸으며 자유롭게 이야기하는 프로그램이다.

여행의 시작은 서울이었다. 각자의 짐을 등에 지고 칼바람이 부는 서울을 이곳저곳 걸어다녔다. 이때 지하철을 처음 타봤는데 티를 안 내려고 무던히 애썼던 것 같다. 삐까뻔쩍한 서울에서 놀다가 청주로 돌아왔을 때 갑자기 청주가 아담해 보이기도 했다. 그곳에서 나눴던 얘기는 당연히 기억나지 않지만 서로와 더 가까워졌다고 느꼈다.

그 이후로도 봉하마을, 지리산 등 우리는 많은 곳을 다녔다. 밤에 모여서는 그날 있었던 일을 되새기며 소감을 나누는 시간을 꼭 가졌는데, 난 그 시간이 너무 좋았다. 10대 청소년의 말을 경청해 주시는 어른들에게서 존중받는 기분이 들었고 다른 사람들의 이야기를 통해 생각의 깊이가 깊어지는 게 좋았다. 내가 청소년부를 졸업한 이후에도 군산, 진도 팽목항 등 1박 2일은 계속 이어지고 있다.

「오르간」 정확히 기억은 안나지만 아마 초등학교 6학년 때부터 나는 부반주자로서 예배를 섬겼었다. 나름 열심히 키보드를 뚱땅뚱땅대며 치던 어느 날, 예배당에 오래된 오르간이 들어왔다. 자연스럽게 나는 키보드 생활을 청산하고 오르간을 연주하게 되었다. 처음에는 피아노와는 다른 이것이 너무 어려웠다. 오래돼서 조금만 방심하면 냅다 큰 소리를 내버리는 저 오르간은 도무지 길들이기가 어려웠다. 맘처럼 작동도 안 될 뿐더러 손으로도 치고 발로도 치려니 고역이었다. 말 그대로 '발로 연주'하는 것은 보통 일이 아니지만, 그럼에도 오르간만의 매력이 있다. 무엇보다 찬양 소리가 풍성해져서 빠지면 너무 허전하다. 그래서 나는 오르간의 소리를 여전히 사랑한다. 지금도 예배시간마다 오르간을 프로페셔널하게 연주하시는 김은주 집사님이 계셔 다행이라고 생각한다.

「피아노 반주」 2014년 즈음, 오르간만 치던 내가 어느 날 정말 우연히 피아노 반주를 맡게 되었다. 반주를 하시던 윤여민 사모님이 팔을 다치셔서 내가 대타로 들어가게 된 것이다. 기억이 잘 나진 않지만 정말 엉망진창 그 자체였던 것만 기억이 난다. 너무 어려워 피아노 학원을 다니며 반주를 배우기도 했다. 어쩌다 보니 그 이후로도 나는 쭉 피아노 반주를 도맡아 했는데 그 기간을 따져보면 거의 8년이다. 반주하는 사람들은 반주를 통해 하나님의 은혜를 받는다고 했던가. 사실 나에게 반주하는 그 시간들은 은혜이자 고통이었다. 한 가지를 진득하게 하지 못하는 나에게 매주 주일마다 거의 하루 종일 피아노를 치는 것은 고역이나 마찬가지였다. 지금은 코로나라 대예배 때만 반주를 하지만 이전에는 예배 전 찬양, 대예배, 주일학교, 성가대 연습까지 풀코스로 반주를 해야 했다. 어떤 때는 수요예배, 금요예배에도 반주를 했었다. 그래서 나에게 주일은 너무 피곤하고도 부담스러운 날이었다. 그만두면 되지 않겠냐고 생각하겠지만, 오랫동안 대체자를 찾았음에도 구해지지 않았고 나 또한 나름의 책임감이 있었기 때문이다.

하지만 기쁨이 아닌 부담으로 이어진 반주는 나를 좀먹었고 마음은 더욱 약해졌다. 슬며시 교회에 와서 예배만 드리고 홀연히 가고 싶었다. 20대 초중반의 나는 성숙한 방법을 강구하며 상황을 헤쳐나갈 만큼 그릇이 크지 않았다. 현실을 도피하고 싶은 마음까지 다다르자 나는 하나님께 '저 진짜 그냥 그만둘 거에요. 대체자 세워주세요. 저 진짜 못해요.'라며 기도했고 목사님께도 더 이상은 못하겠다고 통보했다. '어떻게든 누군가는 하겠지.'라는 마음으로 나 몰라라. 사람이 힘들면 자신밖에 안 보인다고, 나는 '왜 나만 이렇게 힘들어서 해야하지? 왜 내가 아무것도 받는 것 없이 이렇게까지 버텨가며 해야하지?'라는 피해의식과 연민에만 가득 차 있었고 마음에는 독이 쌓여 있었다. 그래서 앞뒤 없이 그냥 못한다고 버티며 싸웠다. 목사님은 다른 사람들과 나눠 반주하는 것은 어떻겠냐고 회유하셨지만 나는 강경하게 '피아노와 인연을 끊겠습니다.'라고 내 생각을 말씀드렸다.

'진작에 나눠서 했으면 이렇게 내가 회피하지도 않았을 텐데, 나 정도면 정말 오래 한 것 같은데 쉬는 게 그렇게 잘못된 건가? 왜 어른들은 나를 책망하지?'라는 생각에 사로잡혀 항상 화가 가득했다. 심지어는 어른들이 자꾸 나에게 회유한다면 교회를 떠나야겠다는 극단적인 생각까지 했었다. 이런 상황에서 잠시 쉬라고 대신해 주시겠다고 한 분이 계셨다. 민소영 선생님이다.

소영쌤은 그 당시 암으로 투병중이셨다. 반주는 집사님들과 나눠서 하기로 했으니 맘 편히 쉬라고, 당분간만 나서는 거라며 부담스러워하지 말라 하셨다. 그때 받은 문자 내용을 아직도 간직하고 있다.

'쉬면서 네 안에 불편한 맘보다 주님 안에서 교회 안에서 기쁘게 감당할 수 있는 일이 무엇이 있을지 잘 생각해 볼 수 있는 한 해가 됐으면 좋겠다. 알지? 내가 늘 응원하는 거. 사랑한다.'

쌤의 몸이 안 좋은 걸 아는데도, 나는 내 마음이 너무 힘들어 그 사실을 외면했고 그 어느 때보다 달콤한 휴식을 취했다. 거의 10여 년을 반주자 석에 앉아 있다가 처음으로 다른 자리에서 예배를 드리려니 너무 어색하고 신기하고 예배가 새롭게 다가왔다. 그리고 반주가 익숙하지 않은 다른 반주자들을 보며 많은 생각에 잠겼다. 초반에 너무도 헤매던 내 모습이 겹쳐 보였기 때문이었다. 잘 하지는 않아도 곧잘 치는 지금의 모습으로 오기까지 겪었던 시행착오와 고민하던 시간들이 스쳐지나갔다. 우리 교회는 찬송을 느리게 부르는 편이라 교인들에게 맞추면 한없이 느려지고, 반대로 답답하고 숨이 차 내 맘대로 달려나가면 잘 못 따라오셔서 적정한 선을 고민하던 나날들이 있었다. 또한 반주하며 음감과 박자가 들쭉날쭉하다고 느끼면 녹음하여 듣고 고찰하고 연습하던 나날들도 있었다. 그리고 무엇보다 꾸준히 몇 년을 했으니 실력은 향상될 수밖에 없었다. 어느 것이나 마찬가지겠지만 많이 할수록, 익숙해질수록 실력은 늘 수밖에 없다. 어른들이 뭐든지 몇 년만 참고 해보라는 말이 이제야 깨달아지는 순간이었다. 고난이라기엔 소박하지만 내면이 소용돌이치는 나름의 슬럼프를 겪으며 주님이 나를 켜켜이 쌓아오셨고 성장시키셨음을 알게 됐다. 그러면서 나의 반주하던 시간들이 감사해졌고 기쁨으로 반주하고 싶은 소망이 저절로 생겼다.

이런 마음에 도달하게 되자 소영쌤을 통한 예수님의 사랑을 느끼게 되었던 것 같다. 내가 힘들 때 예수님처럼 자기 몸 버려 사랑을 보여주셨지 않은가. 이때를 생각하면 눈물이 절로 날 정도이다. 소영쌤은 말로써 우리에게 얘기하기보단 직접 깨달을 때까지 기다려 주시는 자애로운 그런 분이셨다. 누군가의 기다림 속에서 내가 한층 깨어지는 부분이 있었던 것처럼 나도 다른 이에게 그런 존재가 되길 다짐한다. 우리는 약한 존재이기에 우리에게 닥친 어려움은 당연히 힘들다. 하지만 그 뒤에 얻게 될 무언가를 소망해 보라고 전해주고 싶다.

소영쌤이 더이상 반주가 무리였을 때 나는 복귀하게 되었고 내가 쉴 수 있었던 시간은 예상보다 훨씬 짧은 한 달 정도였지만 돌아오기 충분한 시간이었다. 그 이후로도 많은 일이 있었지만 나는 꿋꿋하게 피아노와 함께 했고 타지에서 일을 하게 되면서 한나 언니에게 소중한 자리를 넘겨주게 되었다.

「필리핀 여름 수련회」 2015년, 이영일 선교사님이 계시는 필리핀으로 청년부가 여름 수련회를 다녀온 적이 있다. 필리핀으로 가신지는 꽤 되셨는데, 한 번도 들러본 적이 없어서 쌍샘 대표로 청년들이 방문하였다. 가는 길이 험난했다. 마닐라를 경유하여 다바오로 가는 여정인데, 다바오로 가는 비행기는 자기 멋대로 연착되고 출발하기 때문에 온 신경을 곤두세우고 있어야만 했다. 정말 간신히 들리는 영어를 운이 좋게 알아들어 다바오행 비행기를 놓치지 않고 탈 수 있었다. 선교사님 댁으로 가는 길은 정말 인터넷에서 보던 이국적인 모습 그 자체였으며 친환경적이었다. 들판에 소를 풀어놓은 모습은 적잖은 충격이었다.

이영일, 손희종 선교사님들께선 어찌나 여행객들을 잘 대접해주시는지, 그렇게 잘 놀고 잘 먹다 올 수가 없었다. 과일 맛이 최고였는데 망고스틴을 손이 빨개질 정도로 잘 까서 드시던 소영쌤이 아직도 기억에 남는다. 7월 즈음이면 필리핀은 항상 비가 오고 날이 흐리다는데 드물게 맑고 화창한 날씨 속에서 필리핀을 만끽할 수 있었다.

선교사님이 사역하시는 모습도 볼 수 있었다. 그곳에서는 우리도 각자의 방식대로 함께 섬겼다. 우리는 미리 한국에서 준비해간 풍선 등으로 아이들과 놀아주기도 했고 낡은 문을 페인트칠하기도 했다.

그곳을 둘러보며 참 많이 열악하다는 생각을 했다. 그럼에도 불구하고 그곳의 지체들은 누구보다 해맑았고 행복해 보였다. 그런 모습을 보며 진정한 행복이란 무엇인지 고민하는 시간이 되었던 것 같다.

「라오스 비전트립」 2018년, 청년부와 청소년부가 라오스로 비전트립을 다녀왔다. 목사님이 해외를 다녀오시면서 우리 청년, 청소년들도 밖으로 나가 시야를 넓히는 시간을 가졌으면 좋겠다고 말씀하시며 이

대형 행사를 추진하셨다. 그리고는 놀다 오는 단순한 여행이 아닌, 봉사도 하고 체험도 하는 깊이 있는 시간이 되길 바라신다며 우리에게 라오스의 선교사님을 소개시켜 주셨다. 선교사님은 라오스의 한 오지 학교를 우리에게 연결시켜 주시며 이곳에서 이틀간 봉사할 수 있게 해주셨다. 청년들은 조를 나누어 겨울마다 놀이학교를 진행해 본 실력으로 열심히 저마다의 프로그램을 짰다. 어떻게 하면 언어도 통하지 않는 아이들과 의미 있는 시간을 보낼 수 있을지 고민하고 준비했다.

라오스 현지 학교는 학교라고 하기엔 정말 아담한 곳이었다. 공간이 없어 한 교실에 두 학년의 아이들이 방향을 틀어 앉아 수업을 들었다. 아이들과 이틀간 시간을 보내며 생각보다 아이들이 너무 재미있게 잘 따라주어 놀라기도 했다. 종이접기로 만든 왕관을 얼마나 잘 쓰고 다니는지, 동요 율동을 어쩜 그렇게 신나게 추는지, 순수한 모습에 내가 괜히 찡해질 정도였다. 사랑을 주러 갔는데 오히려 사랑을 정말 많이 받고 왔다. 꼬질꼬질한 그 모습으로 안기는 아이들이 사랑스럽고 감동으로 다가온 내 마음이 신기했다. 그러면서 예수님이 병자들과 가난한 사람들, 우리들을 보실 때 마치 이런 기분으로 바라보시지 않았을까? 라는 생각이 들기도 했다. 떠날 때에 너무 아쉬워하던 아이들을 보며 내가 더 아쉬운 마음이었고 다시 한 번 더 오자며 청년들은 다음을 기약했다. 주체적으로 준비하여 무사히 잘 일하고, 잘 놀다온 비전트립에서 청년, 청소년들이 한층 성장했기를 바라며 각자의 마음속에 작은 비전 하나씩을 품었기를 바랬다.

「코로나 시대 이후」 이랬던 교회의 모든 일들이 코로나로 인해 거짓말처럼 모두 멈췄다. 때론 분주하고 때론 느긋하던 교회였는데 적막함이 감도는 곳으로 변했다. 그래도 코로나 유행이 진정된 지금은 예전만큼은 아니어도 어느 정도 활기를 되찾았다. 그렇지만 아직 잃었던 활기를 되찾지 못한 곳도 있다. 특히, 청년&청소년부는 시간이 좀 더 걸릴지도 모르겠다. 나도 아직 부족하지만 단언할 수 있는 것은 우리가 놓치지 말아야 할 것들은 반드시 존재한다는 것이다. 바쁘고 바쁜 현대사회에서 내 '소중한' 시간과 마음을 들여서까지 공들여야 할 그 것은 과연 무엇일까? 왜 그래야만 할까? 바쁜 생활 속에서 이 마음 하나 생각해 볼 정도의 여유가 생기길 바란다. 나는 아직 알 듯 말 듯 조금씩 답을 구하는 중인데, 나보다 훨씬 똑똑한 우리 청년, 청소년들은 분명 깨달아지는 지점이 있을 것이다. 코로나로 정체된 30주년의 문턱에서 이 시기를 어떻게 극복할지, 다음 30년은 또 어떻게 흘러갈지 궁금하고 기대된다.

(2) 내가 바라는 쌍샘의 모습/백권진 청년(교육전도사)

쌍샘에서의 사역을 마치기 전 '하나님이 계십니다. 이것으로 충분합니다.'라는 고백이 담긴 강대상 위에서 나눴던 말씀이 떠오른다. '제가 생각하는 쌍샘의 사역은 잔잔하면서도 느린 사역을 하는 곳입니다.' 잔잔하기에 참 멋진 그림과도 같았던 쌍샘자연교회에서의 사역이 늘 떠오른다. 쌍샘자연교회는 이미 너무 멋지고, 아름다운 사역을 감당하는 곳이다. 그렇기에 내 안에 교회를 떠올렸을 때 따스함으로 다가온 쌍샘자연교회에 늘 감사한다. 하지만 우리는 지난 날을 떠올리며 다음을 살아가는 사람들이다. 내가 꿈꾸는 쌍샘자연교회의 모습을 잠시나마 나눠 보고자 한다.

① 함께 자라나는 교회

"그에게서 온몸이 각 마디를 통하여 도움을 받음으로 연결되고 결합되어 각 지체의 분량대로 역사하여 그 몸을 자라게 하며 사랑 안에서 스스로 세우느니라."(에베소서 4:16)

'우리 교단의 신학은 무엇입니까?'라는 질문에 가장 많이 나오는 답변은 '통전적 신학'이다. 통전적 신학이란 대한예수교장로회 통합 교단에서 가르치고 견지하고 있는 신학으로 방법론적으로 모든 것을 통합한다는 의미를 갖고 있는 신학이다. 구체적으로는 편협함을 극복하고, 중요한 정신과 관점을 소홀히 하거나 간과하지 아니하고 가능한 모든 진리를 통합해서 온전한 신학을 형성하고자 하는 신학이다.

처음 이 이야기를 들었을 때 모호한 느낌이 들었다. 수많은 신학을 통합한다는 것인가? 다양한 신학을 아우른다는 말인가? 중간이라는 곳에서 여러 신학을 담는다는 것이 때로는 이도저도 아닌 애매함을 갖는 듯 보였다. 하지만 장신 신학을 배워 가르쳐야 하기에 지식과 경험을 쌓아가려고 노력하였다. 이론은 점차 알게 되었지만, 사역 안에서는 어떻게 이루어나가야 할 지 도무지 감이 잡히지 않았다.

어느 날 한 과제를 통하여 교회에서의 기억을 적는 시간을 가졌다. 내가 기억하는 교회는 쌍샘자연교회 그 자체였다. 많은 기억이 있지만 가장 기억에 남았던 모습은 예배 안에 아이부터 어른까지 모두가 참여하여 예배를 이루어나갔고, 교제 안에서도 함께 어우러져 친근한 대화와 놀이를 이루어 나갔던 모습이었다. 이와 같이 스스로 생각하는 교회의 모습을 적었는데 그 글을 읽은 교수님의 피드백은 쌍샘자연교회가 통전적인 사역을 했다는 것이다. 통전적인 사역을 먼 곳에서 찾던 나에게 지난날 경험하고 누렸던 모든 일이 통전적 사역이었다. 쌍샘자연교회는 통전적 사역을 하는 곳이다. 아이부터 어른까지 모두가 예배에 참석하여 함께 하나님을 향한 고백을 만들어가는 교회이다. 그리고 쌍샘자연교회는 이렇게 함께 성장했다고 생각한다.

에베소서 4장은 교회가 이루어 나가야 할 모습을 제시한다. 1장부터 3장까지는 예수님을 향한 찬양과 기도로, 4장부터 6장까지는 그리스도인이, 또 더 나아가 교회가 가져야 할 모습을 설명한다. 그런데 그 시작은 그리스도인의 구체적인 삶보다 교회의 삶을 먼저 말한다는 것이다. 그만큼 교회 공동체의 삶이 이제 막 그리스도인(초대교회)이 된 이들에게 중요하다는 의미일 것이다. 그리고 교회의 삶을 통일성과 다양성으로 이야기한다. 우리가 하나된 것과 그 하나됨을 지켜야 하는 것. 또 다양한 모습 속에 예수님을 믿고 알아가는 삶을 살아야 한다고 말한다. 그리고 마지막에 그리스도의 몸인 우리는 머리이신 그리스도 께로 자라나야 한다고 기록한다.

우리는 한 몸이다. 장성한 분량까지 자라나야 한다. 중요한 것은 우리가 함께 자라나야 한다는 것이다. 누군가는 다리의 역할을, 누군가는 팔의 역할을 하지만 이 몸의 부분 중 한 부분만 자라는 것을 우리는 성장한다고 말하지 않는다. 다리만 자라나고, 팔만 자라나는 것을 우리는 몸이 자라났다고 하지 않는다. 한 몸인 우리는 함께 자라나야 한다. 그 방법은 쌍샘자연교회가 이루어 나가는 함께 드리는 예배라고 생각한다. 함께 예배의 한 부분을 맡아 하나님께 고백하며 그 가운데 우리는 알게 모르게 신앙의 성장을 경험한다고 생각한다. 쌍샘자연교회가 모두가 드리는 예배로, 또 수평적이고 친근한 관계로 함께 공동체를 이루어 나가길 소망한다.

② 낯선 이의 소리가 어울리는 교회

쌍샘자연교회 앞을 거닐다 보면 새소리와 바람소리가 참 잘 어울린다는 느낌을 받는다. 내가 다녀본 많은 곳 중 쌍샘자연교회만큼 자연의 소리가 잘 어울리는 곳은 없다고 생각한다. 오늘날 자연은 지난날의 외면으로 인한 파괴로 다시 관심을 받고 있다. 환경에 대한 많은 캠페인과 단체들이 생겨나며 관심이 많아지게 되었다. 하지만 많은 관심으로 인해 한편에서는 안일하게 생각하는 것 같다. 많은 부분에서 들리는 환경보호라는 주장 안에 누군가는 하겠지라는 생각이 점차 많아져 관심 속 외면이 점차 커진다고 생각한다. 그렇기에 자연은 아직도 '낯선 이'라고 표현할 수 있을 것 같다. 하지만 쌍샘자연교회는 이런 낯선 이의 소리가 참 잘 어울리는 곳이다. 이것은 모든 교회가 가져야 할 모습이지만, 오늘날 그러지 못하는 것 같아 참 아쉽다.

사무엘상 22장에 보면 다윗이 사울을 피해 아둘람 굴로 도망쳤다는 이야기가 나온다. 다윗은 어떻게 아둘람 굴까지 도망치게 됐을까? 사울이 처음 다윗을 향해 창을 던져 죽이려 했을 때 다윗은 아내 미갈의 도움으로 피신하여 라마 나욧에 있는 사무엘에게로 갔다. 사무엘이 있는 그곳은 다윗에게 더할 나위 없이 안전한 곳이었겠지만 다윗은 다시 그곳을 떠난다. 다윗은 요나단을 통해 자신이 돌아갈 수 없다는 것을 확인하고 놉을 거쳐 블레셋 가드로 도망간다. 자신을 끝까지 쫓고 제사장마저 죽이는 사울을 보며 다윗은 더 이상 그의 세상에서 살 수 없음을 깨닫는다. 그리고 그는 미친 척을 하며 가드 왕에게서 도망쳐 아둘람 굴로 온다. 다윗이 아둘람 굴에 있었던 시간은 그리 길지 않았다. 그렇기에 중요하지 않을 수도 있는데 성경은 아둘람 굴에서의 이야기를 기록한다. 바로 아둘람 굴에 있었던 중요한 현상 때문이라 생각한다. 사무엘상 22장 2절에는 다윗이 아둘람 굴에 혼자 있지 않고 공동체를 이루었다고 말한다. 그 공동체의 구성원은 바로 환난 당한 모든 자, 빚진 모든 자, 마음이 원통한 자였다. 그 수는 무려 400여 명이었다.

여기서 환난 당한 자는 환경으로 인해 괴롭고 곤고한 삶을 사는 이를 가리킨다. 신명기 28장에서는 대적들에게 둘러싸여 어찌할 수 없는 상황에 처한 이들을 말한다. 오늘날로 따지면 어떤 이들이었을까? 성공만을 추구하는 사회 속에 변방으로 내몰린 자, 강퍅한 사회 속에 이러지도 저러지도 못하는 자, 더 이상 아무도 보지 않는 곳에서 희망이란 조금이라도 찾을 수 없는 자가 아닐까?

환난 당한 자뿐만이 아니라 빚진 자 역시 있었다. 조금 더 정확히 이야기한다면, 빚 독촉을 받는 사람이다. 이들은 살 곳을 떠날 만큼 빚을 감당할 수 없었던 사람들이었다. 쫓기고 시달리던 사람들이었다. 그런데 우리는 하나님을 믿는 공동체의 특성을 알고 있다. 바로 영원한 채무는 없다는 것이다. 성경의 원리 안에는 안식년과 희년이 있기에 우리는 영원한 빚이 없음을 알고 있다.(안식년과 희년에는 종 되었던 자들이 자유케 되고 빚을 탕감받았다.) 하지만 사울의 시대는 그것이 잘 지켜지지 않은 것 같다. 이는 단적으로 사울 시대의 부패와 어긋남을 보여주는 부분이기도 하다. 잘못된 사회 안에 억압받고 핍박받는 모든 사람들이 지금 다윗에게로 모여드는 것이다.

마지막으로 마음이 원통한 자들이 있다. 이 표현은 욥기에서도 나오는데 욥이 자신을 가리켜 이렇게 표현한다. 또 선지서에서도 선지자들이 자신과 민족에게 임한 참상으로 인한 고통을 이렇게 표현하기도 한다. 이는 주변에 일어난 일로 인해 마음이 쓰라린 이들, 그래서 마음에 분노까지 있는 이들을 가리킨다. 그렇기에 이 부분은 앞서 언급한 것과 같이 사회 안에 그들을 부당한 상황으로 가게 하는 부패가 있다는 것을 말한다.

이렇게 사회 안에 잘 적응하지 못하고 변방으로 쫓겨난 이들, 또 사회의 부패로 인해 부당함을 겪는 이들이 모두 아둘람 굴에 숨어 지내는 다윗에게로 나아온 것이다. 여기서 "모이다"라는 표현을 좀 더 정확히 번역하자면 "스스로 모이다"이다. 이들이 자발적으로 나아왔음을 말하는 것이다. 왜 이들은 다윗에게로 온 것일까? 아마 다윗의 처지와 자신들의 처지가 비슷하다고 여겼기 때문일 것이다. 다윗은 사울의 억압을 피해 숨었다. 이들의 마음을 누구보다 잘 이해하고, 누구보다 공감해줄 사람이었다. 그리고 이제 이들을 사회 안에 역할로서의 필요가 아닌 존재로서의 필요로 여겨줄 사람이었다.

그렇다면 다윗은 어떤 마음이었을까? 시편에 보면 다윗이 굴에 있을 때 지은 대표적인 두 편의 시가 있다. 57편과 142편이다. 142편은 다윗이 얼마나 간절히 하나님께 자신의 마음을 토로하는지 볼 수 있다. 다윗의 마음에는 원통함과 우환이 있었고, 그의 삶은 심히 비천하였다고 한다. 주변을 아무리 살펴도 자신을 도와주는 이가, 피난처가, 돌보는 이가 없다고 말한다. 그리고 시의 말미에는 이 시간에 대한 하나님의 보상을 이야기한다.

"내 영혼을 옥에서 이끌어 내사 주의 이름을 감사하게 하소서 주께서 나에게 갚아 주시리니 의인들이 나를 두르리이다"

다윗은 하나님이 그에게 갚아 주신다는 믿음이자 결과로 "의인들이 나를 두르리이다."라고 고백한다. 여기서 의인은 항상 옳은 일만 하는 이들을 가리키는 것이 아니다. 잠언에 의하면, 의인은 오직 하나님을 의지하는 이들을 가리킨다. 다윗에게 주신 하나님의 은혜는 그를 둘러싼 의인들이었다. 그를 둘러싼 공동체였다. 다윗이 숨었던 아둘람 굴. 그곳을 향해 나아왔던 환난 당한 모든 자, 빚진 모든 자, 마음이 원통한 자들은 다윗에게 짐이 아니었다. 자신이 섬겨야 할 수고로움이 아니었다. 하나님이 주신 은혜이자, 자신을 위해 갚아 주신 하나님의 선물이었다.

오늘날 환난 당하고 빚에 시달리며, 마음에 원통함이 있는 사람들이 얼마나 많은가. 세계를 강타한 오징어 게임이라는 드라마의 인물들은 게임이라는 초점에 가려져 있지만, 빚에 시달리며 공동체에 어울리지 못하고 삶에 소외된 이들이 대다수이다. 그리고 이들은 게임에 참가하여 서로를 죽고 죽이는 상황으로 내몰린다. 안타까운 것은 이들이 게임 안에 죽음이라는 요소가 있음을 알고 있음에도 다시 한 번 이 게임을 향해 나아온다는 것이다. 이유는 하나이지 않았을까? 그들이 살 수 있는 방법이 그것밖에 없기에. 그 환경만이 그들을 살릴 수 있기에 그들은 다시 그 게임에 참가한다. 이후 게임은 이들을 서로 죽이는 상황까지 내몬다. 극단적인 비유일 수 있지만, 이런 이들은 우리 사회 속 많은 곳에 살아간다. 이들은 오늘날 사회 가운데 어디로 나아갈 수 있을까? 그들이 스스로 모여 살아갈 수 있는 곳은 얼마나 될까? 그리고 그들은 피할 곳으로 과연 교회를 떠올릴까? 교회된 우리는 스스로의 마음을 먼저 살펴봐야 할 것이다.

우리는 이런 이들을 선물처럼 생각하고 있을까? 이런 이들을 은혜로 여기고 있을까? '왜 우리 교회는 가난하고 어렵고 힘든 사람들만 모일까? 넉넉하고 풍요로운 사람은 오지 않는 것일까?' 이런 질문이 생길 때가 있다. 하지만 우리 공동체 안에 원통하고 빚진 자들이 온다는 것은 우리의 공동체가 건강하다는 증거일 것이다. 우리의 공동체에 환난 당한 모든 자들이 찾아온다는 것은 하나님이 주신 은혜이자 선물이다. 교회의 존재는 이런 자들의 소리가 잘 어울려야 하는 것에 있다. 그렇기에 쌍샘자연교회가 세상 가운데 낯선 이들로 여겨지는 사람들의 목소리가 잘 어울리는 곳이면 좋겠다. 사람뿐만이 아닌 생태계와 문화 역시 낯설고 외면 당하는 하나님의 피조물이다. 사회 안에 갈 곳을 잃은 이들의 소리가, 또 사회 안에 외면 당하고 낯선 것으로 소외되는 모든 피조물의 소리가 잘 어울리는 그런 교회이길 소망한다.

③ 사랑이 전해지는 교회

함께 쌍샘의 지난 이야기를 나누던 중 함께 자란 친구의 이야기를 들었다. 지금까지 겪어 온 쌍샘의 모습은 기다려 주었던 모습이라는 것이다. 생각해 보니 쌍샘이 다음 세대와 함께 한 모습은 기다림이었던 것 같다.

현재 기독교 인구는 극단적으로 줄어들고 있다. 지난 10년 동안 우리 교단만 약 100만 명이 줄었다고 한다. 그러니 전체 기독교 인구는 훨씬 많이 줄어들었을 것이다. 빠져나간 인구의 대다수는 누구일까? 바로 다음 세대인 청년과 청소년이다. 현재 청년 기독교 인구 비율은 선교 대상 국가의 복음화 비율과 비슷할 정도라고 한다. 이제 시간이 지난다면 지난 10년의 감소 비율은 무색할 정도로 더 극단적으로 줄어들 것이다. 우리는 그렇게 위기의 시대에 살고 있다.

각 교회에서 청년을 향해 나아가는 방법은 참 다양하다. 어떤 교회는 조금 강압적인 방법으로, 어떤 교회는 조금 자율적인 방법으로 청년들을 대했으리라 생각한다. 우리 교회는 후자에 조금 가깝지 않았나 생각한다. 조금 더 정확히 하자면, 꽤 자율적인 분위기였다. 하지만 이것은 겉으로 드러난 부분이지, 안에서 청소년, 청년의 세대를 경험한 나는 조금 다르다고 본다. 자율 속에 우리에게 주는 분명한 잣대가 있었다. 자율이라 하면 방임과도 같은 느낌이다. 하지만 우리는 자율 속에 우리가 따라야 할 분명한 것을 보았다고 생각한다. 그것은 앞선 분들이 보여주신 모범이다. 우리를 가르쳐 주셨던 모든 선생님들과 목사님, 전도사님은 우리에게 분명하고 선한 영향력을 보여주셨다. 그리고 그 모습을 따르라고 우리에게 말로 권면하지 않으셨다. 삶으로 우리가 따르게끔 하셨다. 우리가 그 길을 따를 때까지 기다려 주고 계셨다. 어쩌면 지금도 역시 기다려 주고 계신 것이라 생각한다.

우리가 너무나도 잘 알고 있는 사랑장. 고린도전서 13장은 사랑의 모습에 대해서 이야기한다. 그 모습에는 중요한 특징이 있다. 그 시작과 끝이 바로 인내로 귀결된다는 것이다. "사랑은 오래 참고… 모든 것을 견디느니라." 중동 지역 사람들이 종종 사용하는 '수미상관(首尾相關)' 구조로 이루어진 이 본문은 인내가 사랑의 성품을 품고 있음을 보여준다고 생각한다. 사랑을 열고 닫는 중요한 열쇠는 바로 인내이다. 그리고 그 인내를 쌍샘자연교회는 너무나도 잘 보여주었다. 우리를 사랑하는 그 방법을 쌍샘자연교회는 인내로 표현해 주셨다. 더 쉬운 길이 있었음에도, 더 확실하고 빠른 길이 있었음에도 오래 참으시고 모든 것을 견디시며 그 사랑의 모습을 표현해 주셨다. 그리고 이제 그 인내로 보여주신 사랑은 열매를 맺어야 한다. 어떻게 하면 열매를 맺을 수 있을까?

끝으로 쌍샘자연교회에 바라는 모습은 다른 어떤 대상이 아닌 청년들이 이루어야 하는 부분이라 생각한다. 지금 이 시대는 좀 더 확실한 열매를, 즉 증명하는 것을 원하는 시대이다. '하나님을 믿어야 하는가? 그렇다면 확실한 결과로 증명해라!' 근데 그 증명은 안타깝게도 세상적인 성공이고 부귀영화를 누려야 하는 것처럼 흘러간다. 기독교의 믿음의 증명은 그것이 아니다. 바로 이어짐이다. 교회의 역사는 약 2,000년간 이어졌다. 그 여정 가운데 많은 어려움과 아픔과 죄악이 있었지만, 조금씩 조금씩 이어져 왔다. 이 이어짐은 그 믿음의 증명이며 열매이다.

사랑하는 청년들에게는 미안한 마음이 크다. 더 확실한 증명을 보여야 하는 이 시대에 그러한 것을 보여주지 못함을, 또 기독교는 그런 종교가 아님을 이야기하는 것에 마음이 힘들다. 하지만 분명한 것은 우리가 믿는 기독교는 그 시작이 믿음을 전제로 한 길이라는 것이다. "태초에 하나님이 천지를 창조하시니라." 그 어떤 증명과 과정이 없다. 그저 우리의 믿음을 요구하는 이 본문은 우리가 이어나가야 한다. 그것이 증명일 것이다. 그러니 권면하고 싶은 것은 쌍샘자연교회가 보여준 기다림의 신앙의 열매가 되어주었으면 한다. 다음 세대인 우리가 그 기다림을 이어줄 수 있는 증명이 되어주길 간절히 소망한다. 우리 역시 다음 세대를 맞이할 것이다. 그때 그 인내와 기다림을 우리가 보여주었으면 한다. 때로는 시대의 어려움과 아픔이 우리를 찾아오지만, 모두가 어리석다고 이야기하는 이 길을, 느리고 답답하다고 말하는 이 길을 쌍샘의 청년들이 이어주었으면 좋겠다.

[3] 살림공부방에서 단비 대안교육으로: 살림공부방과의 인연 / 김순희 권사

2002년 여름 초입에 저는 증평교회(기장교회) 샛별선교원에 있을 때에 지금의 남편과 목사님이 찾아오셨다. 쌍샘교회를 개척하시면서 살림공부방을 준비하는데 공부방 실무를 맡아 달라는 것이었다. 그 당시 증평교회 샛별선교원도 저와 손희종 사모님과 개원하여 2년 정도 지나 연령별로 반수도 늘려 제법 규모 있게 자리를 잡아 가고 있는 상황이었다. 고민이 좀 되었지만 그래도 어렵고 힘든 길을 함께하자는 제안을 뿌리칠 수 없어 공부방과 인연을 맺기 시작했다.

1992년~1995년 실무자 사임까지

살림 공부방 개원

1992년 7월 12일 뜨거운 어느 여름이 시작되던 날, 쌍샘의 살림 공부방은 지역의 아이들을 섬기며 배움을 나누기 위한 집으로 시작되었다. '살림'의 뜻은 살아있는 사람들의 살아감과 살려냄을 뜻하는 말이다.

당시 목사님의 포부는 대단했다. 공부방과 교회를 통해서 모충동 쌍샘이 달라질 것을 확신하면서 '그리스도를 고백하는 사람들, 배움으로 보람을 갖는 사람들, 땀을 흘리는 소중한 사람들이 나올 것이다. 이 일에 함께 하고 싶은 분은 언제라도 환영한다.'

'교회는 지역에 맞게 가난한 동네에도 인구가 적은 마을에도 세워져야 한다. 그것은 바로 한 생명이 천하보다도 귀히 여기는 그리스도의 심정이라야 가능하다.'

'이곳 쌍샘교회는 정말 필요한 곳에 교회가 생겼음을 믿고 우리 지역에 소중한 교회가 되도록 노력할 것이다.'

'이곳 쌍샘 그리고 공부방에서 순진한 아이들을 보았다. 많이 배우지 못하고 경제적으로 넉넉하지 못한 것이 그 이유인지는 모르겠지만. 어쨌든 아이들은 기계적인 놀이보다 서로 어울려 노는 것이 익숙했고. 다른 곳에서는 시시한 게임이 여기서는 아주 재미있었다. 우리는 아주 작지만 노력하기로 했다. 함께 살아가는 사람이 되기 위해, 삶은 움켜

쥐는 것이 아니라 나누는 것임을 조금씩 보여줄 것이다.'

'예수 그리스도가 찾아오는 사람보다 찾아가서 사람을 만나셨듯이 교회도 그리해야 할 것이다. 교회는 찾아가기 위해 모인 사람들이다. 예수를 그리스도로 고백한 믿음의 형제들이 모충동 쌍샘에 교회를 세우고 이웃을 찾아가는 교회로 만들자는 것이다.'

'이달에는 하늘을 품게 해주십시오, 쓰러진 것을 부끄러워하는 대신에 길 떠나지 않는 것을 부끄러워하게 하소서.'

'지금 우리 한국교회는 나라의 안팎에서 민족을 팔아먹는 나쁜 무리들을 그리스도의 정신으로 물리치고 이 땅에 하나님의 나라를 건설해야 할 것이다.'

'누가 내 이웃인가? 내가 다른 이의 이웃이 되어 주기로 결심 하지 않는 한 이웃은 없다.'

"발은 서로 씻겨야 옳습니다."

청년 백영기 목사님의 피 끓는 신앙의 결단이 절규가 느껴지는 구절구절들이다. 대단한 포부가 느껴지는 구절이다. 얼마나 뜨겁고 정의롭고 도전적이었던지…. 목사님의 쌍샘 30년을 돌아봐도 아마 이때 만큼은 아니였을거라는 생각이 든다. 이런 구절구절은 아직도 나의 가슴을 설레게 한다. 이런 맘으로 시작한 곳이 쌍샘이고 공부방이었다.

1. 공부방의 공간

20평도 안 되는 소규모의 작은 집 독채를 전세 내서 시작한 곳이다. 작고 초라한 집이었고 목사님과 아이들이 수리와 단장을 함께 팔 걷어

부치고 시작했다. 긴 담장을 아이들이 걸개그림을 그려 화사함을 더했고 노력의 결과물은 작고 아담하며 정갈한 우리만의 공간으로 탄생하였다. 아이들과 함께 하기에 더없이 좋은 공간이 되었다. 아이들이 많고 선생님들도 많아 늘 비좁아 부딪쳤지만 서로 비비며 안기기에는 더없는 공간이었다. 한쪽 큰방은 주민도서실로 이용했고 화장실 옆 창고를 수리해 교무실을 만들어 사용했다. ㄴ자 모양의 한옥 작은 앞마당, 수도와 교무실과 화장실이 있던 쌍샘교회 건물을 공부방이 전세 내서 통째로 썼다. 교회가 곧 공부방이었다. 몇 년 지나 옆 건물로 이사를 하게 되었고 그곳에서도 공부방은 계속되었다. 그리고 모충동 남들로 이사하고 다시 쌍샘으로 오고 하면서 지금의 낭성으로 자리를 옮겼다.

2. 공부방 아이들 모집

공부방은 여름방학을 기점으로 시작하였다. 시기가 곧 여름방학이 되는 때이어서 여름 공부방을 시작으로 아이들을 모집했다. 아이들이 상당히 많이 모집되었고 오고 갈 곳이 없었던 우리 아이들에게는 공부방은 최대의 놀이터였다.

국민학생부와 중학생부로 나누어서 낮에는 국교부, 저녁에는 중등부로 운영을 하였다. 대략 30-40명 정도의 아이들이 모집되었고 신청한 아이들이 많았기에 꼭 와야할 아이들이 못 오는 건 아닌지 신중하게 받으려 고민했다.

작은 공간이라 늘 북적북적 했다. 공부방은 아이들뿐 아니라 자원교사도 아이들 만큼 많았고 학년별로 아이들을 가르치는 교사가 있어야 했고 중등부는 과목별 교사가 필요했기에 공부방에는 아이들과 선생

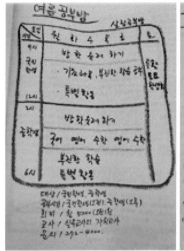
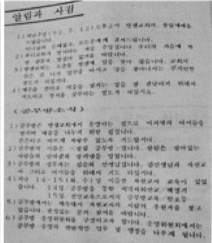

님으로 늘 북적이었다. 지금 생각하면 참 작은 학교였다. 여름방학에 시작하여 방학 동안의 숙제와 기초과목, 부진한 학습을 공부하고 특별 활동으로 구성하여 국교부, 중등부를 운영하였다.

3. 공부방 교사회

공부방은 실무교사인 저를 중심으로 자원교사들을 모집하여 함께 하였다. 자원교사는 주로 지역의 대학인 청주교대, 서원대, 충북대 등 교육 동아리에서 많이 참여하였고, 일반 직장인 청년들도 많이 지원해 주셨다.

교사들은 졸업 이직 등으로 많이 바뀌었다. 그래서 교사들을 위한 교사교육이 정기적으로 이루어졌다. 교사들의 첫 교육의 내용은 1. 공부방을 통한 지역사회 이해(백영기) 2. 전인교육으로서의 공부방 교육

(한호동)이었다.

이렇게 교사들을 교육하고 교사들과 회의를 통해 아이들에게 부족한 학습과 특별활동 인성교육 상담 등 다양한 특별활동을 진행하였다.

- 매월 교사 회의와 분기별 교사 교육, 교사 단합대회(대청댐) 교사 수련회를 함.
- 교사 회비로 윤일순 안경 맞춰 줌.
- 교회 사무실과 공부방 사무실 수리하여 만드시고 창고를 수리해서 교사들 교무실도 만듦.
- 공부방 연합모임 가짐(우암동, 사직, 모충동, 하늘 공부방 등), 실무자 교육도 함께 함.
- 교사회 농촌봉사활동(모심기), 어린이날 큰잔치 장터마당, 충북대 축제 때 장터마당 운영.
- 초창기 공부방은 주민도서실과 함께 운영되었다. 주민도서실이 개원하기 전까지 도서실 실무자인 박영림 전도사님께서 공부방의 중등부를 맡아 수고해 주셨고 도서관으로 복귀했을 때는 이정현(서원대) 선생님이 잠시 중등부를 담당해 주셨다.

4. 공부방 운영위원회

공부방은 운영위원회를 구성하여 매달 모여 공부방의 운영 전반의 업무와 행정을 협의하였다. 첫 운영위원회는 10월 6일 삼화령이라는 전통찻집에서 모였는데 당시 이 찻집은 기존 찻집과 다른 전통분위기로 꽤나 인기가 있었던 곳이다. 지금은 이런 곳을 찾아볼 수 없어 아쉽기도 하다. 이곳에서 첫 운영위원 일곱 분이 참석하여 공부방에 대한 이해와 현황을 듣고 운영위원들의 역할에 대한 의견을 나누었다.

5. 공부방의 자모회

첫 자모회에 어머님 여섯 분과 교사 일곱 분이 참석하였다. 자모회 때 어머님들에게 설문조사를 하여 자녀에 대한 부모의 교육열이 높다는 것과 교양강좌, 도서실, 청소년 상담실, 한글교실이 열리기를 희망한다고 하셨다. 자모회를 통해 이웃과의 만남도 갖고 부모님과 소통의 시간을 가졌다.

자모회에서는 청주 가정의학과 변재준 원장을 모시고 〈약에 대한 바른이해〉 교양강좌도 열고, 분기별로 모여 상담도 하고 강좌를 여는 등 다양한 활동과 친교가 이루어졌다.

6. 공부방 홍보

- 1992년 8월 30일 〈청주 교차로〉에서 공부방 취재.
- 1992년 10월 29일 〈청주 기독교방송〉 사랑을 나누는 사람들 프로에서 채영실 아나운서가 공부방 취재.
- 1993녕 2월 〈충북타임즈〉 김영희 기자 공부방 취재하고 교사모집, 도서모집 광고도 해주심.
- 1993년 3월 〈동양일보〉 김은정 문화부 기자 공부방 취재.
- 1993년 9월 〈청주 기독교방송〉 이수복 PD 취재.
- 공부방 후원카드를 만들었고 공부방 안내와 홍보내용을 담아 후원 1구좌에 천 원으로 후원회원을 모집하였다.
- 교회 주보에 공부방 소식란을 만들어 매주 공부방에 관한 소식을

자세하게 전해주셨다.

7. 공부방 일상 프로그램

• 간식/당시에 간식과 밥을 먹을 때마다 부르던 노래가 있었다. "밥은 하늘입니다. 하늘은 혼자 못 가지듯이 밥은 서로서로 나누어 먹습니다." 밥 먹을 때마다 쩌렁쩌렁 울리며 부르던 때가 생각난다.

• '살림공부방 노래집'도 만들었는데 이 노래집에는 복음송, 동요, 건전가요, 운동가요 등 다양한 노래가 수록되어 있었고 아이들과 모이면 함께 노래를 부르면서 시작하였다.

• '가슴 펴고 어깨 걸고'-회보 발행-공부방 활동지를 만들었다. 이름이 좋았다. '가슴 펴고 어깨 걸고' 멋진 이름에 맞게 소식지를 정기적으로 만들었다. 상하반기 분기별로 만들었고 아이들의 글과 목사님, 선생님, 부모님, 행사소식, 공부방 살림살이 보고 등 다양한 내용을 담았다.

8. 공부방 특별활동 프로그램

• 여름공동체/아이들과 함께하는 3일 동안 여름 수련회. "우리는 평화를 사랑해요."라는 주제로 노래와 성서학습, 특별활동, 물놀이 등으로 진행했다.

• 가을소풍/각 학년별로 교사와 약간의 과제를 주어 학습과 겸해서 가는데 학년별로 자연 관찰반, 고적 답사반, 인물 탐구반으로 진행했다.

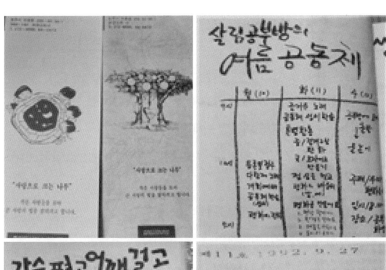

- 나무 심기/식목일을 기해 아이들과 상당산성에 올라가 나무심기를 했던 것이 기억난다.
- 민속놀이 한마당/우암공부방과 함께 모충초교에서 풍물패의 장단에 맞춰 강강수월래로 시작하여 전통민속놀이로 흥겨운 하루를 보냈다.
- 문학발표회를 열어 부모님과 선생님을 모시고 솜씨자랑을 함.
- 겨울공동체/중등부 대상 이틀 동안 진행, 월악산행 실시.
- 겨울공부방/국교부 겨울공동체 실시.
- 정나누고 힘 거드는 하루찻집/사랑만들기에서 작은 음악회(이익금 100만 원)
- 봄방학 롤러스케이트장 다녀옴.
- 어린이날 큰잔치/교대에서 함께 준비하여 참여함.(장터 운영, 짜장, 오뎅 판매)
- 환경 이야기와 무공해 비누 만들기(이충범, 조우현 선생님 진행).
- 중등부 방학 중 풍물강습 받음.
- 공부방 환경교육 마친 후 폐품 모아오면 화장지로 바꿔 줌.
- 중등부 주 2회 독서토론과 서예를 특별활동으로 함.
- 성탄발표회를 함.
- 방학프로그램으로 음악의 이론, 노래부르기, 연극교실, 영어교실 등 진행.
- 청소년을 위한 좋은 비디오 교실.(변재준, 가정의학과 의사)
- 국교부 수학교실, 음악교실, 중등부 영어수학교실 등 부진한 아이들과 특별활동은 서원대 상록수 선생님께서 담당하시기로 함.

공부방은 이렇게 교사회, 운영위원회, 자치회, 부모회 등을 구성하여 아이들의 학습과 특별활동, 행사, 회보 발행, 후원회원 확보, 기금마련 행사 등 다양한 형태로 3년 정도 운영되었다.

1995년~2002년 낭성 이전

- 1995년 6월 30일자로 김순희 실무자 사임.(내가 왜 이때 사임을 해서 공부방과 교회에 어려움을 주었는지 이해가 안 되었다.) 물론 가정의 문제가 있어 그만두었지만, 그때 그런 선택을 하지 않아도 되었을 텐데 하는 아쉬움이 크다. 목사님과 교우들에게 죄송한 마음 전한다.
- 1995년 8~12월 남진주 청년이 공부방 맡아서 하기로 함.
- 1995년 10월 26일 이전 예배.
- 1996~1997년 공부방 운영 기록이 없다.
- 1998년 겨울 공부방 4일을 도서실 주관으로 운영함. 그리기, 만들기, NIE교육함.
- 1998년 방과후 학교 시작/초등학교 저학년(1~3학년) 중심으로 1학기 2시~5시 10명, 모집홍보.
- 1999년 5월 이후 교회 이전으로 공부방 운영이 예전 같지 않았다고 함. 도서실은 그대로 두고 옴.
- 2000년 11월 12일 다시 첫 쌍샘교회로 복귀함.
- 2000년 겨울 공부방 운영.
- 2001년 겨울 공부방 운영/오전10시 30분부터 오후 2시30분까지 평일 공부방 운영/오후 3시 30분부터 6시30분까지(교과, 간식, 활동)

- 교사/박상갑, 조희, 이민경, 김연진, 김병연, 변원주, 우종득, 이승준, 이성규, 김홍숙, 노재형, 김성규, 이수연, 신혜영, 유수정, 박상희
- 학생/박혜민, 최인준, 최미영, 장유진, 최경민, 김보미, 김윤희, 최지영, 박경수, 김유진, 박단비, 연지민, 임수희, 최경민, 박인성, 박인혜
- 오전 교과 공부, 열린 수업(역사, 책 읽기, 통일 교육), 썰매 만들기
- 오후 특별활동–과학, 미술, 음악(동요, 피아노 레슨), 썰매타기, 윷놀이, 눈싸움. 편지쓰기, 시화 그리기, 점심 제공.
- 2001년 〈아이와 미래〉 화장실 개조 및 간식비 지원 받음.
- 2001년 10월 서울 푸른학교 견학 다녀옴.
- 2002년 2월 18일~ 26일까지 운영, 교사 교육하고 신학기에 다시 아이들 돌봄.
- 2002년 새날학교 잠시 쉬고 3월 18일부터 화~금요일 다시 시작. 충대, 교대 선생님이 수고하심.
- 2002년 4월 21일 공부방 환경정리 분위기 쇄신.
- 2002년 5월 운영위원들이 스승의 날 식사 대접.
- 2002년 7월 19일 쌍샘공부방(새날학교) 〈새날학교 후원과 캠프 재정마련〉을 위한 일일 찻집.
- 2002년 8월 1~3일 화양동에서 〈여름캠프〉 진행.
- 2002년 8월 1주일 여름방학.
- 2002년 10월 27일 공부방은 장소를 옮겨 교육대학 내에 마련된 공간으로 옮기고 운영 주체 역시 새날학교 선생님들이 맡게 되었다.

이렇게 하여 쌍샘에서의 공부방은 막을 내린다. 대학 내 선생님들이 새날학교로 가게 되어 무척 다행이었고 지속적으로 아이들을 돌봐준 선생님들이기에 안심하고 맡길 수 있었다.

주민도서실(1993~2002년까지)

주민도서실은 공부방을 시작으로 바로 오픈을 준비하기 위해 꾸준히 책을 모으기 시작했고 회원제로 책을 빌려주기 시작했다.

- 1993년 4월 27일 박영림 전도사님께서 공부방과 도서실 업무를 함께 해주셨다.
- 늘푸른 야학에서 도서 350권 기증.
- 대구지역의 공부방과 도서실 운영 계획을 세우고 견학 다녀옴.
- 1996년 7월 26일 주민도서실을 개원하였다. 운영위원장의 경과 보고도 있었고, 매주 월요일 휴관, 오후 3시부터 저녁 9시까지 문을 열고, 도서 대출을 했다.
- 일일 독서교실로 '글쓰기 교육과 책 읽기 지도'가 있었다.
- 매달 운영위원회를 가졌고, 회원 만남의 달도 가졌다.
- 한글교실을 개설하고 운영. 〈느티나무〉 회보 발행.
- 도서관과 공부방 운영위원회 통합운영.
- 도서관 실무자가 11월 말일로 사임.
- 글쓰기 교실이 열림. 아동과 청소년 도서방을 따로 만듦.
- 작은도서관 지회 모임, 도서관 회보 발행.
- 작가와의 만남 진행.(도종환)
- 저녁 6시부터 9시까지 조향미 선생님께서 감당해 주시기로 함.(제

반업무담당)

- 어머니 독서교실(나의 문화유산답사기, 신데렐라 콤플렉스, 자유를 위한 변명, 꽃들, 강한 여자는 수채화처럼 산다. 꽃삽과 부부, 마음 비우기)
- 쌍샘교회와 공부방과 도서실 이전.
- 1996년 2월 3일 부엉이 우는 마을에서 세 번째 〈정 나누고 힘 거드는 날〉을 실시.
- 박영구 집사님께서 실무를 맡아 하시기로 하였고, 작은 도서관연합회에서 책을 보내주심.
- 월 프로그램으로 열린 교육 강의를 실시하였고, 3월 작은 도서관 전국대회에 실무자 다녀옴.
- 1997년 9월 느티나무가 독서문화상 표창을 받음.
- 1997년 10월 철당간에서 책 시장(도서 교환전)을 열음.
- 1998년 9월 26일 상당공원 책시장.
- 1997년 10월 18일 정 나누고 힘 거드 날, 상당공원.
- 1998년 2월 도서실에서 4일간 겨울공부방 운영.(노래와 그림교실, 만들기 교실, NIE교육)
- 1998년 9월 26일 정 나누고 힘 거드는 날, 상당공원.
- 1998년 10월 모충동 책시장.
- 2002년 9월 28일 상당공원 책시장.

당시의 계획으로 쌍샘은 더 준비하여 '쌍샘자연학교'를 열 생각이었고 주민도서실 역시 '문화의 집' 같은 형태로 운영할 계획을 세웠고 그대로 추진되었다.

2003년 ~ 지금까지

쌍샘이 쌍샘자연교회로 이름을 바꾸고 들어간 곳은 낭성 호정 전 하울 골이었다. 아이들은 없었고 낡은 가구들만 몇 채 있는 그런 곳 이었다.

생태 대안의 꿈을 안고 쌍샘에 들어와 녹색교회로서 정체성을 갖기 위해 부단히 공부하고 노력하며 실천하기를 게을리하지 않았다. 모충 동 쌍샘에서 지역사회를 위해 포부 있게 실행했듯 이제는 녹색의 아버 지로 목공도 배우고 땀 흘려 농사도 짓고, 예술도 짓고, 인문학의 소양 까지 두루 갖추기 위해 다양한 책 모임과 작가님을 모시고 우리들은 녹색으로 향했다.

쌍샘은 자연을 모토로 자연과 더불어 할 수 있는 땀흘리는 주말농장 학교, 놀이문화를 꿈꾸는 신나는 놀이학교, 생태자연도서를 위주로 한 생태자연도서관, 자연에서 배우고 생명의 소중함과 생태적 감수성을 일깨워줄 자연학교와 창조질서신앙의 창조세계보전을 위한 지구살리 기 운동, 함께 더불어 사는 신앙영성 공동체를 꿈꾸며 지금까지 한발 한발 내딛으며 걷고 있다.

민들레 학교(2006년 9월~2017년 9월)

이곳으로 이사 오는 가정이 하나둘 생기면서 아이들의 소리가 들린 다. 또 다시 살림 공부방을 시작할 이유가 생겼다. 이름을 변경하여 민 들레 학교가 되었다. "작은 학교를 꿈꾸며 통합교육을 한다. 고양자유 학교, 벼리학교, 산어린이학교, 참좋은 기초학교 등을 보며 꿈꾸었다.

아이들을 자유롭고 행복하게 만드는 데 최선을 다할 것이다."라는 말씀을 나누었다.

지역에 사는 아이들만 받기로 하고 초등학생 6명과 유치원생 2명으로 시작하였다. 넘치는 아이들은 방과후 학교에 참가하고 프로그램을 돕기로 했다. 시골의 열악한 환경으로 개별지도가 필요한 아이들이 있어 학교 방과후 교실에서의 봉사로 시작하였다. 그러면서 시작한 것이 공부방이다. 김순희, 박영란, 민소영 등 몇몇이 힘을 모아 시작하였다. 공부방과 함께한 교회이기에 교회가 자리한 곳의 아이들은 우리가 함께한다는 마음이 언제든 있었다. 교회가 들어가 마을 어른들에게 칭찬을 받고, 어른들이 좋아했던 가장 큰 이유가 아이들이 동네에서 보인다는 것이다.

2007년에는 민소영 선생님께서 직장을 그만두시고 온전히 민들레 아이들을 돌보셨다. 민들레와 자연학교, 신나는 놀이학교, 주말농장 환경 주일 생명공동체가 함께 어우러져 생활하기에 아이들은 누구보다도 더 많은 경험을 하면서 생명 파수꾼으로 자라갔다. 이런 학교와 이런 공동체가 있어 얼마나 든든한지 아이를 키우는 학부모로서 너무나 감사할 따름이었다. 아이의 또 다른 품이었다. 이미 다 커버린 아이들에겐 그 무엇과도 견줄 수 없는 자산이 되었을꺼다. 힘들 때마다 하나씩 꺼내 쓰는 삶의 에너지가 되었을 것이다.

당시, 목사님께서 '민들레를 시작하며'라는 말씀을 나눠주셨다.

"민들레 학교는 가족과 학교의 좋은 점을 살려내려 한다. 서로 돕고 협력하는 마음을 배울 것이다. 꿈과 사랑을 심어줄 것이고 밝고 건강하게 자라도록 이끌 것이며, 학습지도는 물론 역사, 문화, 다양한 체험학습, 인성, 예체능, 건강한 몸과 마음을 키우는 일, 미래를 심는 학습, 세상에 희망을 주는 씨앗들이 되도록 한다. 아이들의 싱싱한 생각이 병들지 않게 지켜주고 싶다."

2021년 마을특색사업에 재선정되어 단비와 민들레의 일원화 요청으로 일원화하기로 하고 그동안 운영해 오던 민들레 학교는 문을 닫았다.

산촌교육마을 단비를 꿈꾸며

교직에서 10년의 경험을 가진 상근(현정) 선생님 부부가 내려와 대안학교를 하고 싶어했다. 그들이 가장 잘하는 것을 해보고 싶어했던 것이다. 그간의 대안학교의 꿈을 꾸고 계셨던 목사님과의 뜻과 너무나도 잘 맞았다. 우리에겐 대안학교를 할 수 있는 환경은 준비되어 있었지만 잘할 수 있는 선생님이 없었다. 조건이 충족되는 지점이다. 나름 자신감을 가지고 있는 두 선생님과 목사님은 사회적 협동조합을 통한 대안학교로 시작해 보는 것이 좋겠다 생각하셨다. 현재로서 도서관과 교회의 공간 등을 이용하면 가능하다는 판단이 나왔고 그래서 함께하고자 하는 팀을 구성했다. 마침 산림일자리연구소 그루경영체가 5인 이상 회원을 확보하면 뜻하는 바를 지원해 준다고 하여 구성원을 10명 모집하여 구체적인 대안교육에 대한 그림을 그리기 시작했다. 그루에서는 대안학교를 만들기까지의 자질과 자격 그리고 견학 등 다양한 서비스를 제공해 주어 실제 학교가 세워졌을 때 제대로 된 프로그램으로 자격 가진 능력으로 일을 할 수 있게 실질적인 도움을 주는 그런 단체였다.

세상에나 이런 좋은 단체도 있다. 얼마나 힘이 되고 든든한지 나라에 감사한 적이 없었는데 너무 고마웠다. 우린 신촌유학을 포커스로 두고 이천에 있는 농촌유학 체험장을 다녀왔다. 여럿이 가서 보고 듣고 하니 우리도 할 수 있을 것 같은 생각이 들었다. 사회적 협동조합을 만들어 지원을 받으면 일의 성과가 빠르다고 한다. 그래서 인가를 받기 위해 다각적인 노력을 기울여 인가를 획득하는 결과물을 만들어 냈다. 그리고 그에 따른 사업체를 구상하고 그에 맞는 자격을 취득하기 위해 바쁘게 이리저리 교육을 받으러 다녔다.

2021년과 2022년 사이에 내가 취득한 자격은 어마무시하다. (~흐흐) 2021년 12월 27일에 인가를 받고 사회적 육성과정 지원사업과 교육청의 마을특색사업과 중장기 위탁교육사업을 신청하여 선정되었다. 지역주민들의 화합을 위한 작은 공동체 사업에도 선정이 되었다. 대체적으로 이런 사업은 서류가 복잡하고 까다로워 신청하는 것을 지레 포기하는 사람도 많은데 젊은 두 부부 선생님은 아주 능수능란하게 일을 처리하며 심사도 잘 받아 선정이라는 패를 아주 잘 받아온다. 능력자이시다. 서류만 능한 것이 아니라 언변도 좋고 그 바탕에 깔려 있는 마인드가 최고이다. 높고 화려한 생활을 하는 주변을 제끼고 아이를 자연 속에서 키우려고 내려왔다고 한다. 훌륭한 생각을 가진 부부이다. 그리고 아이들을 가르치기에 준비된 이력과 능력이 있다.

가사와 체육은 우리 실생활에 기본 중에 기본이다. 그래서 나는 크게 대안교육의 큰 꿈은 없지만 나름 생태교육을 꿈꾸는 자로 한 부분을 차지하기에 뜻을 같이 했다. 아이들을 만나고 직접 대하니 우리 아이들이 학교에서 억지로 시간을 보낼 것이 아닌 자기주도적 시간을 선택한다면 결과는 많이 달라졌을 것 같다는 생각이 들었다. 몸이 불편한 윤지도 이러한 교육을 즐겁게 받을 수 있다면 좋겠다는 생각을 했다. 배우며 즐거운 곳, 가르치며 행복한 곳이면 너무나 좋은 일자리라 생각한다. 이곳에서 다같이 우리들이 할 수 있는 것들을 찾아 더불어 함께 만들어가는 학교가 되었으면 좋겠다. 그런 공동체가 되었으면 좋겠다. 부족한 꿈들을 채워가는 학교가 되어졌으면 좋겠고 다같이 하나의 방향으로 애쓰는 단비 공동체가 되어서 우리가 바라는 이상적인 학교도 만들고 우리의 삶도 만족스런 그런 공동체가 되었으면 좋겠다.

내가 엄청난 이상을 꿈꿔서 하는 말은 아니다. 시대적인 아픔을 함께 할 수만 있다면 최고의 장소라는 것이다. 아직은 시작이라 부족하고 채워야 하고 기초를 만드는 여러 작업이 필요하다. 일을 하는데 즐겁게 해 나갔으면 좋겠다. 몸이 무거운 현정 선생님이 기특하고 먼 길 마다하지 않고 매일 아이들과 출근하는 정화 선생님도 고맙다. 서툴고 모르는 게 많아 머리가 어지럽고 힘들어도 차근차근 하나씩 배워서 좋은 학교 만들기에 밑거름이 되어 보자고 말하고 싶다. 이렇게 좋은 환경과 좋은 교회와 목사님 성도들이 있고 뜻을 같이하는 조합원들이 있어 너무 행복하고 감사하다. 30주년이라 이런 글을 쓰게 되었지만 이런 자리를 빌어 감사한 마음을 전한다.

오늘이 있기까지 쌍샘의 정신이 그 밑바탕이 되었기에 가능한 일이라 믿는다. 하나님을 섬기고 하나님의 의를 나타내는 삶이 곧 삶과 일치일진데 특별히 쌍샘은 가난한 자들과도 생태적인 삶이 절실히 요구

되는 지금의 상황에서 많이 준비되고 다듬어져 왔다. 이런 공동체성과 가지고 있는 정신으로 이 귀한 사역을 잘 감당하길 바란다.

내가 행복하면 모두가 행복하게 될 것이다. 목사님께 배운 몇 마디 중 "세상을 바로 보는 안목을 갖는 공부를 놓치치 말고, 몸으로 움직이는 것을 하고, 사람들과의 관계 속에서 직접, 솔직하게 부드럽게 잘 풀어 간다"면 우리의 공동체는 잘 갈 것이다. 좋은 생각을 할 수 있게 해주신 하나님과 모든 분들게 감사하고 특별히 이런 삶을 본보기로 보여주고 간 민소영 그녀에게 감사를 드린다. 나에게 아직도 이 뜨거움을 느낄 수 있게 해준 그녀와 하나님과 모든 분들에게 다시 한 번 감사를 드린다.

산촌교육마을 단비 사회적 협동조합은 이사장 김순희, 이사 백영기, 이정화, 소남순, 감사 한상철, 조합원 이귀란, 이혜정, 조향미, 비조합원 민상근, 김현정, 지병희로 구성되어 있다.

다가올 미래를
노래하다

1) 그린 엑소더스(Green Exodus)를 꿈꾸며

쌍샘을 시작한 지 30년, 청주를 벗어나 시골로 온 세월이 20년이 지났다. 공간의 이동도 중요했고 필요했다. 나름 자연교회요 녹색교회로서 여러 가지 시도와 사역을 하고 있지만, 여전히 아쉽고 부족한 부분이 많다. 세상은 달라지고 좋아지기보다는 생태와 자연의 훼손과 기후위기는 더 심각해졌고 나아질 기미가 보이지 않는다. 결과를 바라보고 하는 게 아니라 하나님의 온전하신 뜻임을 믿고 이것이 우리가 살고 나가야 할 길이기에 멈출 수 없다.

쌍샘은 30년을 맞는 2022년을 녹색 출애굽의 해로 정했다. 이는 기독교환경운동연대가 지난해 기후위기 10년 프로젝트로 정한 것이다. 모두가 참여하고 함께할 일이다. 쌍샘은 앞으로의 30년 또는 그 이후는 이 길밖에는 없다고 생각한다. 무늬만이 아닌 뼛속까지 녹색교회가 되어야 하고, 생태적 삶이 온몸에 배어야 한다. 제로웨이스트, 미니멀라이프, 노마디즘과 같은 삶의 선택과 실천이 있어야 한다. 개인과 교회가 함께 끌어안고 가야만 한다.

이제는 선택의 여지가 없다. 우리가 살 수 있는 길은 그린 엑소더스, 녹색 출애굽이다. 바로의 문명과 같은 자본주의와 물질 만능의 세상에서, 지구파괴와 생명 몰살의 현장에서 약속의 땅 가나안으로의 출애굽처럼, 우리는 그린 엑소더스를 선택하고 실행해야 한다.

2) 생태 문명으로의 전환과 삶의 변화

우리 문명은 어떤 토대 위에 세워졌을까? 지금의 기후위기는 잘못된 시스템의 결과물이다. 우리는 전환의 시대를 살아가고 있다. 전환이란 변화와 다르다. 변화가 기초골격을 유지하면서 주변부만 바꾸는 것이라면, 전환은 판이 완전히 바뀌는 것이다.

근대문명의 기반은 화석연료였다. 산업 문명은 석탄과 석유라는 화석연료에 기반한 대량생산체제로 물질적 풍요를 가져왔으나 환경파괴, 자원고갈, 종의 멸종 등 심각한 부작용을 낳았다. 현재의 우리 문명은 경제 제일주의, 개인의 자유 우선주의, 보이는 것만을 믿는 실증주의, 학벌주의와 능력주의가 합쳐진 분과주의 등은 서구에서는 2-300년, 한국에서는 100년 이상 사회를 지탱해 온 이런 사고들이 합쳐져 생태위기와 인간의 위기를 초래했다. 산업 문명을 탄생시킨 사유화(enclosure)에 저항하는 공유화(commons) 운동이 확산되고 있다.

생태 문명은 전환의 방향점이다. 생태는 지구상 모든 존재와 생명이 서로 연결돼 있다는 뜻이며, 문명은 사회시스템을 구성하는 모든 분야가 근본적으로 함께 변화되어야 한다는 뜻으로 생태 문명의 전환이 방향성이다. 생태 문명은 생태와 문명이 조화를 이루는 전환의 방향을 가리킨다. 경쟁하고 배제하는 것이 아니라 협력하고 공유함으로써 적절한 물질적 수준과 최고의 정신적 수준의 문명을 만들자는 것이다.

2000년 유엔총회에서 발표된 지구 헌장에 '지구는 우리의 집이며 지상 모든 것의 집이다. 지구는 그 자체로 살아있다. 인간은 훌륭한 삶의 형태와 문화를 가진 지구의 한 부분이다.'라고 선언했다. 2002년 보고서는 지구 헌장의 원리를 '생태 문명의 원리'라고 명시했다.

이제는 민주주의를 넘어 생명주의다. 세계관의 변화는 필연적으로 네 가지 사회 체제인 정치, 경제, 교육, 종교를 변화시킨다. 정치체제를 개인권리 보장에서 생물종의 권리 보장의 생태 민주주의로 전환해야 하고, 이익을 최우선으로 하는 자본주의 경제체제를 인간과 지구의 건강을 최우선으로 하는 탈자본주의 경제체제로 전환해야 한다.

더 나아가 생명과 창조 영성을 가르쳐야 한다. 교육체제를 '인간 중심교육'에서 '생명 중심교육'으로 전환해야 하고, 구원사만 강조하는 종교에서 자연은 신의 몸으로 이해하는 창조 영성으로 전환해야 한다.(생태문명 선언/ 다른 백년)

3) 세월이라는 은총에 물들기 위하여

(1) 영성, 자연, 문화의 쌍샘 아카데미

30주년을 맞은 쌍샘은 새로운 마음가짐으로 아카데미를 꿈꿔본다. 쌍샘의 정신과 가치, 삶의 방향에 공감한다면 '영성, 자연, 문화의 아카데미'를 거쳐야 한다. 사람에게 있어 빼놓을 수 없는 것이 영성이라 생각한다.

현대사회는 통제가 안 되는 자본주의와 물질문명으로 인해 사람의 존재가치가 끝도 없이 무너졌고, 존재감은 바닥을 치고 있다. 사람이 다른 점은 내면을 가진 영적인 존재요 영성을 갖고 있다는 것이다. 신앙을 전제함은 물론 그 전 단계로라도 영성은 반드시 확인하고 집중해야 할 주제이다.

지금 인류와 함께 모든 지구 생명공동체는 큰 위기 앞에 맞서 있다. 기후위기는 그 어느 지역과 누구라도 예외를 두지 않고 있으며, 한정된 지구의 에너지와 자원은 무한대로 쓰고 버릴 수 있는 것이 아니다. 사람은 자연 없이 살 수 없으며, 자연의 터전 위에서만 존재가 가능하다.

철저한 반성과 회개의 과정을 거쳐야 하고, 새로운 선택과 삶의 방식의 전환이 반드시 필요하다. 인간중심의 문명에서 벗어나야 하고, 자본과 이익의 상관관계를 끊어내야만 한다. 이제는 상생과 공존의 길 외에는 어떤 선택의 여지가 없다.

인간은 문화적 존재라 했다. 하지만 문화적 의미와 가치 또한 자본과 파멸의 굴레를 키워왔다. 문화란 내면과 정신세계의 성숙하고 진보한 공동의 예술이요, 값으로 환산할 수 없는 인간의 우수성이다.

문화와 예술에 대한 새로운 인식과 함께 그 방향성과 내용성을 깊게 다루어야 한다. 생명을 살리고 더불어 함께하는 희망과 삶의 문화여야 한다. 서로를 죽이는 비교와 경쟁의 문화를 넘어 신뢰와 협력으로 하나님의 나라와 같은 이상적인 문화의 세계를 열어가야 한다.

(2) 월든 폰드(Walden Pond), 생태 문명의 집(풍요의 세상에서 살아나는 법)

생태 문명의 집 〈월든 폰드〉는 헨리 데이빗 소로우가 월든 호숫가에서 살던 집을 의미한다. 문명사회에 반대하며 손수 오두막을 짓고 2년 2개월을 최소한의 비용으로 단순하고 소박한 삶을 살았던 곳을 말한다.

모든 걸 등지고 갑자기 그렇게 살 수는 없을 것이다. 그렇다고 불가능하다며 두 손을 놓아버릴 수도 없다. 그린 엑소더스를 꿈꾸며 기도하는 쌍샘이 30주년을 기념하며 생태 문명의 집으로 월든 캠프를 구상한다. 요즘 텔레비전 프로그램에서도 '생존 체험'이나 '정글의 법칙' 등과 같은 프로그램이 인기다.

일정한 시간, 독립된 공간에서 인간이 이렇게 살 수도 있다는 것과 살아가는 데 있어 그리 많은 게 필요하지 않다는 것을 깨닫게 된다. 동시에 정말 소중하고 필요한 것이 무엇인지를 되찾고 회복하는 과정을 갖게 된다. 단순한 놀이나 체험일 수도 있지만, 조금만 마음을 추스르면 인생의 전환점과 새로운 계기가 될 수 있을 것이다. 삶이 복잡하고 분주해지면 동시에 잃고 놓치는 게 있듯이, 단순하고 소박하며 가벼워지면 역시 무엇과도 바꿀 수 없는 소중한 자신과 인생을 깨닫게 된다.

(3) 생활협동조합─생사고락(生死苦樂)

지금까지의 사역이랄까 일이 교회와 선교적 측면에서 비롯되었다면, 생활협동조합 생사고락은 마을과 공동체의 사람들을 위한 것이라 할 수 있다. 이제는 서로의 아픔과 상처를 보듬어 주고, 무거운 삶의 무게와 걱정을 현실적으로 돕고 책임을 져주는 것이 되게 하려는 것

삶이 복잡하고 분주해지면 동시에 잃고 놓치는 게 있듯이, 단순하고 소박하며 가벼워지면 역시 무엇과도 바꿀 수 없는 소중한 자신과 인생을 깨닫게 된다.

이다.

협동조합의 가족이 되면 이제부터 생사고락은 혼자의 몫이 아닌 가족 모두의 몫으로 함께하게 된다. 노후를 걱정하고 염려하는 가장 큰 것은 외로움과 병듦에 대한 것이다. 〈누구도 홀로 외롭게 병들지 않도록/ 줄리안 아벨, 린지 클라크〉 책처럼 그런 가능한 마을과 공동체의 삶이 여기에서 만들어지고 함께할 수 있다면 얼마나 좋을까.

이 엄청난 일을 누가 할 것인가? 그 비용과 책임을 과연 감당할 수 있을까? 겁부터 먹고 할 수 없다고 할 수도 있겠지만, 이것이 우리의 일이고, 우리의 문제라면 충분히 우리가 할 수 있고 감당할 수 있음도 사실이다. 세상은 우리가 알고 있는 것보다 훨씬 더 아름답고 따뜻하다. 좋은 사람도 많고, 같이할 수 있는 사람도 많다.

〈혼자는 외롭고 함께는 괴롭다./ 조현〉의 책은 그럼 어쩌라는 질문에 '외롭지 않고 괴롭지 않은 함께'를 알려주고 있다. 아마도 성서의 메시지와 답도 마찬가지일 것이다. 히브리 공동체가 그랬고, 초대교회의 시작이 그랬다. 물론 불완전하고 많은 시행착오와 모순을 안고 갈 수도 있으나 그 모든 것을 능가하고 잠재우는 신비와 힘이 그 안에 있다.

쌍샘, 30년의 저력이라면 가능할 수 있다. 시작부터 지금까지 함께 하신 하나님과 어깨 걸고 한길을 걸어온 교우들이 있기에 두렵지 않고 주저하지 않는다.

자연, 문화, 영성의 숨이 있는
쌍샘자연교회이야기

쌍샘을 말하다

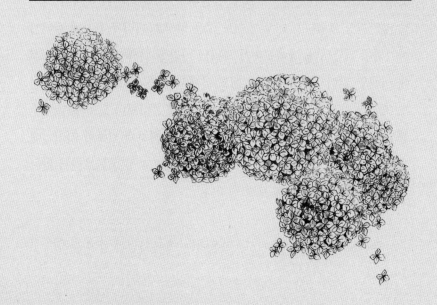

곁에서 함께 걷다

홍승표/길벗교회 목사

1. 쌍샘자연교회 30주년을 축하합니다. 10년이면 강산도 변한다는데, 그게 세 번이나 지났으니 얼마나 많은 일이 교회 안에서 있었을까요. 그래도 그걸 다 겪으며 사람으로 치면 든든한 어른으로 성장해서 이웃 교회와 세상에 젖과 꿀을 주고 있으니 참으로 고맙습니다. 저는 쌍샘교회 시절부터 쌍샘자연교회 시절까지 30년 동안 그리 멀지 않은 곳에서 작은 교회를 일구며 살고 있습니다. 너무 가까워 하나가 되지도 않았지만 그렇다고 너무 멀지도 않은 적당한 거리에서 함께 걸어서 여기까지 왔습니다. 쌍샘교회가 하나님 나라를 위해 정성을 기울인 것에 비하면 많이 모자라지만 그래도 옆에서 함께 걷다 보니 어느덧 저도 조금씩 자라고 있었음을 지나온 시간들을 돌아보며 느끼게 됩니다. 쌍샘 30년이야 백영기 목사님과 교우들이 자세하게 기록할 것이기에 저는 그 쌍샘 곁에서 걸으면서 어떤 생각을 했고 무엇을 보면서 왔는지를 10년 단위로 고백해 보려 합니다.

2. 쌍샘교회가 세워진 1992년 즈음에는 백 목사님과 함께 우리의 모

델이 될 만한 교회들을 찾아다녔습니다. 아주 가슴 설레고 행복했던 시간이었지요. 말 그대로 순수했던 시절입니다. 여기서 순수했다는 말은 많이 서툴렀으며 동시에 사욕을 거의 품지 않았다는 뜻입니다. 욕심이 없었어요. 그냥 좋은 걸 좋다면서 그걸 본받거나 우리에게 맞게 조정하여 실행할 수 있으면 계산하지 않고 했습니다. 그때 저는 보은 시골에서 아주 작은 농촌교회 목회자로 있을 때여서 상대적으로 시간의 여유가 많았어요. 그래서 쌍샘교회를 개척하기 위해 모델이 될 만한 교회를 찾아다니거나 교회 개척 초기에는 쌍샘교회를 자주 드나들며 작은 역할을 맡기도 했었습니다. 한 마디로 계산 없이 꿈을 꾸고 그 꿈을 실천해 옮겨 보기도 했던 때입니다. 그럴 때면 가슴이 설렜었지요. 요즘처럼 새것이 아니어도, 외형이 화려하지 않아도 꿈이 있고 마음이 하나로 모였기에 행복했던 시절이었습니다. 아마도 그 순수한 신앙의 뿌리가 깊게 대지에 박혔기에 오늘의 쌍샘자연교회로 자라날 수 있지 않았나 하고 생각해 봅니다.

3. 10년이 지난 2002년, 제 삶에 큰 변화가 있었지요. 아내가 세상을 떠나고 저는 새사람을 만나 사랑을 하고 혼인을 했습니다. 그리고 곧 늦둥이 사린이가 태어났지요. 그 즈음에는 제 일상 가운데 꽤 많은 시간을 아들 사린이와 함께 지냈습니다. 다른 아이들은 모르겠는데, 이놈은 무슨 일을 하면 집중과 반복을 하되 마치 즐기는 것처럼 했습니다. 가령 예를 들면 한편의 영화를 디브이디로 열 번 스무 번 반복해서 봅니다. '흐르는 강물처럼'을 그렇게 여러 번에 걸쳐 보는데, 이 영화가 미국영화니까 말을 못 알아듣잖아요, 사실 저도 못 알아듣기는 마

찬가진데, 저는 자막을 보잖아요, 이놈이 조금 있다가 저보고 자막을 읽어 달래요. 한 번 그 자막을 거의 처음부터 끝까지 읽느라 혼이 났습니다. 그렇게 한동안 보더니 그 뒤로 영화가 바뀌었는데 이 영화를 또 그렇게 반복해서 봅니다.

이번 영화는 상영시간이 두 시간쯤 되는 장편 애니메이션인데 제목이 '카'입니다. 내용을 간략하게 살펴보자면, 피스톤컵 대회 사상 최연소 챔피언을 노리는 신예 레이스카 라이트닝 맥퀸이 대회 참석차 캘리포니아로 가다가 래디에이터 스프링스라는 한적한 시골로 들어서게 됩니다. 자신이 쑥대밭으로 만들어 놓은 마을 도로를 복구하기 위해 맥퀸은 어쩔 수 없이 마을에 머물면서 떠날 궁리만 하지만 이곳에서 수수께끼처럼 알 수 없는 과거를 지닌 닥 허드슨, 샐리, 그리고 메이터를 만나면서 서서히 인생의 소중한 가치를 깨달아 가는 이야기입니다. 로스앤젤레스에서 잘 나가던 변호사였다가 우연히 들른 이 동네에 반해 눌러앉아 살게 된 샐리와 레이스카 라이트닝 맥퀸은 높은 언덕에서 66번 국도를 내려다봅니다. 거기에는 래디에이터 스프링스라는 마을과 그 옆으로 난 고속도로가 보입니다. 단 10분을 빨리 가기 위해 깔아 놓은 바로 그 고속도로. 지금은 아무도 66번 국도와 이 작은 마을을 기억하지 못합니다. 그러나 고속도로가 생기기 전에는 그렇지 않았다며 지나간 이야기를 합니다. "옛날에는 이렇지 않았죠. 도로가 생긴 대로 올라갔다 내려갔다 구불구불 빨리 가는 게 중요한 게 아니라 즐기며 가는 게 중요했죠."

저는 그리스도 신앙인은 고속도로를 달리는 게 아니라 영화 '카' 속에서 66번 국도를 즐기며 사는 길을 택한 사람들이라고 생각합니다.

속도와 돈보다 더 소중한 가치가 있다는 걸 깨달은 사람들이기에 우리는 기독교 신앙과 작은 교회를 선택했을 겁니다. 그런 삶을 즐기며 사는 삶이라고 저는 생각합니다.

아주 오래전에 읽었는데 아직도 기억하는 책이 있습니다. 내용도 좋았지만 제목이 참 인상 깊었는데 《삼십 년에 삼백 년을 산 사람은 어떻게 자기 자신일 수 있을까?》입니다. 김진경이란 사람이 쓴 책인데 이분은 시인이요, 교사입니다. 제목을 풀어보자면 서구 근대화가 300년 걸렸다는데 우리 남한은 30년에 해치웠단 말입니다. 그러니 서구보다 열 배나 빨리 숨 가쁘게 달려온 우리가 진실로 우리자신을 지키면서 여기까지 올 수 있었는가를 묻는 것입니다. 이런 화두(물음)를 한 십 년쯤 들고 있어야 할 것 같다는 고백도 하셨던 걸 기억합니다. 그러고 보면 그때 저는 속도에 매몰되지 않는 삶을 어떻게 살 것인지를 고민하며 살았던 것 같습니다.

인디언들은 말을 타고 한참 달리다가 말에서 내려 뒤를 돌아보고 한참을 서 있는답니다. 그 이유가 뭐냐하면 저 뒤에 처져있는 영혼이 올 수 있는 시간을 주기 위해서랍니다. 그렇게 시간을 보낸 뒤에 말에 올라타고는 다시 길을 떠난다는 이야기입니다. 이것은 사실 여부를 떠나서 굉장히 상징적인 이야기라고 봅니다. 우리가 근대화한다고 좋아진 것도 있겠지만 과연 지킬 것을 지키며 왔는가, 나를 잃고 산 것은 아닌지 생각해 봐야 한다고 봅니다.

제게 사회학을 가르치신 선생님은 언젠가 이런 얘기를 들려주셨어요.

"가을 운농회에서 1500미터 달리기를 구경했는데, 시골 운동장이니까 기껏해야 이삼백 미터야, 그러니까 여러 바퀴를 도는데 처음에는 비슷하게 출발하지만 달리다 보면 일등이 꼴찌를 따라 먹고 또 달린단 말야, 그러면 사람들이 그 일등을 향해 박수를 치고 야단이야. 그러니까 일등은 관심과 박수를 받으며 선망의 대상이 되는 거지. 그래서인지 꼴찌처럼 되려고 애쓰는 사람은 찾아볼 수 없어. 그런데 중요한 것은 그 관심, 박수, 선망이라는 것이 바로 노예라는 낚시에 걸리게 하는 미끼라는 사실을 아는 일이야."

그러니까 꼴찌라도 착실하게만 달린다면 아름다운 것이란 말씀이지요. 어떤 일을 하든 그 속도야 좀 느리거나 빠르거나 관계없이 내가 주체성을 가지고 성실하게 하는 것이 가장 아름다운 일 아니겠습니까. 제가 생각하는 느림의 삶은 게으르게 사는 건 아닙니다. 얼렁뚱땅 해치우는 식으로 하지 않겠다는 것이죠. 착실히 제대로 하자는 것입니다.

4. 20년이 지난 2012년 즈음에는 제가 청주로 나와 교회를 개척하고 5, 6년쯤 지나면서 고전을 면치 못하고 있던 때입니다. 그래도 어찌어찌 제가 믿는 그분께서 교회의 숨통이 끊어지게 하시지는 않아서 연명하듯 살고 있을 때인데 작은 통신을 내고 있었습니다.

보은 시골에서는 교회 이름을 따서 '회남교회'라는 이름으로 주보를 냈었는데, 청주로 나와 교회 개척을 하고는 '길벗 통신'이란 이름으로 보름에 한 번 정도 손으로 쓴 8쪽짜리 글을 펴내고 있었지요. 그 통신 앞면에는 언제나 시를 한 편 골라 베껴 쓰고 짧은 감상문을 적었습니다. 물론 요즘 시는 흔합니다. 인터넷에 떠다니는 시도 많지요. 하지만 저는 그 주간의 제 마음을 살피며 제 생각을 표현해 주거나 제 삶을 잡아주고 갈 길을 보여주는 시를 찾는 것입니다. 제가 그동안 사 모은 시집도 살펴보고 신문이나 잡지도 눈여겨봅니다. 시 자체가 생명과 평화를 이야기하는 것이 많지만 그 가운데서도 생명과 평화를 향해 나아가려는 제 자신의 '지금 여기'를 성찰할 수 있는 시를 찾는 것입니다. 이것은 통신을 읽는 사람들에게도 시를 읽는 안목과 위안을 주었다는 고백을 들었고, 더 중요하게는 저 자신을 평화롭게 깨어있게 하거나 잠깐 마음이 굴러떨어졌다가도 얼른 돌아올 수 있도록 해 주었습니다. 시를 통한 성찰이랄까요, 그런 시도를 해 보았습니다. 어떤 교수님은 대학에서 학생들에게 제안해서 수업 전 한 편씩 학생들이 고른 시를 돌아가며 읽고 나누는 공부를 해 보았는데 서로를 깊이 알고 평화로워지는 경험을 했다고 말씀하셨습니다. 그러고 보면 시를 읽는 일은 신앙인으로 평화를 도모하는 삶을 사는데 아주 중요한 역할을 합니다.

이때는 제가 우리 악기 가운데 단소를 아주 가까이 했습니다. 음악은 사람의 마음을 위로하고 평화를 준다는 걸 저는 단소를 불면서 알게 되었습니다. 물론 많은 악기 중에 단소를 택한 건 그 악기가 작고 다루기가 수월하기 때문이기도 하지만 그게 우리 악기이기 때문이었습니다. 제가 기독교 목사지만 동시에 저는 한국인입니다. 그러므로 기독교도 한국의 기독교 즉 한국인 냄새가 나는 기독교여야 한다고 생각했습니다. 이건 종교뿐 아니고 사상 문화 등 모든 분야에서도 마찬가지라고 보는데, 어쨌든 저는 그런 문제의식을 가지고 음악 가운데서도 우리 음악의 끈을 잡는 마음으로 잡은 게 단소입니다. 아직도 남 앞에서 불려면 많이 떨리고 잘 못 불지만 우리 악기의 특성은 자기 수련이 근본이기에 부족해도 행복하게 불고 있습니다. 그리고 단소를 불 때마다 저는 위안과 평화를 느낍니다.

그리고 이즈음부터 인문학을 독서하고 공부하는데 마음이 가기 시작했습니다. 사람을 제대로 알려면 심리학과 사회학을 공부해야 한다고 보았습니다. 인간 개인의 내면을 탐구하는 일과 인간이 모여 사는 사회, 즉 이 세계를 탐구하는 게 중요하단 걸 깨달았습니다. 그래서 틈틈이 신학 외에 문학, 철학, 예술 분야의 책들을 조금씩 더 보기 시작했습니다. 깊이는 몰라도 적어도 인문학을 향한 안테나를 세워 놓아야 사람의 길을 제대로 갈 수 있다고 보았던 것입니다. 저는 이 시대의 화두 가운데 하나는 조화와 균형이라고 생각합니다. 일찍이 리영희 선생은 '새는 좌우의 날개로 난다'고 말씀하셨지요. 이것과 저것을 알아야 조화를 이룰 수 있을 것입니다. 마음을 열고 살피고 받아들일 것은 받아들이고 물리칠 것은 물리쳐야 사람의 길을 제대로 갈 수 있을 것입니다.

5. 그리고 2022년 오늘 현재입니다. 이 시대의 화두는 단연 평화라고 봅니다. 사람과 사람 사이의 평화, 국가와 국가 사이의 평화뿐 아니라 사람과 자연 사이의 평화가 아주 큰 문제로 떠올라 있습니다. 최근에는 코로나 바이러스 사태로 온 세계가 수년 동안 고통을 겪기도 했습니다. 그리고 그 문제는 아직 완전히 해결되지 않았지요.

언젠가 제 선생님이신 관옥 이현주 목사님은 이렇게 말씀하셨습니다.

"상대가 누구든 무조건 싸우지 않겠다. '선한 싸움 다 싸우고'라는 찬송가를 부르고 자랐지만, 지금 나는 선한 것은 싸우지 않고 싸우는 것은 선하지 않다는 결론에 이르렀다. 그러므로 선한 싸움이란, 끓는 얼음이 없듯이, 없는 것이다."

그러나 이것은 제게 너무나 큰 이야기입니다. 이제 눈을 앞으로 당겨 우리 일상생활에서 평화실현을 어떻게 하고 있는지 살펴볼 필요가 있습니다. 남들이 부시고 조져댈 때 나는 세우고 사랑하고 위안을 주었던가? 내 삶과 세계전쟁과 자연 파괴, 기후위기와 관계가 없는 것일까요? 내가 환하게 한 번 웃는 것과 세계가 평화를 얻거나 전쟁의 도가니 속에 빠지는 것은 관련이 없는 것일까요? 나와 다른 옷을 입었거나 머리 모양을 하고 다니는 사람을 미워하는 것이 내 맘에 들지 않는 정치체제나 국가형태를 말살하려는 침략전쟁의 뿌리는 아닐까요?

시시때때로 먹는 밥이나 반찬을 보면서 그 음식이 있게 한 것들, 즉 사람, 바람, 물, 땅, 햇볕, 비, 어떤 짐승이나 곤충에게 아주 잠깐만이라도 '고맙다'는 생각을 하며 먹어 보면 그 맛이 참 좋고 내 속에 평화로운 기운이 돌아나는 걸 느낄 수 있습니다. 운전을 하고 갈 때나 무엇을 하든 폭력을 쓰지 않으려고 마음을 모읍니다. 수년 전부터 제 핸드폰에는 늦둥이 아들 사린이와 다정하게 대화를 하며 걷는 뒷모습을 배경화면으로 담아놓았습니다. 나이가 들수록 인생이 가는 속도가 빨라진다고 하지요. 벌써 저도 그 속도를 실감하는 나이가 되었습니다. 인생의 오전이 지나고 오후를 맞이한 저는 어떻게 사는 게 잘사는 것인지를 자주 생각하는 편입니다. 무엇보다 친절하고 평화롭게 지내고 싶습니다. 가능하면 폭력을 쓰지 않고 말입니다.

폭력은 멀리 있지 않습니다. 돌아보면 내가 아이의 눈을 쳐다보지 않고 내 맘대로 할 때 그게 바로 폭력이었고, 꼭 이걸 하겠다는 내 아집과 욕심을 내려놓고 상대와 진심으로 상의하고 대화할 때 그게 곧 평화였습니다. 그런데 이걸 자꾸 잊어버립니다. 그러나 포기하지 않습니다. 평화는 그렇게 넘어지고 다시 일어나면서 찾아가는 것이라고 생각합니다. 마치 자꾸 넘어지면서도 넘어지는 걸 두려워하지 않아야 마침내 자전거를 여유롭고 자유롭게 탈 수 있듯이 말입니다.

서른 살이 된 쌍샘자연교회와 백영기 목사님, 앞으로도 하나님이 제게 삶을 허락하시는 순간까지 그렇게 옆에서 걸으며 즐겁게, 조화롭게, 배우는 마음으로, 평화롭게 나아가고자 합니다. 마지막으로 프란치스코 성인의 고백이 우리의 고백이 되기를 바라며 그 고백을 다시금 새겨봅니다.

"하나님이 계십니다. 이것으로 충분합니다."

다바오살이와 쌍샘에서의
아름다웠던 기억들!

이영일/필리핀 선교사

풋풋한 사람 냄새가 간절히도 그리워 주님의 가호 아래 찾아든 이곳, 필리핀 다바오! 해 질 무렵 창문 밖으로 보이는 소박한 마을 풍경과 야자나무들 사이로 몽글몽글 피어오르는 밥 짓는 연기는 시골에서 자란 저의 어릴 적 추억을 오롯이 소환시켜 주며 잠시나마 행복에 젖게 합니다. 왜인지는 모르겠지만, 어릴 적 자랐던 고향 풍경과 순박했던 사람들의 모습은 저에겐 근원적인 그리움이 되어 어른이 된 지금도 여전히 제 곁을 맴돌고 있습니다.

추억은 미화된다고도 하지만, 가난했지만 어우렁더우렁 어우러져 살던 따뜻했던 그때를 생각해 보면 사도행전에 등장하는 초대교회의 모습도 연상되고, 자연 속 야생의 날것 그대로의 일상 속엔 〈월든〉의 헨리데이빗 소로우처럼 문명을 거부했던 그의 실험적 삶도 오버랩이 됩니다.

그런 아날로그적 감성의 연장선에서 어느덧 다바오 생활도 10여 년이 다 되어가는군요. 저마다의 차이가 있겠지만, 저에게 있어서 다바오 생활의 압권은 제 어릴 적 만났던 그 순수하고 소박했던 이웃들을 지금도 언제나 만날 수 있다는 것이 아닐까 합니다.

비록 가난하고 힘겨운 하루하루의 삶이지만, 이를 버틸 수 있는 것은 이들에겐 서로를 의지하고 힘이 되어주는 가족이 여전히 가까이에 있다는 것과 자주 만나 우애와 결속을 다진다는 점이 제겐 참 부럽기까지 하더군요. 실로 필리핀에서의 이 '가족의 힘'은 우리의 상상을 초월합니다.

현재의 우리는 최첨단의 기기들이 즐비한 꿈같은 세상을 살아가고 있지만, 한편으론 핵가족, 개인주의, 1인 가구의 수가 늘어가는 만큼 어느 모양으로든 '가족의 부재'로 인한 공허함은 이 시대를 살아가는 모두에게 있어 또 하나의 상실이자 아픔이 아닐까 합니다.

그런 면에서 저에게 있어서 "쌍샘자연교회와의 만남"은 또 다른 가족의 의미로서 참 감사하고도 흐뭇한 추억으로 간직하고 있습니다.

신학교 시절, 모충동에 있던 쌍샘교회를 처음 방문하여 만나본 백목사님은 "이분이 성서 속에 나오는 예수님이 아닌가?" 싶을 만큼 백만불(?)짜리의 온화한 미소를 갖고 계셨고, 특유의 나지막한 목소리는 당시 어디로 튈지 모르던 저의 거친 성정을 부드럽게 다독여 주셨습니다. 어렴풋이 "이분께는 배울 게 참 많겠다!"는 생각을 했었던 것 같습니다.

만날 사람은 반드시 만난다고 했던가요? 초라한 목회 생활 가운데 두 번째로 무임 목사가 되어 빈한한 시절을 보내고 있을 때, 백 목사님께서 손을 먼저 내밀어 주셨습니다. "같이 일해보자!" 순간 반갑고도 기뻤지만, 살짝 겁이 나는 것도 사실이었지요. "가슴 뜨거운 사내 둘이 더욱 가까워지면 혹시라도 치명상(?)을 주거나 입지는 않을까? 그래서 좋은 사람을 잃지는 않을까?" 그러나 그것은 기우였습니다. 2년간 가까이에서 지켜본 그의 모습은 더 인간적이었고 생각보다 훨씬 더 널널하고 쿨했으며, 섬세하고도 여린 가슴의 소유자였고 그만큼 더 따뜻했습니다. 그래서 참 좋았습니다.

한동안 어떤 곤란한 문제를 맞닥뜨리면 습관적으로 "백 목사님이라면 이걸 어떻게 풀어가실까?" 스스로에게 질문을 던지곤 했었습니다. 그만큼 백 목사님은 제 인생에 있어서 직간접적으로 큰 영향을 끼쳐주신 분이시고 더불어 쌍샘자연교회 모든 성도님들 역시 참 보통 분들은 아니신 한 분, 한 분이 귀하고 값지신 분들이십니다.

그도 그럴 것이 30년 동안을 한결같이 검은 머리 파뿌리 되도록 함께 산을 넘고 강을 건너 광야를 지나고 거친 밤을 통과해 여기까지 오신 것 아닙니까! 그리고 하늘의 이끄심 속에 중간중간 합류하여 같은 마음과 믿음으로 힘과 정성을 보태 오신 여러분들! 참으로 고생 많으셨습니다.

만인의 쉼터가 된 〈사랑방 카페〉를 함께 힘을 모아 짓던 일, 삶을 다소곳이 성찰하게 해주는 인문 학당, 잠시 어린아이로 돌아가 신나게 눈썰매를 즐기던 겨울 놀이학교. 배움과 성숙의 여름신앙공동체, 마을의 중심이자 지식의 우물터인 〈봄눈〉 생태자연도서관, 〈돌베게〉 게스트하우스, 〈마을〉 갤러리, 시골책방, 산촌교육마을 〈단비〉 등등 수없이 많은 창조적 활동과 시대를 아우르는 실험적인 시도들, 쌍샘이었기에 가능한 일이었다 생각합니다.

다시 한 번 "쌍샘자연교회 30주년"을 온 마음을 담아 축하드리며,

강산이 세 번 변하고도 남을 긴 시간 동안 한결같은 지향점을 두고 우직하고 묵묵하게 걸어오신 그 걸음에 깊은 존경의 마음을 담아 감사를 전합니다.

그 어느 때보다 전 지구적 위기의 상황들이 도처에서 발생하며 빛과 소금으로서의 교회적 사명이 간절히 요구되는 이때에, 그런 시대적 사명들을 외면하지 않고 두 어깨에 짊어지고 가는 모습에 때론 인간적인 안쓰러움이 느껴지는 것도 사실이지만, 이 모두를 붙잡고 가시는 주님이 계시고 또한 그 주님께서 기뻐하실 일이 분명하기에 도리어 은혜와 감동이 되기도 합니다. 한국에 이런 교회가 존재한다는 것이 실로 큰 위안이자 자랑입니다.

"영성, 자연, 문화의 삶을 일구는 교회!"로서 시대의 큰 화두를 붙잡고 걸어가는 그 발걸음 속에 주님의 변함없는 은총과 도우심이 늘 함께 하시길 기원하며, 그 선한 여정 가운데 더 많은 믿음의 일꾼들이 동참하여 마침내 멋진 예수마을이 우뚝 세워지길 두 손 모읍니다. 수고들 많으셨습니다!

2022년 4월 5일, 청명(淸明)에
쌍샘자연교회로부터 큰 사랑의 빛을 진, 이영일 목사 드림

신학자의 눈으로 본 쌍샘자연교회
- 선교적 교회 관점에서 -

한국일/장로회신학대학교 은퇴 교수, 선교학

한국교회는 1970-1980년대에 급성장하면서 교회 숫자와 규모와 크기에 있어서 세계교회가 놀랄만한 대형교회들이 생겨났다. 이러한 성장시기를 거치면서 한국에는 "대형교회와, 대형교회가 되고 싶어하는 교회"의 두 유형으로 나뉜다고 말할 정도로 성장과 대형화를 추구하는 교회 특성을 형성하였다. 교회의 성장과 대형화 과정이 순수하게 신앙적 동기만으로 이루어졌다고 볼 수 없는 것은 세속적 영향이 한국교회에 급속하게 유입되었기 때문이다.

종교사회학적으로 보면, 한국교회 성장과 대형화 과정은 1970년대 당시 한국사회의 경제적인 급성장, 이농현상으로 인한 도시화 현상, 빠른 속도감이 낳은 지나친 경쟁사회 등이 만들어 낸 사회적 요인으로부터 자유로울 수 없다. 하나님이 주신 복을 물질적 축복과 동일시 하며, 교회 다니는 것을 축복과 성공과 출세를 보장받는 것과 동일시 했던 것도 부인할 수 없다.[1] 도시화와 함께 발생한 교회의 급성장은 좁은 지역에 많은 교회들이 밀집하면서 개교회 중심의 성장으로 인한 교회 간 경쟁을 부추겼다. 1970년대 이후 한국사회에 나타난 성장이나 출세와 같은 세속적 욕망을 하나님이 주신 축복으로 생각하며 한국 개신교는 급속하게 세속화 되었다. 이런 현상의 실체를 알지 못하다가 1990년대 이후 교회가 정체기를 거쳐 감소단계에 접어들면서 그 큰 요인이 사회적 신뢰를 얻지 못하는 점이라는 사실을 알게 되었다. 세상이 교회, 개신교에 등을 돌리기 시작하다가 이제는 손가락질을 하고 있다. 그러나 교회에서는 내세적 영생과 현세의 축복이라는 두 가지 주제가 목회자의 신앙을 지배한다.

성장과 함께 유입된 세속적 영향으로 인하여 현재 한국교회는 위기에 직면하여 있다. 내부적으로 영적 침체와 성장률의 둔화와 감소, 지도자의 도덕적 타락이 있으며 외부적으로는 도덕적 추락과 이기주의, 공격적, 배타적 집단의 이미지로 사회적 신뢰도의 하락이라는 어려움에 처해 있다.[2]

한국교회에 희망이란 있을까? 개신교의 앞날은 어떻게 될까? 교회를 사랑하고 염려하는 사람들에게 던지는 공통적 질문이다. 필자 역시 20여 년 전 이런 질문을 가지고 한국교회를 바라보며 낙심과 절망에 빠졌던 적이 있었다. 그러나 어느 날 에베소서에서 교회에 관한 말씀

---

1) 당시 필자가 다닌 교회는 한국에서 가장 빨리 성장하는 교회였다. 7년간 교회 건물을 두 번 헐고 세 번째 크게 지을 정도로 교인수가 증가하였다. 그 이면에는 목회자의 설교와 교회가 추구했던 기복신앙이 크게 작용한 것을 나중에 깨달았다. 어느 날 철야기도 시간에 목회자는 간증할 사람을 찾으면서, "우리 교회에 나온 이후에 월세에서 전세로, 전세에서 집을 산 교우가 있으면 간증하세요."라는 말을 하였다. 당시 가장 크게 성장한 순복음교회는 말할 것도 없으며, 로버트 슐러의 《불가능은 없다》라는 책이 성경 이후에 가장 많이 읽힌 신앙서적이라고 말할 정도로 긍정적 사고와 신앙을 동일시 하면서, 세상에서의 축복을 신앙의 목적으로 추구하였다.

2) 최근에 한국교회의 문제를 다양한 각도에서 진단하고 분석한 자료로 다음의 책을 참고하라. 양희송, 《다시 프로테스탄트》(서울: 복있는 사람, 2012); 동일 저자, 《가나안 성도, 교회 밖 신앙》(서울: 포이에마, 2014)

자연, 문화, 영성의 숨이 있는
쌍샘자연교회이야기

을 새롭게 깨닫고 교회론에 관하여 회심을 하였다. 그리고 거의 비슷한 시기에 계간지로 발행되는『농촌과 목회』에 소개된 농촌 교회들의 사례를 보면서 실제적인 희망을 발견하였다. 그후 필자의 선교학 연구 방법론은 더 이상 책 안에 갇혀 있지 않고, 현장을 방문하면서 구체적으로 교회사례 연구로 바뀌었다. "발로 뛰는 선교학"이라고 부르는 현장사례연구방법론을 통해 교회로부터 무너진 희망을 회복하기 시작하였다. 쌍샘자연교회 성도가 말한 것처럼, "구원의 확신을 가진 사람이라면 이 땅에서 남다른 삶을 살아야 한다"[3] 지역주민들과 함께하며 천국의 확신을 가진 자로서 이 땅에서 하나님 나라를 실현하는 "작지만 영향력 있는 교회들"을 발견하는 것으로부터 큰 힘을 얻었다. "강호의 숨은 고수들"을 발굴하는 것이 필자에게 큰 기쁨이며 신학연구에 동력이 되었다. 그리고 이런 현장의 사례들을 신학화 하는 작업과 함께 강의와 세미나에서 신학생 및 목회자들과 공유하고, 더 나아가 세계의 각 지역을 방문하거나 지도자들을 초청하여 한국의 교회들을 소개하기 시작하였다.

쌍샘자연교회를 만난 것도 필자에게는 큰 기쁨이다. 오래전에 글을 통해서 알았지만, 이번에 연구하면서 30년 동안의 쌍샘자연교회가 하나님 앞에서, 사람들과 함께 걸어온 신앙의 순례와 선교의 여정을 살펴볼 기회를 갖게 되었다. 본 글에서는 선교적 교회론에 입각하여 쌍샘자연교회의 30년의 여정을 연구하고 그 의미를 찾아보려고 한다. 먼저 선교적 교회론에 관한 이론을 제시하고, 그 관점에서 쌍샘자연교

---

3) 쌍샘자연교회 성도 인터뷰. 2022년 5월 20일 오전 10시

회를 살펴보고자 한다. 연구자료는 교회에 관한 문서와 다섯 분의 성도 및 목회자와의 인터뷰 내용을 사용하였다.

1. 선교적 교회론의 성서적 근거

선교적 교회는 선교와 교회의 결합, 즉 교회의 본질인 선교의 관점에서 교회를 새롭게 이해하는 교회론이다.[4] 선교적 교회는 교회의 본질이 세상으로 보냄을 받은 교회로서 세상과 지역사회와 함께하며 지역에서부터 하나님 나라를 실현하는 선교적 운동을 지향한다. 그것을 위해 교회는 구체적으로 세상을 향한 하나님의 사랑과 복음을 선포하며, 지역교회와 그리스도인이 진정성을 가지고, 이웃과 더불어 살면서 소통하고 그것을 선포할 뿐 아니라 삶으로 보여줌으로, 교회에 주신 선교적 사명을 지역과 세계 안에서 실천한다. 선교적 교회는 지역 안에서 섬 같은 존재가 아니라 지역 공동체를 형성하는 방식으로 존재한다. 지역교회는 지역의 한 부분이며, 성도들도 지역 주민의 일원으로서의 정체성을 가지고 신앙을 교회 안에서 뿐 아니라 지역과 세상에서 실천하는 적극성을 갖는다.

이러한 선교적 교회를 고백하고 실천하기 위해서 하나님, 교회, 선교적 파송의 세 가지 성서적 근거를 제안한다.

---

4) 이것을 위해서는 교회론을 새롭게 이해하기 위한 신학적 프레임을 바꾸어야 한다. 교회론 뿐만 아니라 삼위일체론 하나님의 역할과 관계, 구원론, 교회와 세상의 관계, 선교론, 목회론, 성경해석학 등을 선교적 관점에서 재해석하고 재정립할 것이 요청된다.

1) 세상론:하나님의 사랑의 대상은 일차적으로 세상(cosmos)이다

성경은 이 사실을 분명하게 증거한다. "하나님은 세상을 이처럼 사랑하사 독생자를 주셨으니 이는 저를 믿는 자마다 멸망치 않고 영생을 얻게 하려 하심이라."(요한복음 3:16) 그런데 현실 교회는 하나님의 사랑을 세상보다 교회 자신에게 제한적으로 이해하는 경향이 있다. 이것은 편협하고 왜곡된 선민의식 때문이다. 이런 선민의식을 유대인 민족주의에서 볼 수 있다. 이스라엘 백성은 하나님을 세상의 하나님으로부터 자기 민족의 하나님으로 축소하는 편협한 신 인식을 형성하였다. 이스라엘 조상 아브라함에게 주신 축복의 약속은 그를 복의 근원이 되게 하여 열방이 그로 인하여 복을 받게 하려는 데 있다. 하나님은 우리(아브라함)를 통해서(God through us)" 세상을 축복하신다. 그러나 이스라엘은 하나님은 "우리를 위하여(God for us)" 존재하는 분으로만 이해한다.[5] 전자가 소명의식이라면, 후자는 선민의식을 가리킨다.

한국교회는 요한복음 3장 16절에서 영생을 강조한다. 그것은 구원론 중심의 신앙관을 강조하기 때문이다. 그러나 본문은 영생을 본 구절 전체적 맥락에서 읽어야 한다. 본문은 크게 두 부분으로 구분하여 새롭게 읽기를 제안한다. 전반부는 "하나님이 세상을 이처럼 사랑하사 독생자를 주셨으니", 후반부는 "이는 저를 믿는 자마다 멸망치 않고 영생을 얻게 하려 하심이라"로 구분된다. 본문의 전반부와 후반부의 상관성을 살펴보면, 후반부는 전반부에 근거해 있음을 알게 된다. 본문을 끝에서부터 읽어보자. 영생을 얻을 수 있는 것은 믿음이 있기

---

5) 박영호, 제2기 생명공동체학교 강의 중, 2022년 5월 10일

때문이다. 믿음은 인간의 심리적, 의지적 작용이 아니라 구체적인 내용을 갖는다. 그것은 전반부 내용이다. 믿음의 내용은 독생자 예수 그리스도가 구세주임을 믿는다. 예수를 믿을 수 있는 것은 하나님이 독생자를 우리에게 주셨기 때문이다. 하나님은 왜 독생자를 주셨는가? 하나님은 세상을 사랑하기 때문이다. "하나님이 세상을 이처럼 사랑하사"가 구원론을 위한 가장 근본적이며 궁극적 명제이다. 개인의 영혼 구원 차원에서 강조하는 "영생"의 근거는 하나님이 세상을 사랑하여 아들을 주셨고, 이것을 믿음으로 응답함으로 결과적으로 구원을 얻게 된다. 구원은 우리의 의지적 노력으로 얻는 것이 아니라 하나님이 은혜로 주신 선물이다.(에베소서 2:8) 우리의 믿음은 은혜의 통로로 역할을 한다. 전반부가 하나님의 피조세계에 대한 사랑을 고백하는 창조신앙이라면, 후반부는 그 세상을 구원하고 회복하는 구속신앙에 속한다. 예수 그리스도를 통한 구속신앙은 세상을 사랑하신 하나님에 대한 창조신앙에 근거하며, 창조신앙은 구속신앙을 지향한다.

본문이 증거하는 바와 같이 하나님의 우선적이며 궁극적 사랑이 교회가 아니라 세상의 모든 피조물이라면, 그러한 하나님을 믿는 교회는 세상을 향한 하나님의 세계와 마음으로 생각을 넓혀야 할 것이다. 믿음에 대하여 주의할 것은, 믿음은 개인적 결단이지만 믿음의 내용인 복음은 전 피조물을 포함한 우주적 차원이라는 사실이다. 참된 믿음은 우리의 생각을 믿는 것이 아니라, 성경이 증거한 하나님과 하나님의 말씀을 믿는 것이다. 그러므로 믿음은 하나님을 우리에게 끌어오는 것이 아니라 우리가 하나님에게 나아가는 것이다. 여기에서 나는 신앙의 "코페르니쿠스적 전환"이 생겨나야 한다는 점을 강조하고 싶다. 신앙은 믿는 우리 자신이 중심이 아니라, 우리를 믿음의 세계로 인도하는 하나님이 중심이라는 점이다. 마치 중세시대의 천동설 패러다임을 깨고 새로운 지동설의 세계관을 제시한 패러다임의 전환과 같이, 인간 중심의 신앙에서 하나님 중심의 신앙으로 전환되어야 한다. 그렇다면 신앙생활은 나의 세계를 확장하고 강화하는 것이 아니라, 오히려 세례 요한의 고백처럼("그는 흥하여야 하겠고 나는 쇠하여야 하리라." 요한복음 3:30) 신앙생활을 할수록 나는 하나님의 넓고 깊은 세계를 인식하고 경험함으로 나의 세계를 점점 비워가는 것이다. 자신을 비워가며 하나님의 세계로 충만해가는 것이 그리스도인의 영성이다.

"하나님이 세상을 사랑하신다"는 이 말씀에 근거하여 교회와 그리스도인의 정체성은 세상을 하나님의 관점에서 바라보며, 세상 안에 있는 교회로서 자신의 소명과 존재목적을 알게 된다. 하나님이 사랑하신 세상은 크게 세 가지로 구분된다. 첫째, 하나님이 창조하신 후 "매우 좋다"고 평가하신 세상이다.(창세기 1:31) "하나님이 지으신 모든 것을 보시니 보시기에 심히 좋았더라." 둘째, 그러나 안타깝게도 세상은 죄와 사망이 들어와 하나님을 멀리하고 분리된 세상, 타락하고 부패한 세상이 되었다. 바울은 이러한 세상을 본받지 말고 분별하라고 말한다.(로마서 12:1-2) 셋째, 그럼에도 불구하고 하나님은 이 세상을 포기하거나 버리지 않으신다. 악한 세상에 대한 하나님의 사랑은 구약과 신약 전반에 나타난 핵심 주제이다. 타락한 이스라엘을 여전히 자기 백성으로 인정하시고, 현재의 세상을 새 하늘과 새 땅으로 완전하게 회복하기를 원하는 것이 세상을 향한 하나님의 꿈이다.(요한계시록 21:5)

세상은 하나님의 사랑의 대상인 동시에 하나님의 선교현장이다. 하나님의 구원활동은 교회 안에 제한되지 않는다. 하나님의 세상 안에서 그의 뜻을 실현하며 구원을 행하신다. 교회는 자신보다 앞서 가시며 활동하시는 하나님의 뜻을 깨닫고 참여하며 증거하기 위해 부름 받았다. "하나님은 선교사보다 앞서 가신다." 왜 교회가 세상에 관심을 가지고, 세상에서 활동해야 하는가? 그 이유는 하나님이 창조하신 세상, 사랑하신 세상이며 그 속에서 활동하시는 하나님의 선교에 참여하도록 부름 받았기 때문이다. 세상을 적대시하면 교회는 스스로 자기 안에 갇힌 섬 같은 고립된 존재가 된다. 그러므로 하나님의 본성과 그의 사역의 관점에서 교회는 본질적으로 세상을 자신의 선교현장으로 받아들인다.

2) 교회론:교회는 만물을 충만하게 하는 그리스도의 충만함이다.

하나님이 세상을 창조하신 후 인간이 타락하지 않고 하나님과 교제하며 함께 살았다면 교회는 존재할 이유가 없었을 것이다. 그러나 세상이 하나님을 떠나 멀리하였기 때문에, 하나님의 피조물이며 사랑의 대상임에도 불구하고 하나님을 예배하거나 영화롭게 하지 못한다. 세상은 그 스스로의 힘으로 하나님을 알지 못하기 때문에(요한복음 1:10) 하나님은 자기 백성을 부르시고 그들을 통해서 자신을 세상에 증거하기를 원하신다.(이사야 43:10-12) 교회는 세상으로부터 선택 받은 하나님의 백성이지만 세상으로부터 분리되지 않고, 세상 안에서 존재하고 관계를 맺으며 활동하도록 부름 받았다.

바울은 에베소서에서 교회를 이렇게 정의한다. "교회는 그의 몸이니 만물 안에서 만물을 충만하게 하시는 이의 충만함이니라."(에베소서

1:23) 교회는 본질적으로 두 차원을 갖는다. 교회의 머리이신 예수 그리스도와 동시에 존재와 사명의 자리인 세상과의 관계이다. 이 두 가지 차원이 교회의 정체성을 형성한다. 교회는 그리스도의 몸으로서 그리스도와 수직적, 영적 차원을 갖는다. 동시에 교회는 만물을 충만하게 하는 그리스도의 충만으로서 수평적, 사회적 차원을 갖는다. 이 둘이 교회 본질의 이중적 특성을 보여주며, 교회의 사역에 있어서 방향과 내용을 결정한다. 교회의 특성을 좀 더 구체적으로 살펴보자.

첫째, 교회는 그리스도의 몸이다. 바울은 예수 그리스도는 교회의 머리이며 교회는 그의 몸이라고 한다. 몸이란 단어는 무엇을 의미하는가? 교회는 부활 후 영으로 세상에 임재하시는 그리스도의 현존이다. 예수의 공생애 시대에는 사도들과 사람들이 육체를 가진 예수를 감각적으로 보고 느낄 수 있었다. 예수의 인격과 삶, 사역, 관계의 실체를 보고 경험하였다.(요한일서 1:1) 그러나 예수 부활 이후 누구도 예수의 육체를 보지 못하지만, 교회를 통해서 그의 실체를 보고 경험하게 된다. 물론 현실적 교회는 불완전하고 세속적 요소를 담고 있다. 그러나 예수는 교회를 자신의 몸이라 칭하고, 복음서에 기록된 예수의 성품과 삶, 사역을 교회를 통해서 그가 다시 오실 때까지 세상에서 증인 역할을 하도록 위탁하셨다. 그리스도의 몸인 교회는 영이신 예수 그리스도를 세상에 보여주고, 경험하게 함으로 증인이 된다. 교회가 무엇을 해야 하는가를 종종 질문한다. 이 질문에 대한 답은 명확하다. 복음서에 기록한 대로 공생애 기간에 몸(육체)으로 계실 때의 예수의 모습을 그대로 계승하고 실천하는 것이다. 대럴 구더는 그런 점에서 교회는 "예수의 지상사역"에 초점을 맞추어야 할 것을 강조한 바 있다. 선교적 교회론 관점에서 보면, 기독론을 교리적 차원만 아니라 선교적 차원에서 "선교적 기독론"(missional Christology)을 제안한다.

복음서에 의하면, 예수의 지상사역은 크게 그의 성품과 인격, 삶과 사역으로 구분되는데, 이것을 다시 코이노니아, 디아코니아, 케리그마로 요약할 수 있으며 이것이 선교의 내용이 된다.(호켄다이크) 예수의 사역을 보면, 이 세 가지 사역 중에 코이노니아가 기본이 되는 것을 볼 수 있다. 먼저 사람들과 친교를 회복한다. 특히 당시 유대사회에서 친교에서 배제되고 소외된 사람들과의 관계를 먼저 회복한다. 그리고 그러한 친교에 근거하여 섬김과 봉사의 실천을 하며, 또한 하나님 나라 복음을 선포한다. 교회는 내적으로 예배와 기도, 성경공부와 성도의 친교를 하며, 외적으로 세상에서 이 세 가지 -코이노니아, 디아코니아, 케리그마- 범주로부터 다양한 활동을 세상에서 실천한다.

둘째, 교회는 그리스도의 충만함이다. 이것은 교회의 존재와 활동의 근거가 되는 생명력이 어디에서 나오는가를 밝혀주는 말씀이다. 교회는 머리이신 예수 그리스도로부터 생명을 받는다. 예수는 자신의 생명 전부를 교회에 주셨다. 예수의 지상사역은 교회에 주신 생명력을 통해서 세상에서 실현된다. 그러므로 교회는 자신이 가진 숫자나 크기, 규모 등의 자원에 의해서가 아니라 예수의 생명력으로 존재하며 사명을 수행한다. 물론 현실 교회가 가진 자원은 수단이 될 수 있으나, 그것이 교회를 진정 교회답게 만드는 근본적인 힘은 될 수 없다.

셋째, 교회를 충만하게 한 그리스도의 충만함이 실현되는 장소 (locus)는 만물이다. "만물 안에서 만물을 충만하게 하는 이(그리스도)의 충만함"이란 표현에서 교회의 진정한 현장은 세상 한 복판이라는 사실을 알게 된다. 예수의 생명은 교회를 포함하여 전 지구와 피조세계 안에서 실현된다. 이 사실이 매우 중요한 것은 왜곡된 선민의식이나 편협한 교회론에 의하여 예수의 생명을 종종 교회 안에 제한적으로 이해하기 때문이다. 한국의 현실적 교회 이미지는 크게 네 가지로 요약된다.

첫 번째, 교회는 구원의 방주이다.(방주적 교회관) 가장 일반적인 교회 이미지인데 구원론에 집중된 교회론은 세상으로부터 고립된 형태를 초래한다. 두 번째, 분리된 교회론이다. 교회는 거룩하고 세상은 악하다는 이원론적 도식은 교회와 세상을 적대적 관계로 이해하고 교회를 세상으로부터 분리시킨다. 세 번째, 건물중심의 교회론이다. 교회를 건물이나 장소 중심으로 이해하는 경향은 신앙생활을 건물 안에서 경험하는 교회생활과 동일시 한다. 네 번째, 프로그램 중심의 교회론이다. 다양하고 많은 프로그램들을 실행하는 한국교회는 선교나 봉사활동을 프로그램을 통해서 열심히 실천하나 일상에서는 무관하게 지내는 경향이 크다.

앞에서 언급한 교회의 네 가지 이미지를 극복하지 못하면 목회자의 목회관이나 성도의 신앙생활은 모두 편협한 교회론의 한계를 넘어가지 못하고 교회 자체에만 집중하게 된다. 그러나 교회는 교회 자신을 위해서 부름 받지 않았다. 교회는 하나님이 창조하시고 사랑하시는 만물, 세상 전체를 위해 존재하며 활동한다. 교회는 세상과 함께하며 (church with the world), 세상을 위해(church for the world) 존재하며 보냄을 받은 선교 공동체이다. 이러한 선교적 교회론은 마을 목회의 교회론적 근거가 된다.

3) 선교적 교회론의 선교론:세상으로 파송받은 선교 공동체로서의 교회

전통적인 선교 개념에서 보면 교회를 선교의 주체로 이해하였다. 교회가 선교사를 해외지역으로 파송하고 후원하기 때문이다. 선교사 중심으로 선교를 이해하면 교회가 선교의 주체인 것처럼 보인다. 그러나 성경이 증언하는 바는 선교의 주체는 교회 이전에 삼위일체 하나님 자신이다. 하나님 아버지는 아들을 세상에 파송하셨다.(요한복음 20:21) 성령은 아들과 함께 세상에서 일하신다. 선교는 근본적으로 하나님의 선교이다. 선교하는 하나님은 교회를 선택하고 또한 세상으로 파송하신다. 교회는 하나님으로부터 세상으로 보냄을 받은 선교 공동체다. 교회의 선교적 사명은 교회보다 먼저 가시고, 교회를 움직이는(사도행전 10장) 하나님의 선교활동에 부름(소명)과 보냄(파송)을 받아 참여하는 선교적 실체이다. 하나님은 세상과 함께 하신 것처럼 교회와 함께하시고, 동시에 교회를 세상으로 파송하여, 교회를 통해서(God through us) 일하신다. 하나님의 선교 관점에서 보면, 교회가 하나님의 선교활동의 유일한 도구는 아니다. 그러나 교회가 하나님의 뜻을 알고, 믿음으로 순종하며 참여한다는 점에서 하나님의 선교의 필수적 도구임이 분명하다. 그러므로 교회는 언제나 자신을 부르시고 파송하신 하나님의 뜻에 합당한 선교를 해야 한다.

예수의 생명력으로 세상에서 일하시는 하나님의 선교에 참여하는 교회는 다양한 영역에서, 때로는 교회가 알지 못하는 방식으로 활동하는 하나님의 선교를 깨닫고 믿음으로 참여할 수 있어야 한다. 시대와 상황에 따라 하나님은 교회보다 앞서 가서 새로운 지평을 열어, 교회를 깨우치며 교회를 하나님의 선교에 참여하도록 이끌어 가신다. 하나님의 선교 관점에서 보면, 성경은 온통 하나님이 먼저 일하시고, 하나님의 백성을 깨우치시고, 동참하도록 인도하는 사건의 기록이다.

2. 쌍샘자연교회 사역의 선교학적 의미

1) 가난한 사람들과 함께하는 사회적 선교로 출발한 교회

"왜 그런지 모르겠지만, 가난하고 작은 교회가 좋다. 하나님의 은혜는 크고 풍성하지만, 삶은 소박하고 단순해야 한다." 백영기 목사가 모충동에서 목회를 시작할 때 가졌던 고백이다. "가난하고 작고 소박한 교회"는 당시 시대상과는 적합하지 않은 교회관이다. 백영기 목사가 가난한 교회를 지향하는 것은 당시 시대상인 교회의 대형화를 의도적으로 멀리하기보다는 분명한 신학적 근거를 가지고 있다. 예수의 성육신을 묵상할 때 지상에서의 예수의 삶은 "가난과 소박함과 단순함 그 자체이셨다. 하나님에 대해서는 늘 부유하셨고, 당당하셨으며, 평화로우셨다. 당신의 말씀이 복음이셨고, 삶이 사랑이고 자비였고, 죽음조차 구원이요 은총이셨다." 백영기 목사는 목회자로서의 자신의 삶이나 그리스도의 몸으로서 교회가 예수의 성육신에 담긴 의미와 삶을 닮아가는 것을 원한 것임을 알 수 있다. 이러한 교회론은 오랫동안 큰 교회에서 신앙생활을 하다가 쌍샘자연교회로 옮긴 성도의 고백을 통해서도 확인된다. 쌍샘자연교회에 출석한 초기에는 가난하고 작은 교회에 아픔과 연민을 가졌으나, 교회에 다니면서 작은 교회들의 연대를 통한 사역을 경험하면서 큰 감동을 받았고, 동시에 큰 교회 교인으로서 가졌던 오만함을 회개하였다. 작지만 하나님께서 살아서 일하시는 교회에서 풍요로움을 경험하며, 이런 교회를 인도하는 목회자로부터 예수

님의 모습을 느낄 수 있었다고 고백한다.[6]

쌍샘교회는 가난한 지역에서 사람들을 섬기는 활동으로 시작하였다. 처음에 한 일은 지역의 아이들을 돌보고 섬기는 마음에서 마을 공부방을 시작하였다. 방과 후 갈 곳이 없는 아이들을 위해 교회는 기꺼이 장소를 제공하고 교회 안과 밖의 청년들의 도움으로 아이들에게 공부를 가르치며 함께 놀았다. 마을 공부방은 수요의 증가에 따라 자원봉사자들이 많아지고 점점 발전하였다. 공부방에 이어 작은 주민도서실을 설립하여 운영하였다. "책 한 권이 인생을 바꿀 수 있다."는 확신을 가지고 시작하였는데 도서관은 작은 음악회와 크고 작은 문화활동으로 확장되었다. 또 도서관을 통해 지역의 문맹인들에게 한글을 가르치는 한글 교실을 열었고, 뒤늦게 깨우친 한글을 통해서 평생 마음에 간직해 온 삶의 이야기들을 글로 풀어내면서 자신의 삶의 가치와 의미들을 다른 사람들과 공유하는 열매를 맺었다. 작은 도서관은 동네 학교로 발전하면서 몰인정과 경쟁과 가식으로 각박한 사회가 되어버린 곳에 인정과 여유, 진실과 전진, 웃음과 평화를 실현하면서 사회의식과 역사의식으로 형성된 인간다움을 누리는 작은 세상을 만들어 갔다.

성경은 가난을 배격하거나 예찬하지 않는다. 성경에서 증언하는 가난은 고통과 궁핍, 억압일 수 있으나, 동시에 하나님의 풍성한 기쁨과 넘쳐흐르는 자유를 포함하고 있다고 멜버른 선교대회(1980)에서 고백한다. 가난한 사람을 위한 예수의 선택은 하나님 나라가 어떻게 받아들여지는가를 보여준다. 예수는 언제나 가난하고 어려운 사람들에게

---

6) 쌍샘자연교회 성도 인터뷰

자연, 문화, 영성의 숨이 있는
쌍샘자연교회이야기

연민을 가졌고 그들에게 말씀을 전할 뿐 아니라 친히 먹을 양식을 주셨다. 자발적 가난을 선택하는 것은 성경이 우상숭배라고 언급한 탐심을 경계하고 멀리하는 것도 있고, 적극적으로 가난한 사람들을 우선적으로 선택하신 예수의 삶을 실천하는 적극적인 신앙의 삶도 있다. 복음은 모든 사람들에게 좋은 소식이지만, 특별히 가난한 사람들에게 더욱 기쁜 소식이다. "가난한 사람들 사이에서 복음을 선포하는 것은 메시아 왕국의 표징이며, 오늘날 우리가 선교에 참여하는 정당성을 판단하는 주요한 기준이 된다." 그러므로 자발적 가난을 선택할 뿐 아니라 세상의 가난한 사람들, 사회적 약자, 주변화 된 사람들과 함께 연대하며 고난에서도 하나님의 풍성한 은혜를 경험할 뿐 아니라, 그들을 억압하고 착취하고 가난을 구조적으로 영속화 하는 모든 제도와 세력으로부터 이들을 해방시키며 인간의 존엄성을 회복하는 하나님의 선교에 동참한다. 이런 점에서 가난하고 소박하고 단순한 교회를 추구하는 쌍샘자연교회는 한국교회를 삼켜버린 세속주의와 맘모니즘으로부터 복음과 교회의 순수성을 지키고 보전하며 세속화 된 교회로부터 절망하는 이들에게 참된 교회의 실현이 불가능하지 않다는 희망을 제시한다.

2) 마을과 함께하는 선교적 교회

쌍샘교회는 30년 전 모충동에서 시작할 때부터 지역사회와 함께하는 교회로 출발하였다. 백영기 목사는 교회란 어떤 공동체인가란 주제를 가지고 교인만을 위한 교회가 아니라 교회 밖 세상 사람들에게 교회가 무엇인가를 끊임없이 묻고 답하는 시도를 해왔다고 진술한다. 그렇기 때문에 모충동에서는 가난한 사람들이 살고 있는 지역의 특성에 따라 사회선교로 시작하였고, 낭성으로 이주한 후에는 아름다운 자연환경 속에서 더불어 살아가며 자연의 가치와 생명의 소중함을 보전하며 실천하는 녹색교회를 지향한다. 백영기 목사의 교회론은 세상 안에서 세상과 함께하는 교회여야 한다는 선교적 교회론에 충실하다. 교회는 "산속의 기도원이나 수양관이 아니라 지역과 마을에 자리를 잡고 한 시대를 더불어 살아가기에 철저히 지역과 민족과 시대성을 갖고 가야 한다."

마을과 함께하는 교회가 되는 과정은 저절로 이루어지지 않는다. 도시 교회로서 오랫동안 머물다가 농촌지역으로 이주하였기 때문에 처음에는 농촌문화를 쉽게 이해하거나 적응하는 것이 어려웠다. 마음은 농촌지역과 함께하는 교회가 되고자 하였으나 현실적으로는 이주 초기에 부딪침과 갈등을 겪었다. 그것은 의도와는 다르게 농촌 지역의 특성이나 문화를 알지 못하였기 때문에 발생한 것이다.

도시교회에서 여름수련회를 와서 밤 늦게까지 교회문을 열어놓고 찬양과 기도와 예배하는 소리에 농민들이 밤잠을 설치게 된 것이다. 도시 교인들에게는 삭막한 도시에 살다가 아름다운 농촌지역에 와서 마음껏 찬양하고 기도하는 시간이 얼마나 좋았을까 짐작이 간다. 그러나 농촌 주민들에게는 그 시간이 고역이 아닐 수 없다. 낮에 힘들게 일하고 밤에 충분한 휴식을 취해야 하는데 교회에서 울려퍼지는 찬송과 기도소리에 잠을 이루지 못한 것이다. 그래도 3년이나 참고 견디다가 교회를 찾아와 고통을 호소하였다. 이런 경험은 백영기 목사나 쌍샘자연교회가 농촌을 이해하고 마을과 함께하는 교회가 되는데 중요한 계기가 되었을 것이다.

도시지역이나 특히 농촌지역에서 마을과 함께하는 교회가 되기 위해서 이해와 소통, 대화가 필요하다. 교회 건축이나 도시교회 수련회와 같은 일들을 통해서 농촌사회를 이해하고 진정으로 소통하는 법을 배운 것이다. 쌍샘자연교회는 이러한 과정을 통해서 진정으로 마을과 함께하는 교회가 될 수 있었다. 농촌지역에 예민한 환경이나 지역 아이들의 교육과 문화, 복지 같은 주제는 지역교회의 주요한 선교분야이다. 교회는 이런 분야에서 지역의 교회가 되고 싶은 것을 말로만 아니라 실천을 통해서 보여주어야 한다.

이런 생각으로부터 쌍샘자연교회는 농촌지역의 교육, 복지, 문화, 자연 생태계의 특성과 필요에 따라 구체적인 활동과 프로그램을 실행한다. 초등생을 위한 토요자연학교, 겨울놀이학교, 마을의 주민들이 함께 참여하는 가을 잔치 등 마을과 함께하며 마을의 필요를 채우는 활동들이 하나 둘씩 늘어간다. 지역에서 생산되는 농산물을 판매하는 로컬푸드 운동을 전개하였으며, 공부방으로 시작한 모임이 민들레 학교로, 교육문화공동체(단비)가 사회적 협동조합 방식으로 활성화되고, 지방분권시대와 주민자치시대를 맞아 지역활동에 있어서도 교회와 기관과 주민들이 협력하는 삼자협력체제를 통해서 지역의 필요에 실제적이며 규모 있는 사업들을 진행할 수 있었다. 이 모든 활동은 처음에는 공부방과 같은 작은 일로 시작하지만, 시간이 지나면서 예상하지 못한 다양하고 창조적인 프로그램과 활동들로 확대되며 발전해 간다.

쌍샘자연교회는 낭성에 이주한지 3년이 지나면서 마을의 이장과 새마을지도자 등과 함께 마을 발전에 대한 이야기를 나누며 구체적인 계획을 세웠다. 마을의 자원과 교회의 인력, 기관의 지원 등이 협력하여 산림청에서 주관하는 산촌마을, 정보통신부가 주관하는 정보화 마을 등에 선정되면서 마을에서의 활동이 점점 확장되어 갔다.[7] 그것은 교회가 마을에 관심을 가지고, 필요를 발견한 후, 교회가 가진 자원들을 연결시켜 활동 프로그램을 만들어가기 때문이다. 이런 과정을 통해서 교회의 좋은 소문이 나고, 찾아오는 방문객들이 늘어나면서 결과적으로 교회가 든든히 세워진다.

쌍샘자연교회는 공동체 교회를 강조하고 있다. 그것은 교회 안에서 교인 중심의 공동체만 아니라 지역사회 안에서 주민들과 함께 만들어가는 공동체를 지향한다. 쌍샘자연교회가 낭성지역에 와서 특기할 만한 결과를 만들었다. 그것은 사라져가는 마을에 생기를 불어넣어 마을이 활성화 된 것이다. 이주할 때 지역에 9가구가 살고 있었는데, 2022년 현재 60여 가구가 살고 있으며 살기 좋은 마을로 이주하고 싶어하거나 방문하는 사람들이 늘고 있다. 도시에서 농촌으로 교회만 옮긴 것이 아니라 교인들도 함께 이주하였다. 그러나 이 지역의 자연환경과 살기 좋은 이웃들을 보고 도시에서 이주해 온 가구들이 늘고 있다. 오늘 한국은 인구감소와 함께 지방소멸의 위기를 심각하게 직면하고 있다. 이런 상황을 고려한다면, 쌍샘자연교회가 지역과 함께 이루어가는 마을의 변화는 지방소멸위기 시대에 주목할 만한 결과를 만들고 있다.

---

[7] 필자는 이런 현상을 눈덩이 이론, 혹은 성령의 확장성이라 칭한다. 전국의 교회사례를 연구하면서 거의 동일한 현상들을 보게 되었다. 처음에는 누구나 할 수 있는 작고 소박한 프로그램으로 시작하였지만, 시간이 지나면서 점점 다양하고 창조적인 프로그램으로 발전하면서 규모와 내용면에서 놀라운 확장을 가져온다.

자연, 문화, 영성의 숨이 있는
쌍샘자연교회이야기

사실 교회는 마을에서 여러가지 면에서 탁월한 자원들을 가지고 있다. 교회 건물이나 공간, 다양한 구성원들과 그들의 은사와 재능이 보유하고 있는 인적 자원, 그리고 세상에서의 삶을 하나님의 소명으로 여기며 살아가는 헌신적인 성도들의 자발적인 봉사활동은, 교회 안에서는 선교의 이름으로 실천하지만 교회 밖에서는 마을의 발전을 실현하는 최고의 자원이다. 그동안 한국의 교회들은 방주적 교회관으로 건물 안에 갇혀 있어 교회가 가진 자원의 대부분을 교회 자체를 위해 사용해 왔다. 그러나 눈을 밖으로 돌려 지역과 세상을 바라본다면, 교회에게 있어서 선교적 비전과 내용은 무궁무진하다. 현재 한국사회가 안고 있는 많은 문제들은 교회들에게는 선교적 과제라고 말할 수 있다. 쌍샘자연교회야말로 마을의 교회로서 이러한 희망을 발견하는 것이 큰 기쁨이 된다.

3) 세상과 소통하며 아름답게 만들어 가는 교육 문화사역:
문화, 영성, 교육의 하모니

일반적으로 문화를 도시에서만 경험할 수 있다는 편견에 대하여 보령 시온교회의 김영진 목사는, 농촌은 문화가 없다고 하는데 농촌이야 말로 풍성한 문화가 있다고 강력하게 주장한다. 문화에 대한 김영진 목사의 정의를 들어보자. 마을에서의 문화는 거창하거나 특별한 것이 아니라 "마을의 감성을 드러내고, 그 감성에 연결된 각각의 고리를 통해 마을 스스로 가지고 있는 가치를 누리는 일이 작은 의미에서 마을 문화라고 할 수 있다. 본래 문화란 인간이 사회를 통해, 또는 자연과 집합적으로 상호작용하면서 형성한 다양한 유 · 무형의 문화유산을 뜻한다. 마을 문화는 마을에서 이루어지는 상호작용과 지적, 예술적 활동을 통해 형성된 문화적 결과이다."[8]

쌍샘자연교회는 김영진 목사가 언급한 것과 같이 문화를 거창하게 전개하지 않는다. 백영기 목사의 문화관은 분명하다. 문화를 "사회나 조직의 구성원들이 공유하고 있는 가치관과 신념, 이념, 습관 같은 것"이라고 정의하며 교회는 구체적인 시간과 공간 안에 존재하기 때문에 기존 문화에 영향을 받거나 새로운 문화를 만들어 낼 수밖에 없다고 본다. 그러므로 교회를 "신앙공동체로만 보지 않고 문화와 사회의 장으로 보는 관점은 매우 중요한 시선"이라고 말한다. 그러므로 백영기 목사는 교회를 문화적이고 사회적 공동체로 이해해 왔고, 지역사회의 특성과 필요에 따라 문화 콘텐츠를 창조적으로 만들어 실현하였다. "문화의 기본 자리는 공동체이자 마을이다. 마을이 시들해지고 죽어 가는데 교회만 잘 될 수 없다. 마을 안에서, 마을과 함께 존재하는 교회라면 마을이 활기차고 지속 가능한 공동체로 세워지는 일에 교회가 예외일 수 없다." 마을이 가진 천혜의 자원과 필요를 발견하면서 지역사회에 적합한 문화와 교육활동을 전개하였다. 초기에는 지역의 아이들을 가르치는 공부방을 시작하여 지역아동센터로 발전하였고, 이 것은 다시 민들레 학교로 전환되었다. 이 학교는 다시 교육문화공동체 〈단비〉란 이름의 사회적 협동조합으로 발전하여 지속적이며 대안적인 교육과 문화활동을 창출하는 터전이 되었다.

쌍샘자연교회가 실천하는 교육과 문화를 구체적으로 실천하는 프로

---

8) 김영진, 제2기 생명공동체 학교 강의안(2022. 5. 24)

자연, 문화, 영성의 숨이 있는
쌍샘자연교회이야기

그램은 시간이 지나면서 다양하게 발전하였다. 청소년들을 모아 전국의 역사와 문화 유적지를 돌아보는 역사와 문화 탐방 활동이 있으며, 목공의 재능이 있는 교우를 중심으로 〈노아 공방〉을 만들어 교회의 물건들을 직접 만들거나 수리하여 사용하고 있다. 생태자연도서관을 설립하고 도서관을 중심으로 다양한 문화와 교육활동들을 실천하고 있다. 도서관은 북스테이와 카페 운영으로 더 발전적으로 확장되고 있으며, 청년들과 어른들의 대화모임, 도서관을 중심으로 한 둘레길 조성, 산골책방 〈돌배게〉, 유아들과 어머니의 모임인 〈아기 학교〉, 사경회를 포함한 다양한 주제의 인문학 공부 모임 등을 진행한다. 교육과 문화 활동은 교회가 속한 자연의 가치와 의미의 소중함을 깨닫는 생태 교육으로 발전하면서 2022년을 그린 엑소더스(Green Exodus)해로 정하였고 향후 기후위기 시대에 적합한 친환경적이며 창조세계를 보전하는 생태적 삶을 지향하기로 방향을 정하고 녹색교회를 표방한다. 작은 교회로서 이렇게 다양한 문화 콘텐츠를 만들어 낼 수 있었던 것은, 교회가 신앙적 상상력 뿐만 아니라 문화적 상상력과 사회적 상상력을 발휘하여, 교회 안팎의 모든 유용한 자원들을 발견 또는 발굴하여 지역의 필요에 응답하고자 하는 노력에서 비롯된 것이다.

쌍샘자연교회는 이렇게 교육과 문화 분야에서도 매우 활발한 활동과 사역을 실천한다. 교회가 공부하고 만들어 내는 다양한 교육, 문화 활동들은 결코 지역에 제한된 좁은 주제가 아니라 우리 사회가 함께 공감하고 공유해야 할 내용들을 담고 있다. 이런 점에서 위에서 언급한 바와 같이 "지역이 주도하고 글로벌이 응답한다."는 새로운 패러다임의 전환이 가능한 것임을 보여준다.

3) 창조신앙과 구속신앙의 통전이 만들어내는 생명의 영성이 약동하는 교회

세계교회협의회가 발표한 두 번째 에큐메니칼 선교 문서, "함께 생명을 향하여"(2013)에서는 하나님의 선교를 성령의 관점에서 다음과 같이 선언한다. "선교는 삼위일체 하나님의 무한한 사랑의 넘쳐흐름이다. 하나님의 선교는 창조의 행동으로 시작한다. 창조세계의 생명과 하나님의 생명은 서로 얽혀 있다. (⋯) 창조세계를 품고 있는 선교는, 생태정의와 더 지속 가능한 삶의 방식, 그리고 땅을 존중하는 영성들의 발전을 위한 운동이다. (⋯) 우리는 이 땅은 폐기되고 오직 영혼만 구원받는다는 것을 믿지 않는다. 땅과 우리의 몸들은 모두 성령의 은혜를 통하여 변화되어야 한다." 이 문서는 피조세계 안에서 성령의 일하심에 따라 경험하는 영성을 "변혁적 영성과 해방의 영성"으로 표현한다. 성령은 하나님이 주신 생명을 파괴하는 세력에 대해서는 끊임없이 저항하고 변혁하며, 모든 억압과 불의와 불평등으로부터 해방시키는 영으로 고백한다.[9] 쌍샘자연교회의 기초가 되는 영성은 바로 생명의 성령과 함께하는 영성이다.

영성은 자연, 문화와 함께 쌍샘자연교회의 토대이며 지향하는 가치에 속한다. 모충동에서 사회선교를 지향할 때 영성은 정의와 공평을 선포하는 예언자 영성이었다. 예언자 영성은 가난하고 약한 자를 향한 하나님의 우선적 사랑이며 불의한 현실에 대한 의로운 분노를 가질 수 있는 정의로운 영성임을 강조한다. 또한 가난한 영성을 지향하기에 사회적 영성을 강조하면서 예언자 영성과 사회적 영성은 서로 분리할 수

---

9) 에큐메니칼 선교문서(2013), "함께 생명을 향하여"

자연, 문화, 영성의 숨이 있는
쌍샘자연교회이야기

없는 영성을 형성한다. 백영기 목사는 특히 예언자 영성과 사회적 영성이 한 뿌리를 갖는다는 점을 강조한다. 이사야서 1장 11-17절을 인용하면서 종교적 의례의 준수보다 정의를 위한 사회적 실천이 하나님의 뜻이라는 사실을 강조한다. 그러므로 "사회적 영성은 사회적인 것이 곧 영적인 것이라는 통찰로 이어진다." 마태복음 25장을 인용하면서 최후의 심판의 기준은 가난하고 약한 자를 어떻게 대하였는가에 따라 결정된다는 점을 언급하면서, "영원한 생명으로 들어가는 길은 종교가 아니라 사랑이다"고 말한다.

쌍샘자연교회가 지향하는 영성은 모충동과 낭성의 지역적 특성에 따라 크게 두 가지 특성으로 구분된다. 초기에 사회선교 비전으로 출발하면서 사회불의를 비판하고 정의와 공평을 세우는 예언자의 영성과, 가난한 사람들과 함께하는 사회적 영성을 강조하였다면, 낭성으로 옮긴 후에는 자연과 함께하는 보다 넓은 생명, 곧 생태계의 영성으로 확장되어 간다.

쌍샘자연교회가 지향하는 영성의 두 방향, 예언자 영성과 사회적 영성, 그리고 자연과 생태계를 중요시하면서 하나님의 창조신앙에 근거한 생명의 영성을 추구하는 것은 영성의 시대성과 본질을 잘 내포하고 있다고 본다. 초기에 사회선교를 실행할 수 있는 예언자적 비판의식과 영성은 우리사회의 잘못된 현실에 대한 분별과 바르게 세워야 할 바른 모습을 보여준 것이었다면, 낭성에서 자연과 생태계에 관심을 가지고 자연교회와 생태목회를 지향하는 것은 기후위기를 맞고 있는 오늘의 상황에 매우 시의적절한 신앙의 응답이라고 말할 수 있다.

한국교회는 선교 초기부터 구원론을 매우 강조하는 신앙적 전통을 형성해 왔다. 물론 개화기와 함께 들어온 기독교는 초기에 사회변화에도 적지 않은 공헌을 한 것 역시 부인할 수 없다. 그러나 종교적 영성이 강한 한국인들에게 기독교는 시대적으로, 역사적으로 어렵고 고통스러운 현실에서 벗어나서 영원한 천국을 향하는 종교적 열망에 매우 부합하였던 것 같다. 이런 전통은 선교초기부터 현재까지 개인구원과 영생을 강조하는 구원론 중심의 신앙형태로 한국교회의 근간을 이루고 있다. 어떻게 보면, 7-80년대 한국교회의 급속한 성장과 함께 대형교회들이 출현할 수 있었던 배경에는 이러한 개인과 내세중심의 영성이 큰 역할을 하였다는 사실을 부인할 수 없다. 한국교회가 보수화하고 탈사회적, 탈정치적(현재는 역설적이지만 보수신앙의 정치참여가 강하게 나타난다) 성향을 갖게 된 것 역시 이러한 개인의 영혼구원론 중심의 신앙관에 기인한 것이라고 볼 수 있다.

1960년대 이후에 독재정권과 사회적 불의에 대하여 예언자적 비판으로 정의롭고 공평한 사회를 세우려는 운동들이 민중운동과 함께 민중교회 운동으로 전개되었다. 이런 운동은 에큐메니칼 운동을 지향하는 NCCK를 중심으로 진행되었는데 여기에 참여하는 교회와 목회자들은 매우 소수였다. 그러나 이들은 꾸준히 예언자 영성과 사회적 영성으로 우리 사회를 정의로운 사회, 공평한 사회, 사회적 약자를 존중하며 인간의 존엄성을 실현하는 바른 사회로 세우려는 노력을 멈추지 않으면서, 예언자적 영성으로 한국교회가 나아가야할 방향을 제시하였다. 이러한 운동은 민주화 시대 이후에 보다 포괄적인 시민운동과 연결되면서 우리 사회의 변화에 대해 다양하게 확장된 방식으로 접근을 시도하는데 그 중에 하나가 마을 만들기 운동이다.

자연, 문화, 영성의 숨이 있는
쌍샘자연교회이야기

교회는 지역에서 마을 만들기 운동과 함께 우리 사회가 직면한 현실적인 문제들을 지역적 차원에서 접근하며 해답을 제시하고자 한다. 물론 지역 운동이 지역 안에 제한되는 것은 아니다. 지역은 당연히 전체사회를 의식하고 있는데 그러한 문제의식이 단지 거대담론이나 정치가와 전문가에게만 맡겨두는 것이 아니라 지역에 살고 있는 모든 주민들이 주체적이고 적극적으로 현실문제에 접근하고 대안을 제시하려고 한다. 교회는 이러한 지역사회의 한 부분으로 자신의 정체성을 인식하고 지역의 일에 참여한다. 특히 코로나 상황에서 교회는 지역이나 세상과 함께 분리될 수 없이 함께 가는 운명공동체인 것을 분명하게 확인하였다. 세상이 힘들면 교회도 힘들고, 세상이 연약하면 교회도 연약하다는 사실을 알게 된 것이다.

지역사회 안에는 한국과 세계 문제가 압축되어 있다. 세계가 직면한 현실문제를 지역의 일상에서 구체적으로 경험하기 때문이다. 그러므로 지역차원을 배제하거나 소외된 세계차원의 해답은 무의미하다. 세계와 한국사회의 문제를 지역사회를 통해서 살펴보며, 지역차원에서 실천함으로 전체 사회에 응답하려는 시도를 마을 목회, 선교적 교회 이름으로 실천한다. 마을 목회는 지역에 나타난 문제에 응답하려는 시도이지 지리적으로 지역 안에 선교적 의식을 제한하지 않는다. 7-80년대까지 거대담론을 중심으로 세계상황이 지역을 주도하였다면(global initiative, local response), 오늘의 상황은 지역이 주도하고 세계가 응답하는(local initiative, global response) 패러다임의 역전을 이루고 있다. 지역이 응답하지 않는 세계는 이론에 그칠 수 있다. 지역사회가 동시에 지니고 있는 특수성과 보편성에 내재된 문제의 해결방안과 지역간의 연대를 통한 확장이 오늘의 세계에 진정한 변화를 추구할 것이라고 생각한다.

4) 지역과 세상을 품고 실천하는 선교적 목회

선교적 교회를 실천하는 목회가 선교적 목회이다. 일반적으로 선교는 해외지역에서, 목회는 국내의 활동으로 인식해 왔다. 또한 선교사와 목회자의 구분으로 선교와 목회의 차이를 강조하였다. 그러나 선교적 교회 관점에서 보면, 선교현장에서도 하나님의 선교에 참여하는 교회의 활동과, 국내에서 기존의 교회중심의 목회활동이 지역과 세상을 향해 확장되는 선교적 목회로 나아가야 한다.

교회의 본질이 선교라는 명제를 받아들인다면 이러한 교회의 특성을 나타내는 '선교적'이라는 용어는 교회의 다른 역할에도 동일하게 적용하는 것이 가능하다. 선교적 교회와 함께 선교적 그리스도인, 선교적 삶, 선교적 예배 등 이 모든 것을 포괄적인 목회활동을 가리키는 용어로 선교적 목회란 용어를 사용한다.

교회가 속한 모든 현장이 선교현장이라는 논지에서 보면, 교회가 하는 모든 일은 선교적 증언을 지향해야 한다. 교회 안에서 필요한 사역들, 예배, 설교, 성경공부, 심방과 상담, 행정 등을 수행하는 목회활동 역시 그 자체가 목적이 아니라 지역교회와 그리스도인의 삶이 세상에서 증인이 되는 것에 있다. 지역교회가 선교적 교회를 구체화하는 것은 실제적으로 목회자의 목회관에 달려 있다. 목회직의 이해는 시대와 상황에 따라 다양한 관점으로 발전되거나 확장되어 왔다. 그러나 역사적 연구를 통해서 살펴본 목회직은 대부분 교회 내부적 일에 집중되어 있다.[10] 이러한 교회중심적 패러다임의 변화는 목회자의 신학적 인식과 관점의 변화로부터 시작한다. 목회자는 더 이상 제도권에 속한 목회자가 아니라, 낯선 선교현장으로 보냄을 받은 선교사가 모든 것을 새롭게 시작하는 것 같은 선교사의 영성과 운동성을 회복하고 목회에 적용해야 한다.[11]

선교적 목회는 목회영역을 교회 안에서, 교인들만을 대상으로 하는 활동의 범위를 넘어 지역사회로 확장하는데 이것은 단지 현재의 교회가 직면한 정체상태를 해결하기 위한 방법으로 제시하는 것이 아니다. 이미 선교적 교회론에서 충분히 논의가 된 것처럼 교회는 세상(지역) 안에 거하고, 세상을 향하여 보냄을 받은 '선교 공동체'라는 교회의 본질에 근거하고 있기 때문이다. 교회가 본질적으로 선교적 교회라면 그 교회에 주어진 목회 활동 역시 기존의 교회 안에서의 제한된 활동의 범위를 넘어 지역과 세상을 향한 활동과 범위를 확장해야 할 것이다.

선교적 목회 관점에서 보면, 쌍샘자연교회가 30년 동안 실천해 온 모든 내용은 "선교적 목회"란 이름으로 정리할 수 있다. 선교적 목회는 기존의 교회 안에서, 교인 중심의 제한된 목회활동의 범위를 넘어서 선교적 교회가 지향하는 대로 지역 전체를 목회의 대상으로 삼는 것이다. 마치 선교사가 특정 지역이나 건물 안에 사역을 제한하지 않고 자신이 속한 사회와 지역 전체를 선교영역으로 생각하는 것처럼 목

---

10) Kevin J. Vanhoozer and Owen Strachan, *The Pastor as Public Theologian*, 박세혁 옮김,《목회자란 무엇인가》(서울: 포이에마, 2016), 128-180.

11) D. J. Bosch, *A Spirituality of the Road*, 이길표 옮김,《길 위의 영성》(서울:한국교회 연구소, 2011), 119-144.

회영역을 확대한다.

쌍샘교회와 백영기 목사의 목회관은 크게 세 가지 영역으로 구분된다. 생명 영성 목회, 생태 자연 목회, 관계의 목회. 이 세 가지의 방향성은 담임목회자와 교회가 지향해야 할 목회철학과 목회관을 분명하게 정립한다. 그리고 다양한 실천 활동이나 프로그램은 이 목회관이 품고 있는 가치와 방향에 따라 진행한다.

첫째, 생명 영성 목회는 앞에서 언급한 바와 같이 신학적으로 창조신학과 구속신학이 서로 결합되어 나타난 생명의 영성을 지향하는 목회이다. 한국교회는 편협하고 편향된 보수적 관점에서 신앙의 주제들이 분리되어 있다. 인간론에서 영혼과 육체가, 구원론에서 내세와 현실이, 교회론에서 교회와 세상이, 전도와 사회참여가, 주일과 주중이, 예배와 삶이 분리되어 주로 전자를 강조하는 경향을 가진다. 한국교회는 구속신앙을 절대시 하면서 창조신앙을 소홀히 하거나 무관심한 신학적 편향성으로 인하여 편협한 신앙관을 형성해 왔다. 창조신앙 없는 구속신앙만 강조하면 현실에 대한 신학적 성찰이나 실천력이 매우 약해진다. 구속신앙은 세상으로부터 구원하는 점을 강조하며, 교회는 이런 사람들을 모으는 방주적 교회론에 서 있기 때문에 교회에 열심일수록 세상일에는 소홀히 하는 결과를 가져온다.

한국교회의 이런 일반적 현상에 비하여 백영기 목사와 쌍샘자연교회는 영혼과 육체가 통전적으로 이해하는 전인적 인간론, 교회로부터 지역을 분리하지 않는 마을 목회론, 교회의 예전으로의 예배뿐 아니라 세상에서의 삶을 또한 예배로 드리는 예배의 통전성(예배 후에 예배) 등이 모든 것을 포괄적으로 수용하고 목회에 반영하는 "생명 영성 목회"

를 지향하고 있다. 백 목사는 이것을 〈삶의 목회〉란 용어로 표현한다. 황홍렬 교수가 언급한 바와 같이 백영기 목사의 목회는 창조신앙에 근거하여 구속신앙을 전개하기 때문에 교회 밖의 영역을 교회와 동일하게 중요시 하며, 목회와 선교활동의 필수적 내용이 된다.

둘째, 생태 자연 목회는 위에서 언급한 바와 같이 창조신앙에 기초하여 하나님의 녹색은총을 강조하고, 녹색교회를 지향한다. 목회적 관심에 사람만 있는 것이 아니라, 우리가 살고 있는 모든 자연, 피조세계가 포함되어 있다. 하나님은 세상을 창조하시고, 타락한 후에도 여전히 세상을 사랑하신다. 하나님이 아름다운 피조세계를 우리에게 선물로 주셨기 때문에 교회는 온 피조세계를 아름답게 발전하고 보전할 책임이 있다. 인간의 한계를 모르는 탐욕이 초래한 생태계 파괴, 그로 인한 기후환경의 심각한 위기는 인류의 앞날을 어둡게 한다. 이런 관점에서 쌍샘교회는 자연을 개발의 대상으로 여기며 개발위주로 살아온 근대주의적 가치와 삶으로부터 하나님의 창조질서에 따라 친환경적 신앙과 삶을 추구한다.

셋째, 관계의 목회는 문화의 콘텐츠를 목회활동의 주요내용으로 삼는다. 문화는 사람들과의 관계에서 형성되는 활동이다. 그렇기 때문에 문화목회에서 관계를 중시한다. 구속신앙의 강조는 탈문화적 특성이 강하다면, 창조신앙의 강조는 문화적 차원에서 예술을 포함하여 세상의 모든 영역을 수용할 수 있는 여지가 있기 때문에 목회활동을 폭넓고 다양한 내용으로 형성할 수 있다. 무엇보다 관계를 중시함으로 교회가 지역에서 고립되지 않고 지역주민이나 전국에서 교회를 찾아오는 사람들과 열린 관계를 맺으며 하나님의 은혜의 풍성함을 함께 누리고 있다.

쌍샘자연교회의 세 가지 관점은 단지 목회의 방향성만 제시하는 것이 아니라 세 위원회를 구성하여 실제적으로 실천한다. 신앙선교영성위원회, 생명자연생태위원회, 문화사회공동체위원회는 교회의 비전과 꿈을, 그리고 목회의 방향을 평신도 중심으로 운영하고 있다. 기존교회가 목회자 중심의 목회로 인하여 교인들이 목회자 의존적 신앙구조를 형성하여 목회자의 지시에 따라 순종하는 태도로 소극적으로 실천하고 있는 것에 반하여, 쌍샘자연교회는 목회자와 성도가 하나님 앞에서 동등한 자격으로 동역관계를 형성하고, 각자에게 주신 은사와 재능을 함께 발휘함으로 목회자와 성도가 협력하는 방식으로 진행한다. 한국교회에서 목회자의 역할이 중요하지만, 목회자에게 주어진 역할 면에서 그러하며, 교회가 실천해야 할 일은 목회자의 전문성이나 영역을 넘어 훨씬 넓고 다양하다. 목회자와 성도가 함께하는 공동체 리더십은 교회를 풍성하게 하며, 삶의 현장에서 성도들이 "보냄을 받은 선교적 그리스도인"의 소명의식으로 선한 영향력을 실현하게 한다.

쌍샘자연교회는 작은 것은 존중하면서 피조세계 전체를 품는 넓은 신앙과 선교의 범위를 갖는다. 하나님이 창조하신 풀 한 포기, 가난한 자와 사회적 약자를 소중히 여기며, 크게는 근대주의적 가치인 개발과 경쟁과 성장을 추구하는 물질중심의 문명에서 자연과 생태계와 더불어 살아가는 생태문명으로 전환하는 비전과 방향을 실천한다. 백영기 목사의 작은 것을 소중히 여기는 목회적 감수성은 목회자와 성도, 교회와 세상, 자연에 대한 섬세한 목회를 가능하게 한다. 가난한 사람, 사회적 약자, 지역사회의 주민, 멀리서 찾아오는 방문객들, 교회를 둘러싸고 있는 아름다운 자연환경 등 이 모든 것이 백영기 목사와 쌍샘자연교회가 함께하는 목회 내용이다. 주목할 만한 것은 쌍샘자연교회의 목회는 목회자의 고유영역이 아니라 모든 성도들이 함께 만들어가는 활동이라는 점이다. 백영기 목사의 예수님을 닮아가는 순수함과 겸손함의 개인적 리더십과, 성도들의 자발적이며 헌신적인 공동체 리더십이 함께 어우러져 오늘의 쌍샘자연교회를 만들고 있다. 교회가 지향하는 바와 같이 "느리더라도 성도들과, 지역 주민들과 함께 가는 교회"가 되어 간다.

신학적으로 교회의 모이는 차원과 흩어지는 차원의 균형을 이룬다. 친교가 교회 안에 성도의 관계에 머물지 않고 지역의 주민들과 더불어 살아가는 지역공동체를 이루어 간다. 해마다 개최하는 사경회를 통해서 하나님의 말씀을 깊이 배우며 확신에 거하는 동시에, 그 말씀을 지역과 일상의 현장에서 삶으로 실천하는 살아있는 신앙을 추구한다. 교회가 속한 지역과 함께하는 지역성을 갖지만 동시에 지역을 넘어서 한국과 세계의 시대와 상황적 요구와 필요에 응답하는 교회가 되어 간다.

쌍샘자연교회는 에큐메니칼 운동이 추구하는 하나님 나라의 큰 가치인 정의, 평화, 공평, 사회적 약자를 돌봄, 창조세계의 돌봄 등이 단지 세계교회 차원의 거대담론에 그치지 않고 지역교회를 통해서 실천이 가능하다는 희망을 갖게 한다. 그런 점에서 쌍샘자연교회는 지역이 주도하고 세계가 응답하는 오늘의 선교와 에큐메니칼 운동의 패러다임의 전환을 이미 실천하고 있다.

마지막으로 백영기 목사도 언급한 바와 같이, 신영복 교수의 "열등

감 없는 변방성이 세상을 바꾼다"는 말로 글을 마무리 하려고 한다. 근대주의는 이원론적 도식으로 세상을 중심과 주변으로 구분하여 중심에서 주변으로 영향이 나아간다고 주장해 왔다. 서구사회, 강대국, 선진국, 부자, 엘리트 등이 중심이 되어 그렇지 못한 주변부 사회와 사람들을 변화시켰다고 주장한다. 그러나 오늘날 이러한 중심이 주도하는 성장과 발전이 전 세계와 우리 사회를 얼마나 계급적으로 만들었으며, 또한 생태계를 얼마나 파괴하였는가를 실감한다. 이제는 크고 강한 것을 주목할 것이 아니라, 주변부에 속한 사람들로부터 오는 작고 소박하지만 부드러운 힘으로 세상을 변화시키는 영향을 주목해야 한다. 이들의 시각으로부터 중심부가 보지 못하는 본질을 발견하고, 누구도 대상화 하거나 소외되지 않고 더불어 살아가는 생명의 관계망에서 함께 살아가는 존재임을 깨우친다. 쌍샘자연교회의 30년의 역사 속에서 이런 소중한 진리를 다시 한 번 확인하게 된 것을 감사한다.

쌍샘의 발자취
외부에 소개된 쌍샘자연교회

1) 쌍샘의 발자취

1992년	7월 10-12일	여름신앙공동체(화양동)
		-'우리는 평화를 사랑해요'
	7월 12일	청주시 모충동 266-40 주택을 임대하여 〈쌍샘교회〉
		창립,
		창립과 함께 〈살림공부방〉 개원
1993년	3월 18일	백영기 전도사 충청노회에서 목사 안수
	7월 12일	작은 도서관 〈느티나무〉 개원
		「쌍샘교회 이야기-첫 번째」 발간
	8월 6-7일	여름신앙공동체(영동 금호교회)
		-'자연과 우린 하나'
1994년	4월 14일	작가와의 만남-도종환 시인
	7월 17일	「쌍샘교회 이야기-두 번째」 발간
	8월 4-6일	여름신앙공동체(영동 약목교회)
		-'함께 이루는 좋은 세상'
	9월 25일	이충호 협력전도사 동역(1996년 1월 사임)
1995년	6월 18일	모충동 277-14번지 매입(48평)
	7월 24-26일	여름신앙공동체(청천 송면교회)
		-'변화는 마음을 새롭게 함으로'
	8월 2일	작가와의 만남-이현주 목사
	10월 26일	교회 이전 및 3주년 감사예배
1996년	2월	「쌍샘교회 이야기-두 번째2」 발간
	2월 3일	세 번째 '정 나누고 힘 거드는 날'
	3월 17일	작은 도서관 〈느티나무〉 이전
	7월 29-31일	여름신앙공동체(한얼산 기도원)
		-'그리스도인이 꿈꾸는 세상'
1997년	8월	「쌍샘교회 이야기-세 번째」 발간
	8월 2-4일	여름신앙공동체(옥화 기도마을)
		-'생명과 평화를 사랑하는 그리스도인'

	9월 11일	작은 도서관 〈느티나무〉 문화체육부장관상 수상
	10월 25일	청주 책시장-도서교환전
1998년	2월 10일	겨울신앙사경회(장주선 목사)
		-'이 세대를 본받지 말라'
	8월 1-2일	여름신앙공동체(진천 반석교회)
		-'푸른 초장 쉴만한 물가'
1999년	6월 13일	교회이전 예배-모충동 84-1
	7월 30일	「쌍샘교회 이야기-네 번째」 발간
	7월 31일 -	여름신앙공동체(보은 회남교회)
	8월 2일	-'고치시고 싸매시는 그리스도'
	10월 13일	충청노회에서 충북노회로 이전(지역)
2000년	3월 1일	김의석 교육전도사 부임(2006년 11월 26일 사임)
	3월 26일	매월 마지막 주 자연 예배-전원교회를 위해 기도
	8월 15일	여름신앙공동체(내수 형동교회)
		-'인류의 소망이신 예수 그리스도'
	11월 7일	모충동 277-14번지로 다시 이전
2001년	7월 24일	「쌍샘교회 이야기-다섯 번째」 발간
	8월 5-7일	여름신앙공동체(괴산 입석교회)
		-'코이노니아를 지향하는 교회'(자연교회 워크숍)
	9월 23일	청원군 낭성면 호정리 575번지 매입(935평)
	10월 5일	건축계획서, 후원구좌, 건축위원회
2002년	1월 6일	공동의회-항존직 피택(안수집사2, 권사3)
		*안수집사 피택: 차규명, 민태윤
		권사 피택: 이혜정, 김선례, 김지환
	4월 20일	건축허가(청원군)
	4월 28일	기공예배
	10월 14일	충북노회에 교회 이름 〈쌍샘교회〉에서
		〈쌍샘자연교회〉로 변경 청원
	11월 24일	쌍샘자연교회 입당예배

	12월 30일	「쌍샘교회 이야기-여섯 번째」 발간
	12월 31일 -	겨울신앙공동체(쌍샘자연교회)
	1월 1일	-'주여, 이곳이 좋습니다'
2003년	5월 3일	10주년 감사와 임직 및 헌당예배
		*안수집사 임직: 차규명, 민태윤
		권사 임직: 이혜정, 김선례, 김지환
	8월 6-10일	여름신앙공동체(쌍샘자연교회)
		-'영성, 자연, 문화의 교회'
2004년	2월 25-28일	겨울신앙사경회(연제국 목사, 주중교회)
		-'우리의 믿음을 새롭게 하소서'
	4월 24일	제1회 봄을 나누는 사랑의 잔치
	7월 16-18일	여름신앙공동체(쌍샘자연교회/민병억 목사, 이의용, 박원훈)
		-'생명, 평화, 사랑'(형제들교회, 초대교회, 쌍샘자연교회 연합)
2005년	1월 7일	조호운 교육전도사 부임(2006년 11월 26일 사임)
	1월 29일	정가악회 초청-'우리음악과 새해'
	1월 31일-	겨울신앙사경회(백영기 목사, 쌍샘자연교회)
	2월 2일	-'처음처럼'
	8월 13-15일	여름신앙공동체(쌍샘자연교회)
		-'내 주 예수 은혜의 바다로'
	12월 30일	호정리로 2가정 이사,
		생태마을 10가구 청원군 낭성면 호정리 593번지 매입
2006년	1월 13일	제3회 신나는 겨울놀이학교
	1월 21-22일	겨울신앙사경회(문성모, 대전신학대학교 총장)
		-'속 깊은 신앙'
	2월 9일	사랑방학교 시작(조희선, 김영수, 김조년, 김기돈, 강수돌, 김유철 등)
	5월 20일	생태도서관 건립을 위한 봄 잔치 〈기적의 도서관〉

	7월 15-17일	여름신앙공동체(쌍샘자연교회/박광수, 조희선 전도사, 최주환,
		정원범 교수)
		-'푸른 초장, 쉴만한 물기'
	9월 1일	〈살림공부방〉을 〈민들레 학교〉로
	9월 20일	〈사랑방카페〉 공사 시작
2007년	1월 26-28일	겨울신앙사경회(백영기 목사, 홍승표 목사, 이영일 목사)
		-'주님으로만, 은총으로만, 사랑으로만'
	7월 14일	창립 15주년 예배 및 행사, 〈사랑방카페〉 개원
	7월 14-15일	여름신앙공동체(쌍샘자연교회/곽은득 목사, 홍순관 음악가)
		-'푸른 의의 나무가 가득한 세상, 우리 함께 보리라'
	10월 27일	홍순관 〈평화센터〉 건립을 위한 공연-'춤추는 평화'
	12월 29-30일	겨울신앙사경회(이영재 목사, 전주화평교회, 한신대 외래교수)
		-'생명의 살림과 평화의 고집'
2008년	3월 22일	〈쌍샘자연학교〉, 〈계절학교〉
	7월 30일	〈민들레 학교〉 지역아동센터로 등록
	8월 15-17일	여름신앙공동체(쌍샘자연교회)
		-'그리스도의 교회를 배운다'(탐방)
2009년	1월 15-17일	겨울신앙사경회(엄용식 목사, 옥동교회)
		-'사랑하라는 신앙'
	6월 8일	쌍샘자연교회 녹색교회로 선정-기환연, NCCK
	7월 26일	차정은 선교사 몽골 파송예배
	8월 14-16일	여름신앙공동체(대구 작은교회)
		-'옹달샘처럼'
	11월 20일	교회부지 도로로 편입(80평),
		청원군 낭성면 호정리 526-3번지 매입(교회 옆131평)
2010년	1월 9-10일	겨울 신앙사경회(이종록 교수, 한일장신대 구약학)
		-'울고 웃는 하나님'
	1월 29일	청소년부 1박 2일-서울
	5월 7일	〈민들레 학교〉 차량지원-사회복지공동모금회

	5월 29일	로컬 푸드 〈착한 살림〉 개장
	8월 6-8일	여름신앙공동체(쌍샘자연교회)
		-'신앙으로, 자연으로, 문화로'
	11월 20일	도서관부지로 청원군 낭성면 호정리 526-2번지 추가
		매입(41평)
2011년	1월 2일	이영일 협력목사 동역(2013년 5월 18일 사임)
	1월 22일	겨울신앙사경회(이대신 목사, 김명준 목사, 이영일 목사, 백영
		기 목사)
		-'부서별 전담공부'
	2월 27일	창립 20주년 준비위원회 구성-위원장: 김선례 권사
	4월 10일	〈노아공방〉 작업실 마련
	6월 12일	공동의회-항존직 피택(장로3, 안수집사5, 권사10)
		장로 피택-민태윤, 김선례, 이혜정
		안수집사 피택-김성구, 백홍기, 김한수, 전홍배, 문세
		광
		권사 피택-박옥자, 김현득, 김정숙, 장승희, 김순희,
		소남순, 박영란, 김선희, 조향미, 허진옥
	8월 13-15일	여름신앙공동체(쌍샘자연교회)
		-'우리는 세상의 소금과 빛'
2012년	1월 3일	전성수 교육전도사 부임(2018년 11월 25일 사임, 이후 협력
		전도사로 동역)
		김용한 교육전도사 부임(2014년 5월 25일 사임)
	1월 28-29일	겨울신앙사경회(이익상 목사, 벧엘원장)
		-'제직의 신앙'
	1월 30일	공동의회 - 창립 20주년 기념사업 결의
		: 도서관 기공 감사예배, 공동체 수련회(제주), 임직식
	2월 19일	도서출판 〈꽃잠〉-묵상집, 달력, 다이어리 등
	5월 19일	도서관 〈봄눈〉 기공식 및 기부강연,
		공연-윤구병 교수, 이지상 음악인

자연, 문화, 영성의 숨이 있는
쌍샘자연교회이야기

	6월 16일	은퇴 및 임직예식
		안수집사 은퇴-차규명, 권사 은퇴-김지환
		명예안수집사 추대-백근주, 명예권사 추대-안옥희,
		남춘자, 강순자
		장로 임직-민태윤, 김선례, 이혜정
		안수집사 임직-김성구, 백홍기, 김한수, 전홍배, 문세
		광
		권사 임직-박옥자, 김현득, 김정숙, 장승희, 김순희,
		소남순, 박영란, 김선희, 조향미, 허진옥
	7월 28-30일	여름신앙공동체(제주100주년관)
		-'우리의 삶, 일, 꿈'(20주년 기념)
	10월 26일	생태도서관 〈봄눈〉 착공
	12월 23일	남녀 선교회 분립총회
2013년	1월 26-27일	겨울신앙사경회(장윤재 교수, 이화여대)
		-'정의의 영성, 생명의 자연, 평화의 문화'
	2월 24일	공동의회-담임목사 위임을 위한(대리당회장 최현성 목사)
	4월 27일	생태도서관 〈봄눈〉 흙벽돌 찍기 및 회원 만남의 날
	5월 9일	생명자연생태위원회 가정평화상 수상-기독교가정생
		활협회
	5월 19일	이영일, 손종희 선교사 필리핀 만다나오 파송예배
	7월 7일	백영기 담임목사 위임예식(충북노회)
	8월 14일	교회 예배당, 현관 실내공사
	8월 14-17일	여름신앙공동체(쌍샘자연교회/ 오종윤 목사, 김영식 선생, 윤
		석주 선생, 사이 가수, 손은희 목사)
		-'영성, 자연, 문화의 삶을 일구는 교회'
	10월 30일	갤러리〈마을〉 공사완료 및 개관식-'일상으로의 초대'
	11월 4일	〈착한살림〉 절임배추 사업
2014년	1월 18-19일	겨울신앙사경회(박총 목사, 신비와 저항 수도사)
		-'예수 그리스도와 그리스도인 영성'

	4월	「쌍샘 삶, 일, 꿈_제1호 봄: 창간호」 발간
	4월 16일	세월호 아픔으로 도서관 잔치(박총) 무기한 연기
	7월	「쌍샘 삶, 일, 꿈_제2호 여름」 발간
	8월 14-17일	여름신앙공동체(쌍샘자연교회/박성규 교수, 홍순명 음악가)
		-'조직신학 이야기, 공동체의 삶'
	10월 11일	작은교회 박람회-감리교신학대학교
	10월 25일	도서관 〈봄눈〉 기부강연, 공연-박총 목사, 최용석 국악인
	11월 23일	「쌍샘 삶, 일, 꿈_제3호 가을」 발간
2015년	1월 18-19일	청소년부 1박 2일-진도 팽복항
	1월 18-19일	겨울신앙사경회(백소영 교수, 이화여대)
		-'우리의 사랑이 의롭기 팽목항'
	2월 1일	쌍샘자연교회 공동사역팀(김선례, 장승희, 이귀란, 소남순, 민소영, 박재훈)
	6월 21-25일	청년부 필리핀 다바오 단기선교
	8월 15-16일	여름신앙공동체(쌍샘자연교회)
		-'장석연 목사, 조희선 전도사 등'
	9월 16일	100회 총회 외국인 교단대표 방문, 쌍샘자연교회 환경부분상 수상
2016년	1월 2일	김무강 목사 쌍샘자연교회 명예원로목사 추대
	1월 3일	백권진 교육전도사 동역(2018년 11월 25일 사임)
	1월 22-24일	겨울신앙사경회(임경락 목사, 시골교회)
		-'건강교실'
	6월 13일	생태자연도서관 〈봄눈〉 준공허가, 북카페 도서 및 집기 이전
	8월	「쌍샘 삶, 일, 꿈_제4호 봄, 여름: 봄 햇살이 이마에 와 닿으면」 발간
	8월 12-14일	여름신앙공동체(쌍샘자연교회/최광선 교수, 한석주 선생)
		-'영성, 자연, 문화의 삶을 일구는 신앙'

자연, 문화, 영성의 숨이 있는
쌍샘자연교회이야기

	9월 24일	생태도서관 〈봄눈〉, 게스트하우스 〈돌베개〉 개관식
		-박총 개관기념강연, 임종길 생태미술전
	12월 15일	쌍샘자연교회 공동체부문 환경대상 수상-충북환경
		인의 밤
2017년	1월 1일	조희선 전임전도사 부임(2018년 11월 25일 사임)
	1월 15일	착한헌금-지역 어른 사랑의 반찬
	1월 21-22일	겨울신앙사경회(박동현 교수, 장로회신학대학교 구약학)
		-'배역한 자식들아 돌아오라'
	4월 2일	세월호 유가족과 함께하는 예배
	5월 21일	토요 미식회(남자요리교실)-가정의 달 밥상 섬김
	7월 15일	창립 25주년 감사예배,
		「쌍샘 삶, 일, 꿈_제5호 창립25주년: 솟아나고, 흘러가
		야 할 쌍샘」 발간
	8월 12-13일	여름신앙공동체(쌍샘자연교회/정태일 목사)
		-'신비공동체의 신비로움'
	10월 21일	도서관 〈봄눈〉 개관 1주년, 〈사랑방카페〉 개원 10주
		년,
		창립 25주년 기념잔치-김혜영 작가, 갤러리 교우 솜
		씨전, 음악회 등
2018년	1월 19-23일	청소년, 청년 라오스 비전트립
	1월 20일	겨울신앙사경회(권혁일 목사, 신양교회 부목사)
		-'별을 노래하는 마음'
	3월 6-17일	이스라엘, 요르단 성지순례(18명)
	4월 2일	매주 월요일 목회자목공방 모임 〈노아공방〉
	4월 15-18일	할미꽃 어르신 제주도 나들이
	4월 29일	공동의회-항존직 피택(장로1, 안수집사3, 권사3)
		장로 피택-백흥기
		안수집사 피택-남광우, 김동욱, 하재찬
		권사 피택-송복순, 이혜정, 이승애

	5월 18일	〈사랑방카페〉 옆 수돗가 및 데크 수리
	5월 27일	〈야곱의 식탁〉 개업예배
	6월 4-30일	교회와 사택 지붕, 카페 처마, 주방 등 공사
	8월 4-5일	여름신앙공동체(홍천 밝은누리공동체)
		-'신앙의 눈으로 보는 오래된 미래'
	8월 14-30일	교회(8.58kw), 도서관(5.28kw) 태양광 설치-청주시 지원
	10월 26일	'함께하니 영화로다'-변산/롯데시네마(문화사회위원회)
	12월 25일	안산 나루교회와 함께 성탄예배
2019년	1월 6일	쌍샘자연교회 2019년 월보 만들기 시작(주보에서 월보로)
	1월 6일-	쌍샘자연교회 안식년의 해, 개인-가족 피정 안내
	1월 13일	기초공동체(구역) 모임 주일 오후 시작
	1월 17-19일	청소년, 청년부 1박 2일-안동, 구례, 지리산
	2월 9-10일	겨울신앙사경회(고진하 목사)
		-'잡초와 예수, 그리고 영성'
	2월 16일	소통-청년들과의 대화(문화사회위원회)
	2월 24일	3.1절 100주년 기념 주일예배
	3월 4일	민들레-온마을 돌봄 사업(청주교육청 지원)
	5월 26일	은퇴 및 임직예식
		장로 은퇴-민태윤, 김선례
		권사 은퇴-박옥자
		장로 임직-백홍기
		안수집사 임직-남광우, 김동욱, 하재찬
		권사 임직-이혜정, 이승애, 남진주
	5월 31일	한국교회 미래 시나리오-최현식 목사(신앙영성위원회)
	6월 9일	청주녹색교회연합(산남교회, 다리놓는교회, 쌍샘자연교회)
		환경주일예배
		-두꺼비생태공원

자연, 문화, 영성의 숨이 있는
쌍샘자연교회이야기

	7월 14일	「쌍샘 삶, 일, 꿈_제 6호 교회창립주일기념집: 우리를 위한 하나님의 노래」 발간
		김무강(이혜숙) 명예원로목사 대전으로 이사
	8월 9-10일	여름신앙공동체(쌍샘자연교회)
		-한종호 목사
	11월 3일	쌍샘가족의 날(영성, 자연, 문화-파프리카)
	11월 17일	세대공감-시니어와의 대화(문화사회위원회)
	12월 21일	교우 기초 성경공부반-옹달샘
	12월 29일	송년주일-골판지 간증 나눔
2020년	1월 5일	2020년 새해, 예배 전 성경필사와 묵상, 주일 공동체 축복 나눔
	1월 30-31일	청소년부 1박 2일-강화도
	2월 9일	터키, 그리스 성지순례-코로나로 잠정 연기
	2월 23일	코로나 19로 긴급 대면예배 온라인으로 전환, 도서관 카페 등 폐쇄
	4월 26일	10주 만에 대면과 비대면 동시로 예배드림, 주말농장 시작
	5월 3일	한상철 집사 교육문화마을의 오솔길과 움막(기도처) 만듦, 〈사랑방카페〉〈봄눈〉 도서관 방영수칙에 맞춰 다시 개방
	5월 31일	주일 말씀 및 북 토크-한국교회 미래 시나리오(최현식 목사)
	6월 7일	환경주일 자연예배, 청주녹색교회 부모산 플로킹
	6월 14일	교육문화공동체 〈단비〉 대안위탁교육과 마을특색사업 진행
	7월 12일	창립 28주년 주일, '우리를 위한 하나님의 노래' 교회 소개 책 발간 나눔
	7월 24일	〈봄눈〉 살짝 여름 가족독서캠프, 도서관 도서정리 및

라벨링 작업(청주시),

이용수 집사 교회 영상 장비 및 1층 대형 TV 기부 설치

	8월 12-26일	충청환경선교사 온라인 과정 참여-기독교환경교육센터 살림
	9월 20일	4주간 비대면 후 대면 예배드림
	9월 27일	쌍샘공동체 프로젝트 3.3.3.(매주 토요일 3시, 3명, 3분간 안부, 대화, 사귐) 시작
	10월 25일	종교개혁 주일-한종호 목사,
		시편의 세계에 물들다-송대선 목사
	10월 26일	한 주간 사택 도배장판, 싱크대 등 수리 및 교체
	11월 29일	공동체 애찬식 및 전 교우 하늘나라 겨자씨 재난지원금 나눔
	12월 24일	성탄축하의 밤(대전 핸드벨 콰이어) 영상으로 함께 나눔
	12월 27일	성탄, 송년, 신년 등의 모임과 예배 비대면으로 진행
2021년	1월 3일	새해부터 교우들이 예배 인도를 맡음
	1월 13일	수요일, 화요일 저녁 시편사색
	1월 24일	공동의회
	4월 3일	교회 자작나무 심기와 둘레길 만들기
	4월 17일	〈돌베개 산촌생태책방〉, 〈제로위이스트〉 오픈
	4월 24일	쌍샘숲속 아기학교 개강
	5월 29일	쌍샘 '호수를 걷다'-율리 저수지(문화사회위원회)
	6월 6일	환경주일 자연예배, 청주녹색교회와 성안길 플로킹
	7월 11일	창립 29주년 주일예배-김영권 대전신학대학교 총장
	8월 8일	〈노아공방〉, 생태텃밭, 닭집 등 교회 뒤편으로 이전
	8월 15일	광복절 76주년 및 여름신앙공동체(쌍샘자연교회)
		-한경호 목사
	9월 5일	〈단비〉 사회적 협동조합 창립총회
	9월 19일	흙집 〈숨〉 기공예배

자연, 문화, 영성의 숨이 있는
쌍샘자연교회이야기

	9월 25일	교우들과 함께하는 숲 밧줄 놀이-〈단비〉
	10월 3일	'교회 안의 교회'-〈흙집〉, 수화, 인문학, 복음서, 자서전, 섬김, 음식 등
	10월 24일	'쌍샘의 오래된 미래' 갤러리 〈마을〉 전시
	10월 30일	도서관 〈봄눈〉의 노래와 책 이야기-홍순관 음악인
	11월 28일	쌍샘가족의 날-구역별 식사와 '기적'(CGV) 영화 관람
	12월 5일	2021 쌍샘 피드백 나눔, 교회 방송 앰프 교체-이용수 집사
2022년	1월 2일	쌍샘자연교회 2022년 주보에서 월보로
	1월 16일	김종철 부목사 부임
	2월 6일	그린 엑소더스 릴레이 기도회(예배)
	2월 11일	「그린 엑소더스(Green Exodus)/이진형, 삼원사」 공부 시작(매주 화요일, ZOOM)
	2월 20일	쌍샘이 정한 2022년 필독서 12권 독서모임 시작(2-12월 매월 셋째 주 주일)
	4월 24일	구역이 주관하는 예배(4-10월 매월 넷째 주 주일)
	4월 30일	쌍샘숲속 아기학교 개강
	5월 1일	창립 30주년 특별 말씀(강좌)1 -'태초와 바람'(배철현 교수, 전 서울대 교수)
	5월 8일	창립 30주년 특별 말씀(강좌)2 -'이스라엘의 어머니 드보라여, 교회의 어머니들이여 영원하라'(김순영 교수)
	6월 5일	청주 녹색교회와 함께하는 그린 엑소더스 기도회, 녹색 장터(플리마켓)
	6월 12일	창립 30주년 특별 말씀(강좌)3 -'우린 다르게 살기로 했다'(조현 기자, 한겨례신문 기자)
	7월 10일	창립 30주년 감사예배, 창립 30주년 특별 말씀(강좌)4 -'절망을 넘어 희망으로'(한국일 교수, 장신대 은퇴교수)

2) 외부에 소개된 쌍샘자연교회

(1) 언론사

2002년 10월 19일	한국기독공보	새세기 '대안 목회'를 생각한다 -무공해 지역에서 자연교회 꿈 펼치는 쌍샘교회
2003년 7월 4일	중부매일	"도시집중, 아뇨 도시탈출입니다"
2007년 7월 28일	한국기독공보	아름다운 자연 속에서 '영성'을 -쌍샘자연교회:자연소재로 사랑을
2008년 3월 3일	미션21	자연 속에 생명·영성·문화의 지평을 여는 교회
2009년 6월 4일	경향신문	"자연과 생태 지키는 게 하나님 뜻" '녹색선교' 실천하는 쌍샘자연교회 백영기 목사
2009년 6월 10일	뉴스앤조이	자연과 더불어 산다면 이들처럼
2009년 6월 13일	한국기독공보	창조질서 보존 여부에 중점 -본교단 쌍샘자연교회 등 4교회 선정
2009년 9월 15일	충청타임즈	낮은 자의 목소리-철 따라 살아야 잘 살 수 있습니다
2010년 6월 18일	동아일보	新바람 新종교인 -"책에서 길 찾다가 '하나된 우리' 찾았어요"
2010년 11월 29일	충북대신문	사람 이슈-밭 일구는 목사 자연에서 자신을 찾다
2010년 8월 8일	기독교신문	한국교회의 현주소-선교활동의 '현장'과 '오늘'-충청북도 청원군(下) ; 주님을 찾아가는 선교로 지역의 복음화에 주력-자연과 함께 친환경목회 추구
2012년 1월 3일	뉴스앤조이	대안이 되는 교회(인터넷 제목: 작지만 큰 산골 교회)
2012년 4월 27일	충청리뷰	낮에는 농부, 밤에는 書生 '주경야독 목사'
2012년 5월 25일	충청리뷰	돈은 없고 뜻이 있는 사람들,

자연, 문화, 영성의 숨이 있는
쌍샘자연교회이야기

생태도서관 짓는다

2015년 3월 17일	CGNTV	믿음의 씨앗, 고향 교회와 함께
2018년 2월 28일	선교와 신학	영성, 자연, 문화의 삶을 일구는 쌍샘자연교회
2018년 11월 14일	가스펠투데이	쌍샘자연교회
2021년 5월 14일	크로스로드TV	쌍샘자연교회의 영성, 자연, 문화

(2) 잡지

2008년 봄호	농촌과 목회	생명, 영성, 문화의 지평을 여는 교회 -쌍샘자연교회 이야기
2008년 1-2월	문화매거진 오늘	문화선교리포트-샘이 깊은 물이 어우러진 곳
2008년 12월	교육교회	교회교육파노라마-쌍샘자연교회 생명과 꿈을 노래하는 자연학교
2009년 9월	주간한국	환경을 위한 실천 매뉴얼 -녹색교회' 인류의 미래를 보듬다
2009년 10월 21일	2010 교회교육 정책자료집	쌍샘자연교회 교육목회
2009년 12월	창조질서를 회복하는 녹색교회	쌍샘자연교회-자연과 더불어 산다면 이들처럼
2010년 5월 3-4일	제94회기 환경 선교정책협의회	생태 목회를 생각하며-쌍샘자연교회 이야기
2010년 10월	복음과 상황	바람을 가두지 않는 곳 -충북 청원 쌍샘자연교회에 가다
2010년	교회교육 설계를 위한 2010 교육정책자료집	쌍샘자연교회의 교육목회 이야기 -생명, 영성, 문화의 삶을 일구는 교회
2012년 5월	교회 성장	행복한 목회현장 속으로-자연과 함께 사람이 살아나는 곳, 교회와 함께 지역이 살아나는 곳 쌍샘자연교회1

2012년 6월	교회 성장	행복한 목회현장 속으로-자연과 함께 사람이
		살아나는 곳, 교회와 함께 지역이 살아나는 곳
		쌍샘자연교회2
	작은 것이	임종길 그림일기
	아름답다	-시골교회 작은 도서관 가을잔치
2013년 5월 10일	새가정	가정과 지구는 우리가 지킨다.
2017년 여름호	복된 말씀	쌍샘자연교회 생명목회이야기
2017년 10월 9일	온신학	영성, 자연, 문화의 쌍샘자연교회

(3) 단행본

2008년 12월 30일	생명이 영성이 약동하는	문화 선교를 중심으로 펼쳐가는
	농촌 목회 현장 이야기	목회 현장-생명, 영성, 문화의 지
	(미션아카데미)	평을 여는 쌍샘자연교회
2011년 3월 20일	문화선교의 이론과 실제	문화선교 실제적 준비와 실행
	(예영커뮤니케이션)	-쌍샘자연교회
2019년 12월 5일	문화목회를 그리다.	문화목회 사례연구
	(대한기독교서회)	-쌍샘자연교회
2022년 2월 15일	선교적 목회 길잡이(동연)	선교적 교회론에서 본 마을목회
2022년 2월 28일	기후 위기 시대의 도전과	녹색교회와 생명 목회 그리고
	교회의 응답(새물결플러스)	환경 교육-생명 목회와 녹색교
		회 이야기 편

(4) 학회 및 학술지

2010년	저탄소 녹색교회	기후변화 시대의 교회지도자 양
	-2010년 사업운영보고서	성 -생태목회 사례발표 및 실제
2011년 7월 7일	기후붕괴시대의 친환경	교회사례1
	십자가 워크숍	-쌍샘자연교회의 십자가
2011년 9월 29일	생명밥상운동 실천사례	개별교회사례-쌍샘자연교회
	발표회	생명밥상이야기

2012년 2월 9일	제4회 2012 복내 전인치유	농촌형 교회 모델 사례 발표
	포럼-생명과 환경	
2012년 6월 19일	제9차 기윤실 청주지역	사례발표1
	목회자 포럼	-마을에 득이 되고 덕을 베푸는
	지역 공동체로 교회 세우기	교회
2013년 4월 29일	제97회기 환경선교정책협	'창조를 위한 교회의 배려' 사례
	의회-기후변화와 모두를	나눔-쌍샘자연교회
	위한 물	
2013년 10월 28일	2013년 생명운동과 생명목	쌍샘자연교회의 '영성, 자연, 문
	회 세미나 자료집2	화' 목회이야기
2014년 4월 30일	2014년 한일장신대학교	작은교회운동의 실제적 현장
	신학대학원 학술행사	-쌍샘자연교회의 영성, 자연,
	-"작은교회운동" 듣고	문화
	말하기	
2014년 10월 20일	제4회 감리교회 생태목회	마을과 생태목회-쌍잼자연교회
	세미나 -영성과 순환 그리	의 영성, 자연, 문화
	고 생태목회	
2015년 2월 12일	2015년 기독교환경회의	기독교환경회의 주제나눔1
	-풍성한 생명, 지금 여기에	-신앙의 푸른 잎사귀, 녹색교회
2015년 4월 27일	2015 전국 순회 워크숍	마을을 섬기는 시골·도시 교회
	-지역마다 교회를 새롭게,	워크숍 사례1-쌍샘자연교회
	건강하게	
2016년 10월 3일	생명과 평화를 일구는	쌍샘자연교회
	2016 작은교회 박람회	
	-작은교회 세상의 희망	
2016년 12월 22일	생명문화도시 청주, 마을운	자연, 생태, 문화를 통한 농촌공
	동 우수사례 발표 및 토론회	동체 활성화
2017년 4월 24일	2017 부산 마을사역 워크숍	마을을 섬기는 시골·도시 교회

		워크숍 사례-쌍샘자연교회
2017년 8월 16일	2017년 제3회 온신학회 전문위원집중세미나	영성, 자연, 문화의 쌍샘자연교회
2018년 4월 30일	2018 부산 마을사역 워크숍 -교회, 마을을 그리다	마을을 섬기는 시골·도시 교회 워크숍 사례4-쌍샘자연교회
2018년 6월 25일	2018 광주 마을사역 워크숍 -교회, 마을을 그리다	마을을 섬기는 시골·도시 교회 워크숍 사례 -쌍샘자연교회
2018년 11월 5일	제3회 평화목회 세미나 -사회적 교회, 사회적 목회	교회가 세상을 섬기는 방법 -농촌지역에서 이루어지는 사회적 목회 쌍샘자연교회 이야기
2019년 5월 21일	녹색교회 네트워크 총회 한마당	녹색교회 소개-쌍샘자연교회
2019년 10월 16일	2019 선교대회 -한국 농어촌선교의 전략과 비전	쌍샘자연교회의 영성, 자연, 문화이야기

(5) 기타

2018년	2018년 문화다리어리-2018 청주 문화에 물들길(청주시문화산업진흥재단)
2019년 11월 11일	대림절 묵상집-주님의 마음으로 자연을 보는 말씀 묵상(동연)
2020년 11월 11일	대림절 생명 살림 묵상집-성경 속 나무로 느끼는 하나님의 현존(동연)

자연, 문화, 영성의 숨이 있는
쌍샘자연교회이야기